현대 인식론

정당화의 사회실천에 의한 접근

현대 인식론

정당화의 사회실천에 의한 접근

이병덕 지음

Contemporary
Epistemology

개정판

성균관대학교
출판부

머리말

　인간지식의 본성과 한계를 다루는 인식론은 철학의 오래된 핵심 분야
이다. 따라서 기존하는 많은 인식론 책들이 있다. 그럼에도 필자가 이 책
을 쓰게 된 동기는 다음과 같은 아쉬움 때문이다. 기존의 인식론 책들은
인식 정당화의 개념을 근본적인 측면에서 주관적(subjective)이고, 정적(靜
的, static)인 모델을 토대로 이해한다. 필자는 데카르트 이래로 수없이 많
은 뛰어난 철학자들이 인식론의 여러 근본문제들을 해결하고자 노력해
왔음에도 불구하고 아직까지 가장 핵심적인 문제들이 여전히 풀리지 않
고 남아 있는 이유가 이러한 문제들을 위와 같은 근본적인 제약조건하에
서 풀고자 했기 때문이라고 생각한다.

　윌프리드 셀라스(Wilfrid Sellars)에 따르면 우리의 인식목적은 세계를 성
공적으로 설명하고 예측할 수 있도록 해주는 최고의 설명적 정합성을 갖
는 세계상(世界像, world-picture)을 획득하는 것이다. 그런데 우리 각자가
혼자 획득할 수 있는 정보는 매우 제한적일 뿐만 아니라 오류가능하다.
따라서 다른 사람들로부터 정보를 얻는 것이 필요할 뿐만 아니라 서로의
주장을 받아들이기 전에 각 주장의 신빙성을 평가하는 것이 매우 중요하
다. 우리가 상호간에 언어적 소통을 하고 또한 의심스러운 주장에 대해
서는 적절한 근거를 제시할 것을 요구하는 사회실천을 해 온 것은 바로
이 때문이다. 정당화 개념은 정당화를 요구하고 이에 답하는 이와 같은
사회실천을 토대로 발전해 온 상호주관적(intersubjective) 개념이다. 따라

서 필자는 정당화를 전통적인 주관적 모델이 아니라 상호주관적 모델을 통해 분석해야 한다고 생각한다.

그런데 한 특정 공동체가 한때 상호주관적으로 승인했던 믿음도 나중에 새로운 반대증거가 제시되면 옳지 않은 것으로 철회될 수 있다. 따라서 최고의 설명적 정합성을 갖는 세계상을 획득하고자 하는 인류의 인식적 노력은 어떤 특정 시점에서 끝나는 것이 아니라 끊임없이 새로운 증거를 수집하고 또한 끊임없이 기존의 세계상을 개선해 나가는 통시적(通時的, diachronic) 노력이다. 그리고 정당화를 요구하고 이러한 요구에 답하는 '우리'의 사회실천에서 '우리'의 멤버십에 제한이 없다. 주장의 참·거짓을 따지는 정당화 게임에 참여할 수 있는 이성적인 존재는 누구나 '우리'의 일원이 될 수 있다. 여기에는 미래 세대의 지성적 존재들도 포함된다. 이런 의미에서 정당화의 사회실천은 정적인 것이 아니라 동적(動的, dynamic)인 것이다. 따라서 필자는 정당화의 개념을 상호주관적일 뿐만 아니라 또한 동적인 정당화 모델을 토대로 이해해야 한다고 믿는다.

우리는 세계에 관한 정보를 지각, 기억 및 내성을 통해 얻는다. 그리고 미래를 예측하기 위해 귀납추론을 사용한다. 그런데 우리의 지각, 기억 및 내성이 신뢰할 만한 정보의 원천이라는 것을 어떻게 알 수 있는가? 또한 귀납추론이 지금까지 신뢰할 만한 것이었다고 할지라도 앞으로도 그럴 것임을 어떻게 알 수 있는가? 첫 번째 문제는 인식론의 근본원리들을 인식적 순환성 없이 어떻게 정당화할 것이냐의 문제이다. 두 번째 문제는 귀납추론을 어떻게 정당화할 것이냐의 문제이다. 필자는 2013년에 출판된 이 책의 초판에서 이론추론(theoretical reasoning)의 틀에서 벗어나 실천추론(practical reasoning)을 사용함으로써 인식론의 위와 같은 근본 문제들을 해결할 수 있음을 주장하였다. 그러나 가능하다면 인식론의 문제들은 인식적 정당화 이론의 틀 내에서 해결하는 것이 바람직하다. 필자는 이 책의 초판을 쓰고 난 이후 그와 같은 해결책을 깨닫게 되었고, 그래서 이번에 전면적인 개정판을 쓰게 되었다.

필자는 이 개정판에서 인식적 정당화 이론, 좀 더 구체적으로 셀라시언 정합성 이론의 틀 내에서 인식론의 주요 문제들을 다룰 것이다. 셀라시언 정합성 이론에 따르면 우리의 정당화 개념은 정당화를 요구하고 이에 답하는 사회실천을 배경으로 발전해 온 상호주관적 개념이다. 그리고 이러한 상호주관적 정당화 모델에 따르면 정당화의 사회실천 속에서 어떤 믿음에 대해 제기될 수 있는 모든 비판들에 답할 수 있는 경우에 그 믿음은 상호주관적으로 정당화된다. 필자는 이러한 정합성 이론에 의거해 위에서 언급한 것과 같은 인식론의 근본문제들을 해결할 수 있음을 보일 것이다.

또한 기존의 인식론 책들은 인식론의 문제들을 주관적이고 정적인 정당화 모델을 토대로 다루기 때문에 인식론의 중요 문제들에 대해 명확한 해결책을 제시하는 대신에 상호 대립하는 여러 견해들을 소개하는 데 그치고 있다. 필자의 책은 이러한 문제점을 지양하고 인식론의 여러 근본문제들에 대해 새로운 통찰과 해결책을 제시한다. 필자는 인식론에 관심이 있는 독자들이 이와 같은 새로운 접근방식을 통해 인식론을 지금까지와는 전혀 다른, 새로운 시각에서 조망할 수 있게 되길 기대한다.

끝으로 필자가 오늘날 철학자가 될 수 있도록 사랑으로 키워주신 어머니 구자호 여사, 이 책을 쓸 수 있도록 옆에서 굳건한 내조를 해준 아내 홍소의 그리고 필자의 정서적 행복의 주요 원천인 딸 이규원에게 감사의 마음을 전한다.

2022년 2월
명륜동 연구실에서

차 례

제1장

게티어 문제와
논파주의

우리의 인식목적은 참을 알고 오류를 피하는 것이다.[1] 그렇다면 '안다'(know)는 무슨 뜻인가? 다시 말해 '지식'(knowledge)은 어떻게 정의될 수 있는가? 제1장에서 우리는 지식에 대한 전통적 설명과 이 전통적 설명의 최대 난점인 게티어 문제(the Gettier problem)에 대해 논의할 것이다. 또한 이러한 난점을 해결하고자 하는 한 가지 중요한 시도인 '논파가능성 지식이론'(the defeasibility theory of knowledge)에 대해 논의할 것이다.

---

[1] 인식목적을 명시적으로 이와 같이 처음 제시한 철학자는 윌리엄 제임스(James 1911, pp. 17–19)이다. 그에 따르면 우리는 두 가지 인식목적을 가진다. 하나는 진리를 아는 것(knowing truths)이고, 다른 하나는 오류를 피하는 것(avoiding errors)이다. 제임스 외에도 많은 인식론자들—예컨대 Moser(1985), Mackie(1986), Foley(1987)—이 이와 유사한 견해를 주장한다.

1.

세 가지 종류의 지식

먼저 우리가 주목해야 할 점은 '안다'는 말이 다의적(多義的, multivocal)이라는 점이다. 지식은 통상적으로 세 가지 종류로 구분된다.

첫 번째 종류의 지식은 '명제적 지식'(propositional knowledge)이다. 예컨대 나는 지구가 둥글다는 것을 안다. 영어로 표현하면, 'I know that the earth is round'이다. 이때 지식의 대상은 '지구는 둥글다'라는 명제이다. 그렇다면 명제란 무엇인가? '지구는 둥글다'는 한국어 문장이다. 그리고 'The earth is round'는 영어 문장이다. 이 한국어 문장과 이 영어 문장은 서로 다른 문장이지만 표현하는 정보적 내용(informational content)은 동일하다. 이 공통된 정보적 내용이 바로 명제이다.

두 번째 종류의 지식은 '실천적 지식'(practical knowledge)이다. 예컨대 나는 자전거를 탈 줄 안다. 영어로 표현하면, 'I know how to ride a bicycle'이다. 어린아이가 자전거를 타는 방법을 배울 때 어떤 구체적인 명제들을 배우는 것은 아니다. 자전거 타는 방법을 설명해주는 매뉴얼을 잘 몰라도 자전거 타는 방법을 배울 수 있다. 반면 자전거 타는 매뉴얼은 잘 알고 있음에도 정작 자전거를 탈 줄 모를 수 있다. 따라서 자전거 타기, 피아노 연주하기, 운전하기 등과 같은 실천적 지식은 지식의 대상이 어떤 특정 명제가 아니라 일종의 노하우(know-how)이다. 다시 말해 명제적 지식이 'knowing-that'이라면, 실천적 지식은 'knowing-how'이다.

끝으로, 세 번째 종류의 지식은 '대상적 지식(knowledge of objects)'이다. 예컨대 나는 아닐 굽타(Anil Gupta)를 안다. 영어로 표현하면, 'I know Anil Gupta'이다. 아닐 굽타는 필자의 박사학위 지도교수였던 분이다. 따라서 나는 그를 잘 안다. 이 경우 지식의 대상은 구체적 명제가 아니다. 또한 내가 아닐 굽타를 잘 안다고 해서 반드시 어떤 노하우를 갖고 있는 것은 아니다. 나는 다른 대상들과 구분되는 아닐 굽타라는 특정 대상을 아는 것이다. 이와 같은 종류의 지식을 대상적 지식이라고 부른다.

인류의 생존과 번영은 세계에 대한 정확한 정보를 소유하는지 여부에 달려 있다. 그리고 어느 개인도 혼자서 세계의 모든 측면들을 파악할 수 없다. 다시 말해 각자가 혼자서 획득할 수 있는 정보는 매우 제한적일 수밖에 없다. 또한 우리는 신(神)이 아니기 때문에 우리의 믿음들은 오류가능하다. 따라서 우리에게 주어지는 정보를 그것이 무엇이든 아무런 의심 없이 받아들이면 잘못된 정보로 인해 우리의 생존과 복지가 위험에 빠질 수 있다. 그러므로 인식목적을 위해 우리가 할 수 있는 최선은 적절한 증거 또는 근거에 의해 옹호되는 명제들을 믿는 것이다. 다시 말해 우리는 어떤 주장을 받아들이기 전에 과연 그것이 믿을 만한 주장인지를 평가할 필요가 있다. 그런데 주장의 내용은 참 또는 거짓일 수 있는 명제이다. 따라서 인식론의 주요 관심사는 명제적 지식이다. 따라서 이 책에서 우리는 주로 첫 번째 종류의 지식, 즉 명제적 지식에 초점을 맞출 것이다.

2.

지식의 전통적 설명

지식의 전통적 설명에 따르면 지식은 '정당화되는 참인 믿음'(justified true belief)이다. 즉 인식주체 S가 명제 p를 알기 위해서는 다음 세 가지 조건들이 충족돼야 한다. 첫째, S는 p를 믿어야 한다. 예컨대 S가 '명왕성은 왜소행성이다'를 믿지 않는다고 하자. 이 경우 우리는 S가 '명왕성은 왜소행성이다'를 안다고 말할 수 없다. 즉 어떤 명제에 대한 지식을 소유하기 위해서는 최소한 그 명제를 받아들여야 한다. 이것이 지식의 '믿음 조건'이다. 둘째, p는 참이어야 한다. '명왕성은 행성이다'는 거짓이다. 왜냐하면 2006년 열린 제26차 국제천문연맹(International Astronomical Union) 총회에서 명왕성은 행성의 범주에서 배제되었기 때문이다. 따라서 어느 누구도 명왕성이 행성임을 알 수 없다. 즉 어떤 명제에 대한 지식을 소유하기 위해서는 최소한 그 명제가 참이어야 한다. 이것이 지식의 '진리 조건'이다. 셋째, p는 정당화되는 믿음이어야 한다. 이 정당화 조건은 지식(knowledge)과 단순한 추측(mere guess)을 구분하기 위해 필요한 조건이다. 지식은 단지 우연히 참인 믿음이 아니라 진리개연적(truth-conducive)

인 믿음이다.[2] 다시 말해 참일 개연성이 높은 믿음이다. 만약 '명왕성은 왜소행성이다'라고 S가 믿는 이유가 단지 동전을 던져 앞면이 나왔기 때문이라면 'S는 명왕성이 왜소행성임을 안다'라고 말할 수 없다. 이것이 지식의 '정당화 조건'이다. 따라서 지식의 전통적 설명에 의하면 '안다'는 다음과 같이 정의된다.

> S는 p를 안다 $=_{df}$
>
> (i) p는 참이다.
>
> (ii) S는 p를 믿는다.
>
> (iii) S는 p를 믿음에 있어서 정당화된다.

---

2) 인식 정당화의 적절성 조건에 따르면 어떤 믿음 p가 인식적으로 정당화되기 위해서 'truth-conducive' 해야 한다. 여기서 'truth-conducive'는 '진리에 도달하는데 도움이 되는' 또는 '진리 공헌적' 정도로 직역될 수 있다. 그런데 '진리에 도달하는데 도움이 되는' 이라는 표현은 너무 길고, '진리 공헌적'은 일상적으로 사용되지 않는 표현일 뿐만 아니라 그 의미가 다소 불분명하다. 믿음이 인식 정당화의 적절성 조건을 충족하기 위해서는 참일 개연성이 높아야 한다. 따라서 필자는 'truth-conduciveness'를 '진리 개연성'이라고 번역하는 것이 오해의 여지가 적다고 생각한다. 인식 정당화의 적절성 조건에 대한 자세한 논의를 위해서는 제2장을 보시오.

3.

게티어 문제

에드먼드 게티어(Edmund Gettier)는 그의 1963년 논문 "정당화되는 참인 믿음은 지식인가?"(Is Justified True Belief Knowledge?)에서 지식의 전통적 설명에 대한 두 가지 강력한 반례들을 제시했다. 한 가지 반례는 다음과 같은 유형의 반례이다. 영수는 그의 사무실 동료인 철수가 현대 그랜저 자동차를 몰고 다니는 것을 여러 번 목격했고, 최근 그 차를 얻어 탄 적이 있으며 또한 그 차가 자신의 차라고 말하는 것을 여러 번 들었다. 따라서 영수는 다음 명제 (1)을 믿을 만한 적절한 증거를 갖고 있다.

(1) 철수는 현대 그랜저를 소유하고 있다.

이 경우 영수는 (1)을 근거로 다음 명제 (2)를 정당하게 추론할 수 있다.

(2) 내 사무실에 있는 어떤 사람은 현대 그랜저를 소유하고 있다.

즉 영수의 믿음 (2)는 정당한 추론에 의해 도출된 것이므로 마찬가지로 정당화되는 믿음이다. 그런데 영수는 다음 사실을 알지 못한다.

(3) 철수가 최근 몰고 다니는 차는 렌트한 자동차이다.

다시 말해 (1)은 거짓이다. 그런데 영수와 같은 사무실에서 근무하는 어떤 다른 사람이 우연히 현대 그랜저를 소유하고 있다. 따라서 영수의 믿음 (2)는 참이다. 또한 (2)는 정당한 추론에 의해 도출된 것이므로 정당화되는 믿음이다. 즉 (2)는 정당화되는 참인 믿음이다. 따라서 지식의 전통적 설명에 의하면, 영수는 (2)를 안다.

그러나 위 결론은 반직관적이다. (2)는 영수와 같은 사무실에서 근무하는 철수가 아닌 어떤 사람이 우연히 현대 그랜저를 소유하고 있다는 사실에 의해 운 좋게 참이 된 명제이다. 이처럼 운 좋게 참이 된 믿음을 지식으로 간주하기 어렵다. 따라서 지식의 전통적 설명이 제시하는 세 가지 조건들을 모두 충족함에도 불구하고 지식으로 간주하기 어려운 경우가 존재한다. 따라서 게티어는 지식의 전통적 설명이 옳지 않다고 주장한다.

게티어의 주장대로 지식의 전통적 설명이 옳지 않다면 우리는 과연 '지식'을 어떻게 정의해야 하는가? 즉 게티어 문제를 어떻게 해결해야 하는가?

4.

거짓 전제의 배제

믿음 p의 정당화는 두 가지 조건을 요구한다. 첫째, 믿음 p가 증거 E에 근거하는 경우, E는 p가 참일 개연성이 높음을 보여주는 그런 근거여야 한다. 다시 말해 'E ∴ p'는 타당한 연역추론이거나 또는 귀납적으로 정당화되는 추론이어야 한다. 둘째 E가 적절한 근거여야 한다. 'E ∴ p'가 정당한 추론일지라도 E가 참이 아니라면 p가 참일 개연성이 높다고 추론할 수 없기 때문이다. 예컨대 인식주체 S가 '고래는 어류이다'라는 믿음과 '고래는 새끼에게 젖을 먹인다'라는 믿음을 갖고 있다고 하자. 그래서 S가 이 두 믿음들을 토대로 '새끼에게 젖을 먹이는 어류가 있다'는 믿음을 형성했다고 하자. 이 경우에 '새끼에게 젖을 먹이는 어류가 있다'는 S의 믿음은 정당화되지 않는다. 왜냐하면 '고래는 어류이다'는 적절하지 않은 근거이기 때문이다.

앞절에서 언급한 게티어 반례와 관련하여 한 가지 주목할 점은 '내 사무실에 있는 어떤 사람은 현대 그랜저를 소유하고 있다'는 영수의 믿음은 '철수는 현대 그랜저를 소유하고 있다'라는 거짓 전제로부터 추론된 것이라는 사실이다. 따라서 우리는 다음과 같은 조건을 추가함으로써 게티어 반례를 피하는 방법을 고려해 볼 수 있다.

S의 믿음 p가 지식이 되기 위해서는 p에 대한 S의 정당화가 거짓 전제에 의존해서는 안 된다.

그렇지만 안타깝게도 이 제안은 성공적이지 않다. '거짓 전제의 배제' 조건을 충족함에도 불구하고 여전히 지식의 경우로 보기 어려운 사례들이 존재하기 때문이다.

(1) 펠드먼(Richard Feldman)의 반례

길수는 영수에게 자신이 현대 그랜저를 소유하고 있다고 말했다. 그리고 이를 입증해주는 것처럼 보이는 소유권 증서를 보여주었다. 또한 그는 지금까지 영수에게 늘 정직했고 신뢰할 만한 사람이었다. 따라서 영수는 다음과 같이 추론한다.

(P) 우리 사무실에 있는 어떤 사람은 내게 자신이 현대 그랜저를 소유하고 있다고 말했다. 또한 이를 입증해주는 것처럼 보이는 증서를 보여주었다. 그는 지금까지 내게 늘 정직했고, 신뢰할 만한 사람이었다.

(C) ∴ 우리 사무실에 있는 어떤 사람은 현대 그랜저를 소유하고 있다.[3]

위 추론은 정당한 귀납추론이다. 즉 전제 (P)가 참일 때 결론 (C)를 받아들이는 것은 인식적으로 합리적이다. 그런데 길수는 실제로 현대 그랜저를 소유하고 있지 않다. 그가 보여준 증서는 위조한 것이다. 또한 우연히 영수의 사무실의 어떤 다른 사람이 현대 그랜저를 소유하고 있다.

---

3) Feldman 1974, pp. 68–69를 보시오.

그리고 그런 사실들을 영수는 전혀 알지 못한다. 그런데 이 예에서 전제 (P)는 참이다. 따라서 결론 (C)는 거짓 전제에 의존하지 않는다. 그럼에도 불구하고 영수의 믿음 (C)는 여전히 운 좋게 참이 된 경우이기 때문에 지식이 아니다.

(2) 치좀(Roderick Chisholm)의 반례

우리의 일상적 지각믿음들은 추론과정 없이 형성된다. 치좀이 제시한 한 가지 예를 살펴보자.

> 한 남자가 들판에 있는 한 동물을 보고 다음과 같이 판단한다. 목초지에 양 한 마리가 있다. 그런데 그가 본 것은 양이 아니라, 양과 생김새가 매우 흡사한 털북숭이 개였다. 그리고 들판 한 편에 있는 나무 뒤에 실제로 양 한 마리가 있었다.[4]

이 예에서 '목초지에 양 한 마리가 있다'는 남자의 믿음은 추론에 의거함이 없이 지각을 통해 직접적으로 형성된 믿음이다. 따라서 그 남자의 믿음은 거짓 전제에 의존하지 않는다. 그렇지만 여전히 그 남자의 믿음은 운 좋게 참이 된 경우이다. 왜냐하면 운 좋게 나무 뒤에 양 한 마리가 실제로 있었기 때문에 참이 된 것이기 때문이다. 이처럼 운 좋게 참이 된 믿음은 지식이 아니다.

(3) 슈토이프(Matthias Steup)의 반례

슈토이프도 치좀과 유사한 반례를 제시한다.

---

4) Chisholm 1977, p. 105를 보시오.

S는 창밖을 내다보았다. 창밖의 뜰에 그가 사랑하는 애완 고양이가 놀고 있는 것이 보였다. 그래서 그는 '내 고양이는 뜰에 있다'라는 믿음을 가지게 되었다. 그러나 그가 실제로 본 것은 그의 고양이의 홀로그램이었다. 그리고 그가 미처 보지 못한 창 밑에 실제로 그의 고양이가 있었다.[5]

이 경우에도 '내 고양이는 뜰에 있다'는 S의 믿음은 비추론적(non-inferential) 믿음이고 또한 단지 운 좋게 참이 된 믿음이다.

---

5) Steup 1996, p. 16을 보시오.

5.

논파주의

    '거짓 전제의 배제' 조건이 성공적이지 않다면, 게티어 문제를 해결할 수 있는 다른 방법은 없는가? 한 가지 영향력 있는 제안은 이른바 '논파 가능성 설명'(the defeasibility account)이다. 이 해결책을 옹호하는 대표적인 철학자들은 레러와 팍슨(Lehrer & Paxson 1969, Lehrer 2000)이다.

    먼저 '논파 가능성'(defeasibility)은 다음과 같이 정의될 수 있다.

> d는 명제 p의 증거인 e를 논파한다 =df (i) e는 p를 위한 증거이다. 그리고 (iii) d와 e의 연언 'd & e'는 p의 증거가 아니다.[6]

    위 정의에서 'd & e'가 p의 증거가 아닌 경우는 d가 p의 부정, 즉 ~p를 옹호하는 증거인 경우뿐만 아니라, p를 옹호하는 증거를 무력화시키는

---

6) 이 정의에서 오직 d가 참인 경우에만 e의 증거력을 무너뜨리는 논파자의 역할을 할 수 있다. 물론 d가 거짓임에도 참인 것으로 오인될 수 있고, 이로 인해 e의 증거력을 무너뜨리는 반대증거로 오인될 수 있다. 그렇지만 이것은 인식평가의 오류이다. 따라서 d가 거짓인 것으로 밝혀지면 이러한 오류는 교정돼야 한다. 즉 그런 경우에 d는 더 이상 e의 증거력을 무너뜨리는 반대증거로 간주돼서는 안 된다.

경우도 포함한다. 이제 논파의 개념을 한 가지 예를 통해 좀 더 구체적으로 이해해 보자.

(i) 이 종이는 파란색이다.
(ii) 이 종이는 내게 파랗게 보인다.
(iii) 파란색 조명이 이 종이 위를 비추고 있다.
(iv) 이 종이는 X 대학교의 공식 증명서 용지이고 X 대학교의 공식 증명서 용지는 항상 흰색이다.

(ii)는 (i)의 증거이다. 이 종이가 내게 파랗게 보이는 경우 나는 이 종이가 파란색이라고 판단할 수 있다. 그렇지만 새로운 증거 (iii)이 주어지면, 나는 더 이상 (i)을 주장할 수 없다. 이 경우 (iii)은 비록 (i)이 거짓임을 보여주는 적극적인 반대증거는 아니지만 (ii)의 증거력을 무력화시키는 반대증거이다. 이런 경우를 '무력화시키는 논파자'(undercutting or undermining defeater)라고 부른다. 반면 (iii)과 (iv)의 연언은 (i)이 거짓임을 보여준다. 이런 경우에도 (iii)과 (iv)의 연언은 (ii)를 논파한다. 이런 경우를 '반박하는 논파자'(rebuting or contradicting defeater)라고 부른다. [7]

우리는 위와 같이 정의된 논파 개념을 '증거적 논파'(evidential defeat)와 '사실적 논파'(factual defeat)로 구분할 수 있다. [8]

d는 p를 믿기 위한 인식주체 S의 증거 e를 증거적으로 논파한다 =df d는 e를

---

7) 무력화시키는 논파자와 반박하는 논파자의 구분에 대해서는 Pollck 1986, pp. 38–39를 보시오.
8) 증거적 논파와 사실적 논파의 구분에 대해서는 Steup 1996, p. 14를 보시오.

논파하고, S는 d에 대한 증거를 갖고 있다.

d는 p를 믿기 위한 인식주체 S의 증거 e를 사실적으로 논파한다 =df d는 e를 논파하고, S는 d에 대한 증거를 갖고 있지 않다.

논파주의에 따르면 지식은 '논파되지 않게 정당화되는 참인 믿음'(un-defeated justified true belief)이다. 즉 지식은 다음과 같이 정의된다.

S는 p를 안다 =df
(i) p는 참이다.
(ii) S는 p를 믿는다.
(iii) S는 p를 믿기 위한 적절한 증거 e를 갖고 있다.
(iv) p를 믿기 위한 S의 증거 e를 사실적으로 논파하는 명제 d는 존재하지 않는다.

위 정의에서 조건 (iii)은 S의 주관적 정당화 조건이다. S는 자신에게 접근 가능한 증거를 토대로 p를 믿는 것이 합리적인지 여부를 결정할 수밖에 없다. 그리고 p가 참일 개연성이 높음을 보여주는 증거 e를 S가 갖고 있는 경우 이를 토대로 p를 믿는 것은 인식적으로 합리적이다. 또한 이 경우 e가 p를 믿기 위한 적절한 증거이기 위해서는 e의 증거력을 무너뜨리는 증거적 논파자가 없어야 한다. e를 증거적으로 논파하는 다른 증거가 있으면 S는 p를 믿음에 있어서 주관적으로도 정당화되지 않는다. 위 정의에서 조건 (iv)는 게티어 유형의 반례가 발생하는 것을 배제한다. 이 조건에서 p를 믿기 위한 증거 e를 d가 사실적으로 논파한다는 것은, 비록 d가 e의 증거력을 무너뜨리는 논파자이지만 S가 이것의 존재를 모르는 경우이다.

　이제 논파주의가 어떻게 게티어 유형의 반례들을 처리할 수 있는지 살펴보자.

(1) 게티어의 반례

　(p) 내 사무실에 있는 어떤 사람은 현대 그랜저를 소유하고 있다.

　(e) 나는 사무실 동료인 철수가 현대 그랜저를 몰고 다니는 것을 여러 번 목격했고, 최근 그 차를 얻어 탄 적이 있으며, 또한 그 차가 자신의 차라고 말하는 것을 여러 번 들었다.

　(d) 철수가 최근 몰고 다니는 현대 그랜저는 렌트한 자동차이다.

　영수는 e를 근거로 p를 믿는다. 여기서 e는 p를 인식적으로 옹호한다. 그러나 d는 e를 반박하는 사실적 논파자이다. 즉 d가 주어지면 e는 더 이상 p의 적절한 증거가 아니다. 따라서 영수의 믿음 p는 '사실적 논파자가 없어야 한다'는 네 번째 조건을 충족시키지 못하기 때문에 지식이 아니다.

(2) 펠드먼의 반례

　(p) 우리 사무실에 있는 어떤 사람은 현대 그랜저를 소유하고 있다.

　(e) 길수는 영수에게 자신이 현대 그랜저를 소유하고 있다고 말했다. 그리고 이를 입증해주는 것처럼 보이는 증서를 보여주었다. 또한 그는 지금까지 내게 늘 정직했고, 신뢰할 만한 사람이었다.

　(d) 길수는 현대 그랜저를 소유하고 있지 않다.

영수는 e를 근거로 p를 믿는다. 그리고 e는 p를 옹호해주는 증거이다. 그러나 d가 주어지면 e는 더 이상 p의 적절한 증거가 아니다. 즉 d는 e의 사실적 논파자이다. 따라서 영수의 믿음 p는 '사실적 논파자가 없어야 한다'는 네 번째 조건을 충족시키지 못하기 때문에 지식이 아니다.

(3) 치좀의 반례

들판에 있는 털북숭이 동물에 대한 S의 지각경험은 '들판에 양이 있다'라고 믿을 수 있는 증거이다. 그러나 'S가 보고 있는 것은 실제로는 양처럼 보이는 개이다'라는 사실은 이 지각 증거를 사실적으로 논파한다.

우리가 게티어 문제로부터 이끌어낼 수 있는 교훈은 운 좋게 참이 된 믿음은 결코 지식이 아니라는 것이다. 즉 오직 진리개연적인 믿음만이 지식이 될 수 있다. 그런데 위의 세 가지 사례들이 보여주듯이 '사실적 논파자가 없어야 한다'는 조건은 운 좋게 참이 되는 믿음들을 지식의 영역에서 배제시킨다. 따라서 논파주의가 그 자체로 큰 난점이 없는 이론이라면 우리는 논파주의를 이용해 게티어 반례들을 해결할 수 있다.

6.

논파주의의 중요한 특성

　논파주의의 한 가지 중요한 특성은 이것의 네 번째의 조건이 첫 번째 조건을 잉여적이게 한다는 점이다. 즉 'p를 믿기 위한 S의 증거 e를 사실적으로 논파하는 명제 d가 존재하지 않아야 한다'는 조건은 'p는 참이어야 한다'는 조건을 잉여적이게 한다. 그 이유는 다음과 같다. p가 실제로 거짓일 경우 S가 p를 위한 어떤 증거 e를 갖든지 간에 e를 논파하는 명제 d, 즉 ~p가 존재한다. 왜냐하면 e와 ~p의 연언은 p의 대한 증거일 수 없기 때문이다. 따라서 p가 거짓인 경우, 믿음 p를 위한 어떤 증거를 S가 소유하든지 간에 이 믿음은 궁극적으로 논파된다. 이 귀결은 논파주의의 네 번째 조건이 비현실적으로 강한 조건임을 보여준다. 과연 이와 같은 함축에도 불구하고 논파주의가 옹호될 수 있는지 여부에 대해서는 제5장 '레러의 주관적 정합론'과 제9장 '객관적으로 정당화되는 믿음으로서의 지식'에서 자세히 다룰 것이다.

7.

정의의 문제

지식의 전통적 설명에 따르면 지식은 정당화되는 참인 믿음으로 정의되고, 논파주의 설명에 따르면 논파되지 않게 정당화되는 참인 믿음으로 정의된다. 그렇다면 이와 같은 '정의'(定義, definition)를 어떻게 평가해야 하는가? 즉 정의는 어떤 경우에 옳거나 적합한 것으로 평가될 수 있는가?

우선 정의는 피정의항(definiendum)과 정의항(definiens)으로 구성된다. 그리고 정의는 형식적으로도 옳고(formally correct) 또한 실질적으로도 옳은(materially correct) 경우에만 적합한 것으로 평가될 수 있다. 그렇다면 정의는 어떤 경우에 형식적으로 옳은가? 정의는 '어떤 말이나 사물의 뜻을 명백히 밝혀 규정하는 것'이다. 따라서 정의의 목적을 달성하기 위해서는 정의항에 이해하기 어렵거나 불명료한 표현이 나와서는 안 된다. 그러므로 정의항에 나오는 표현들이 피정의항의 표현보다 명확하여 피정의항을 보다 잘 이해할 수 있도록 해주는 경우에만 형식적으로 옳은 정의이다. 그렇다면 정의는 어떤 경우에 실질적으로 옳은가? 다음 세 가지 예를 살펴보자.

(i) x는 지구의 자연위성이다 ↔ x는 달이다.

(ii) x는 3과 7 사이의 소수이다 ↔ x는 5이다.

(iii) x는 총각이다 ↔ x는 결혼하지 않은 남자이다.

먼저 (i)을 살펴보자. 지구의 자연위성과 달은 외연(外延, extension)이 같다. 따라서 (i)은 외연적으로 적합한(extensionally adequate) 정의이다. 그렇지만 지구가 두 개의 자연위성을 갖고 있는 가능세계에서는 (i)의 피정의항의 외연과 정의항의 외연이 다를 수 있다. 따라서 (i)은 내포적으로 적합한(intensionally adequate) 정의가 아니다. 이제 (ii)를 살펴보자. 3과 7 사이의 소수가 5가 아닌 가능세계는 존재하지 않는다. 따라서 (ii)는 내포적으로 적합한 정의이다. 그렇지만 '3과 7 사이의 소수'의 의미와 '5'의 의미는 동일하지 않다. 왜냐하면 '5'의 의미를 파악하기 위해 필요한 개념이 '3과 7 사이의 소수'의 의미를 파악하기 위해 필요한 개념과 반드시 동일하다고 볼 수 없기 때문이다. 따라서 (ii)는 의미적으로 적합한(sense-adequate) 정의가 아니다. 끝으로 (iii)을 살펴보자. '총각'과 '결혼하지 않은 남자'는 동의어(同意語, synonym)이다. 따라서 (iii)은 의미적으로도 적합한 정의이다.

정의를 도입하는 목적에 따라 어떤 경우에는 외연적으로 적합한 정의로 충분할 수 있고, 어떤 경우에는 내포적으로 적합한 정의가 필요할 수 있다. 또한 어떤 다른 경우에는 의미적으로 적합한 정의가 요구될 수도 있다. 그렇다면 지식의 전통적 설명이 제시하는 '지식은 정당화되는 참인 믿음이다'라는 정의는 왜 부적절한가? 이 정의에서 '정당화되는 참인 믿음'이라는 정의항은 '지식'이라는 피정의항보다 불명확하지 않다. 따라서 이 정의는 형식적으로는 아무런 문제가 없다. 그렇지만 3절에서 언급했던 게티어 반례에 따르면 이 정의는 외연적으로 적합하지 않다. '내 사무실에 있는 어떤 사람은 현대 그랜저를 소유하고 있다'는 영수의 믿음은 정당화되는 참인 믿음이다. 그렇지만 이 믿음은 지식이 아니다. 따라서 '지식'이라는 피정의항의 외연과 '정당화되는 참인 믿음'이라는 정의항의 외연이 일치하지 않는다. 실질적으로 옳은 정의가 되기 위해서 최소한 정의항의 외연과 피정의항의 외연이 서로 일치해야 한다. 또한 우리는 여러 가능한 인식론적 상황들 속에서 지식과 지식이 아닌 것을 구분하고자 한다. 따라서 지식의 정의는 내포적으로도 적합해야 한다.

그렇다면 지식의 정의는 의미적으로도 적합해야 하는가? 우리가 원하는 인식론적 작업은 선이론적(pre-theoretic)이고 다소 모호한 '지식' 개념을 적절하게 분석함으로써 이 개념을 인식목적에 부합하도록 보다 명확한 개념으로 정의하는 것이다. 그런데 이와 같은 개념분석에 관련하여 우리가 넘어서야 하는 한 가지 중요한 장애물이 있다. 그것은 이른바 '분석의 역설'(the paradox of analysis)이다. 9 개념을 분석할 때 우리는 두 가지 경우에 마주치게 된다. 첫 번째 경우는 피분석항(the analysandum)과 분석항(the analysans)이 똑같은 의미를 갖는 경우이다. 우리가 어떤 피분석항을 분석하고자 하는 이유는 그 피분석항을 보다 잘 이해하기 위함이다. 그런데 피분석항과 분석항이 똑같은 의미를 갖는 경우는 정보적(informative)이지 않다. 이와 같은 뻔한(trivial) 분석을 통해서 우리는 피분석항을 보다 잘 이해할 수 없다. 두 번째 경우는 피분석항과 분석이 서로 다른 의미를 갖는 경우이다. 이 경우는 의미적으로 적합한 분석이 아니다. 따라서 어떤 의미에서 옳지 않은 분석이다.

위와 같은 분석의 역설을 피하기 위해 카르납(Rudolf Carnap)은 '논리적

─────────────────

9) 이 역설에 대해서는 Langford 1942를 보시오.

해명'(logical explication)이라는 절차를 제시한다.[10] 논리적 해명의 목표는 피해명항(the explicandum)과 동일한 의미를 갖고 있는 해명항(the explicatum)을 제시하는 것이 아니라 불명료함이나 바람직하지 않은 존재론적 연루(ontological commitments)와 같은 결점이 없으면서도 피해명항을 성공적으로 대체할 수 있는 새로운 개념을 제시하는 것이다. 다시 말해 카르납 방식의 논리적 해명은 일종의 '개혁적 분석'(reformative analysis)이다.[11] 우리가 인식론에서 추구하는 '지식'의 정의는 이런 의미의 논리적 해명이다.

---

10) Carnap 1956, pp. 7–9를 보시오.

11) 논리적 해명의 한 가지 대표적 예는 같은 수(equinumerosity) 개념에 대한 프레게 (Gottlob Frege)의 분석이다. 프레게는 같은 수의 개념을 일대일 대응(one-to-one correspondence)의 개념으로 분석한다. 예컨대 한 집단에 속한 남성들과 여성들 사이에 일대일 대응 관계가 성립한다는 말은 전자와 후자의 수가 같다는 말과 같다. 또 한 가지 예는 필연적 참에 대한 라이프니츠(Gottfried Wilhelm Leibniz)의 견해이다. 이에 따르면, 어떤 명제 p가 필연적으로 참이라는 말은 p가 형이상학적으로 가능한 모든 세계에서 참이라는 말로 이해할 수 있다. 그리고 논리적 참에 대한 모형 이론적 정의(model-theoretic definition)에 따르면 어떤 명제 p가 논리적으로 참이라는 말은 p가 논리적으로 가능한 모든 모형세계에서 참이라는 말로 이해할 수 있다. 이와 같은 개념 분석들이 논리적 해명의 대표적 사례들이다.

제2장

인식 정당화와
의무론적 규범성

믿음이 지식이기 위해서는 참이어야 하고, 또한 정당화돼야 한다. 여기서 '참'(truth)은 기본적으로 논리철학과 언어철학에서 다루는 의미론적 개념이다.[12] 따라서 '참' 그리고 '정당화' 중에서 인식론이 해명해야 하는 좀 더 핵심적인 개념은 '정당화'이다. 따라서 제2장에서 우리는 '정당화' 개념을 어떻게 이해해야 할지에 대해 살펴볼 것이다.

---

12) 어떤 주장을 참으로 여기는 것은 그 주장에 대해 승인(endorsing)하는 태도를 취하는 것이다. 즉 그 주장을 우리의 이론적 추론 및 실천적 추론의 전제로서 받아들이는 것이다. 또한 우리는 어떤 주장을 암묵적(implicitly)으로 승인할 수 있다. 반면 'p는 참이다'라고 말하는 것은 p를 승인함을 명시적으로 표현하는 것이다. 다시 말해 '참이다'(is true)는 어떤 대상언어 문장 p를 승인함을 명시적으로 표현하기 위해 사용하는 일종의 메타언어 표현이다.

1.

규범적 개념과 비규범적 개념

제1장에서 언급했던 것처럼 우리의 인식목적은 참을 알고 거짓을 피하는 것이다. 어떤 믿음에 대해 '정당화된다'고 말하는 것은 이 인식목적과 관련하여 그 믿음을 긍정적으로 평가하는 것이다. 또한 어떤 믿음을 '정당화되지 않는다'고 말하는 것은 이 인식목적과 관련하여 그 믿음을 부정적으로 평가하는 것이다. 이런 의미에서 정당화는 '규범적'(normative) 개념이다.

그렇다면 사실(fact)과 규범(norm)의 차이는 무엇인가? 사실들은 우리가 사는 세계가 실제로 어떠한지(how things are in the world)에 관련된 것이다. 예컨대 지구가 태양주위를 공전한다는 것은 사실이다. 그리고 그러한 사실은 우리가 있는 그대로 기술(describe)할 수 있는 것이다. 이런 의미에서 사실은 기술적(descriptive)이다. 또한 사실은 우리가 정한 것이 아니라 우리에게 인과적으로 강제되는 것이다. 예컨대 우리 앞으로 트럭이 돌진해 오면 우리는 몸을 피해야 한다. 애써 외면한다고 해서 이 사실에서 벗어날 수 없다. 이런 의미에서 사실은 우리가 위반(violate)할 수 있는 종류의 것이 아니다. 반면 규범들은 세계가 어때야 하는지(how things should be)에 관련된 것이다. 예컨대 우리는 '다른 사람을 이유 없이 해쳐서는 안 된다'

와 같은 윤리규범(ethical norm)에 따라 행동해야 한다. 실제 우리 세계에서 이와 같은 윤리규범들이 항상 지켜지는 것은 아니지만, 그럼에도 지켜지는 것이 더 바람직하다. 이런 의미에서 규범은 규정적(prescriptive)이다. 즉 우리가 해야만 하는 것을 알려준다. 그렇지만 규범은 우리가 정한 것이기 때문에 위반하는 것이 가능하다. 그래서 규범은 인과적 강제(causal compulsion)가 아니라 긍정적 보상(positive sanction)과 부정적 제재(negative sanction)라는 규범적 강제(normative compulsion)를 통해서 유지된다. 예컨대 우회전 금지 표지가 있으면 우회전을 해서는 안 된다. 비록 우회전을 하는 것이 물리적으로 불가능한 것은 아니지만 그렇게 할 경우에 규범위반에 따른 법적 제재를 받을 수 있다. 이처럼 사실은 위반할 수 없는 것이고 규범은 위반할 수 있는 것이라는 점에서 양자는 범주적으로 구분된다.

이제 규범적 개념과 비규범적 개념의 차이에 대해 좀 더 살펴보기 위해 다음 두 문장을 고려해보자.

(i) 그 아이들은 고양이에게 불을 붙였다.
(ii) 그 아이들은 사악하다.

'불을 붙이다'(setting a fire)와 같은 개념은 기술적(descriptive) 개념이다. 기술적 개념은 사실을 있는 그대로 기술하기 위해 사용되는 개념이지 긍정적 또는 부정적으로 평가하기 위해 사용되는 개념이 아니다. 반면 '사악한'(wicked)과 같은 개념은 '평가적'(evaluative) 개념이다. 아무 죄 없는 고양이에게 불을 붙여 극심한 고통을 주는 어떤 사람의 행위를 '사악한' 행위로 규정하는 것은 그 행위를 부정적으로 평가하는 것이다. 비슷한 이유에서 어떤 믿음을 '정당화되지 않는' 것이라고 규정하는 것은 그 믿음

을 부정적으로 평가하는 것이다. [13]

---

13) 규범은 행동을 인도하는(action-guiding) 특성을 갖는다. 규범에 부합하는 행동은 허용되지만, 규범에 어긋나는 행동은 허용되지 않는다. 다시 말해 규범적 진술은 우리가 해도 되는 것과 해서는 안 되는 것을 말해주는 진술이다. 예컨대 정당화되는 믿음을 받아들이는 것은 인식적으로 허용되지만 정당화되지 않는 믿음을 받아들이는 것은 인식적으로 허용되지 않는다.

2.

의무론적 규범성과 적절성의 규범성

앞절에서 언급한 것처럼 인식 정당화는 규범적 개념이다. 우리는 인식적으로 정당화되는 것을 '믿어야'(ought to believe) 하고, 인식적으로 정당화되지 않는 것을 '믿지 말아야'(ought not to believe) 한다. 그런데 정당화의 '규범성'을 이해하는 두 가지 상반된 견해가 있다. 정당화의 의무론적 견해에 따르면 정당화되는 믿음은 받아들여야 하고, 정당화되지 않는 믿음은 받아들이지 말아야 하며, 여기에 관련된 규범성은 '의무론적 규범성'(the deontological "ought")이다. "규범에 따라 행동하거나 믿거나 등을 하는 데 실패할 경우에 나무람이나 비난을 받을 수 있음이 함축되면 그 규범성은 의무론적 규범성이다."[14] 그러므로 의무론적 견해에 따르면 정당화되지 않는 믿음을 받아들이는 것은 인식적으로 비난받아야 마땅한 일이다.[15]

---

14) Wolterstorff 2005, p. 330.

15) 의무론적 견해는 인식론의 정통적인 견해이다. 데카르트, 로크와 같은 근대 인식론자들은 모두 의무론적 견해를 받아들였다. 또한 현대 인식론에서 의무론적 견해를 주장하는 대표적인 현대 철학자는 치좀(Roderick Chisholm)이다. "우리는 모든 사람이 그가 고려하

그런데 모든 규범성이 이와 같이 나무람이나 비난을 받을 수 있음을 함축하는 것은 아니다. 예컨대 식물학자는 연령초(trillium)에 관하여 '이 것은 세 개의 꽃잎을 가져야만 한다'고 말할 수 있다. 이 경우의 '규범 성'(ought)은 연령초가 세 개의 꽃잎을 갖고 있는 것이 '적절하다'는 의미이지, 연령초가 세 개의 꽃잎을 갖고 있지 않을 경우에 나무람이나 비난을 받아야 한다는 의미가 아니다. 이와 같은 규범성은 의무론적 규범성과 구분되는 '적절성의 규범성'(the propriety "ought")이다.[16] 비의무론적 견해에 따르면 정당화의 규범성은 이와 같은 적절성의 규범성이다. 어떤 믿음이 정당화되는지 아닌지를 평가할 때 그 믿음이 인식목적과 관련하여 적절한지 아닌지를 평가하는 것으로 충분하지 그 믿음이 인식의무를 어겼는지 여부를 평가할 필요가 없다는 것이다.[17][18]

는 모든 문장 h에 대하여 그것이 참인 경우에만 받아들이도록 최선을 다해야 한다는 순수하게 지성적인 요구에 종속된다고 가정할 것이다. 우리는 이 요구를 지적 존재로서의 책임이나 의무라고 말할 수 있다." (Chisholm 1977, p. 14) 그러므로 치솜에 따르면 정당화 개념은 '책임'과 '의무'라는 의무적 개념을 통해 이해돼야 한다. 또한 본주어(BonJour 1985), 펠드먼(Feldman 1988, 2002), 슈토이프(Steup 1988), 월터스토프(Wolterstorff 2005) 등등이 의무론적 견해를 옹호한다.

16) Wolterstorff 2005, p. 330을 보시오.

17) 비의무론적 견해를 옹호하는 대표적인 철학자는 올스턴(William Alston)이다. 그는 다음과 같이 말한다. "우리는 S가 p를 믿는 것이 의무를 충족하는지 또는 의무를 위반하는 것이 없는지에 대해 생각함이 없이, 좋은, 호의적인, 바람직한, 또는 적절한 것으로 평가할 수 있다." (Alston 1989, p. 97) 그리고 정당화에 대한 자연주의적 이론들은 기본적으로 비의무론적 이론들이다. 예컨대 과정 신빙론(process reliabilism)은 정당화되는 믿음을 다음과 같이 정의한다. "p는 정당화되는 믿음이다 =df p는 신빙성 있는 인지과정을 통해 산출되는 믿음이다." 이 견해에 따르면 어떤 믿음 p가 신빙성 있는 인지과정을 통해 산출되면 적절한 것으로 평가된다. 그리고 믿음 p가 신빙성 있는 인지과정을 통해 산출되는 것인지 여부는 인식주체가 인식의무를 충족했는지 여부와 상관없는 특성이다. 과정 신빙론에 대해서는 제6장 '신빙론'을 보시오.

18) 인과법칙이 성립하면, 이 인과법칙에 어긋나는 사례는 존재할 수 없다. 그러나 규범이 성

그렇다면 인식 정당화의 규범성을 의무론적 규범성으로 이해하는 것이 옳은가 아니면 적절성의 규범성으로 이해하는 것이 옳은가? 주15)에서 언급한 것처럼 의무론적 견해가 비의무론적 견해보다 더 정통적인 견해이다. 그런데 의무론적 견해에는 크게 두 가지 난점이 있다. 첫 번째 난점은 우리가 내성과 지각을 통해 형성하는 내성믿음들과 지각믿음들은 비의지적으로 형성되기 때문에 그러한 믿음들에 인식의무를 적용할 수 없다는 것이다. 두 번째 난점은 인식적으로 정당화되는 믿음은 진리개연적이어야 하는데 의무론적으로 정당화되는 믿음이 진리개연적이지 않을 수 있다는 것이다. 제2장의 나머지 부분에서 우리는 의무론적 견해가 위 두 난점들을 해결할 수 있는지에 대해 살펴볼 것이다.

립한다고 해서 규범에 어긋나는 사례가 배제되는 것은 아니다. 그런데 여기서 한 가지 주목할 점이 있다. 규범적 강제(normative compulsion)에 의해 유지되는 것은 따르지 않을 경우 나무람이나 비난 가능성이 성립하는 의무론적 규범성이 성립하는 경우이다. 다시 말해 규범적 강제는 적절성의 규범성에는 적용되지 않는다.

3.

의무론적 견해의 첫 번째 난점

　칸트(Immanuel Kant)가 지적한 것처럼 의무(ought)는 능력(can)을 함축한다. 왜냐하면 어떤 주체에게 그의 능력을 벗어난 것을 하라고 요구하는 것은 부질없는 일이기 때문이다. 따라서 어떤 주체가 어떤 특정 행동을 해야만 한다는 것은 적어도 그가 그 행동을 할 수 있음을 선제(先提, pre-suppose)한다.[19] 따라서 우리는 의지적으로 통제할 수 없는 것에 대해서 도덕적 책임을 지지 않을 수 있다. 예컨대 어떤 아이가 물놀이를 하다 실수로 물에 빠져 익사할 상황에 있다고 하자. 그런데 나 또한 물에 빠져 허우적거리고 있고, 설상가상으로 수영도 못한다고 하자. 그렇지만 다행히 나는 다른 사람의 도움으로 간신히 목숨을 건졌지만, 불행하게도 그 아이는 물속에서 오래 버티지 못해 구조되지 못했다고 하자. 이 경우 나는 그 어린아이의 근처에 있었지만, 그 아이의 익사에 대한 도덕적 책

---

19) "'해야만 한다'(ought)가 적용되는 행위는 자연적 조건하에서 가능한 것이어야만 한다." (Kant 1963, A548/B576); "순수 이성은 사변적 적용에서가 아니라, 도덕적인 실천적 적용에서 경험의 가능성 원리들, 즉 인류 역사 속에서 도덕률에 부합하게 충족될 수 있는 그런 행위의 가능성 원리들을 포함한다. 왜냐하면 이성은 그러한 행위들이 행해져야 함을 명령하기 때문에 그들이 행해지는 것이 가능해야 한다." (Kant 1963, A807/B835)

임에서 벗어날 수 있다. 왜냐하면 이것은 내 의지로 통제할 수 없는, 어쩔 수 없는 일이었기 때문이다.

올스턴(Alston 1989)은 믿음의 경우도 크게 다를 바 없다고 주장한다. p를 믿는 것이 내 의지로 통제할 수 없는 것이라면 나는 p를 믿어야 하는 의무를 갖지 않는다. 그런데 대부분의 믿음 형성은 우리의 의지로 통제할 수 있는 것이 아니다.

> 당신은 미국이 여전히 영국의 식민지라는 믿음을 이 순간에 단지 그렇게 하기로 마음먹음으로써 형성할 수 있는가? 당신이 굳이 그렇게 믿을 만한 동기가 없다고 생각한다면, 그렇게 믿을 경우 당신에게 500만 달러를 주겠다는 사람이 있고, 또한 당신이 참을 믿는 것보다 돈에 훨씬 더 관심이 있다고 가정해보자. 당신은 그 돈을 얻기 위해 요구되는 바를 할 수 있는가? … 당신은 그 명제에 대한 태도를 단지 그렇게 하기로 결정함으로써 바꿀 수 있는가? 그럴 힘이 없다는 것이 분명해 보인다.[20]

우리 믿음의 대부분은 내성(introspection)과 지각(perception)을 통해 형성된다. 그리고 우리가 내성과 지각을 통해 형성하는 믿음들은 비의지적(involuntary)이다. 예컨대 내 앞에 트럭이 돌진해 오는 것을 지각하는 경우에 나는 이를 믿지 않을 수 없다. 이처럼 대부분의 믿음들이 인식의무가 적용될 수 없는 비의지적인 것들이기 때문에 올스턴은 의무론적 견해가 옳지 않다고 주장한다.

---

20) Alston 1989, p. 122.

펠드먼(Feldman 1988)은 믿음의 '의지성 원리'[21]를 거부함으로써 위 비판을 피하고자 한다. 그는 의지적 통제를 할 수 없음에도 불구하고 여전히 의무가 성립하는 경우들이 있음을 지적한다. 우선 학적 의무(academic obligation)의 경우를 살펴보자. 논리학 수업을 듣는 한 학생이 학습장애를 갖고 있다고 하자. 이 학생은 논리학 기호만 보면 걷잡을 수 없는 불안 증세가 생겨 아무리 열심히 논리학 시험 준비를 해도 시험에 통과할 수 없다. 즉 이 학생의 학습장애는 그의 의지로 통제할 수 없는 것이다. 그렇지만 그는 학점 요건을 충족하지 못하기 때문에 학점을 취득할 수 없다. 다시 말해 학점 요건을 충족하는 것은 의지적으로 통제할 수 없는 것임에도 불구하고 여전히 학적 의무에서 벗어날 수 없다. 이제 법적 의무(legal obligation)의 경우를 살펴보자. 내가 은행대출로 집을 산다면 매달 대출금을 갚을 법적 의무가 내게 있다. 그런데 내가 예기치 못한 이유에서 갑자기 실업자가 됨으로써 재정적으로 도저히 대출금을 상환할 수 없는 처지가 되었다고 하자. 이 경우에 대출금 상환은 내 의지로 통제할 수 없는 것이지만, 나는 여전히 상환의무에서 벗어날 수 없다. 이와 같은 사례들은 의지로 통제할 수 없는 것에 대해서 여전히 의무가 성립할 수 있음을 보여준다. 펠드먼에 따르면 인식의무의 경우도 마찬가지다. 즉 어떤 명제 p에 대한 의지적 통제력을 결여하는 경우에도 p를 믿는 것이 여전히 의무일 수 있다.

과연 위 반론은 충분히 설득력이 있는가? 학적 의무나 법적 의무는 조건적 의무(conditional obligation)이다. 앞서 언급했던 학습장애 학생의 경우

---

21) 믿음의 의지성 원리(voluntariness principle)에 따르면, p를 믿을지 말지에 대해 내가 의지적 통제를 할 수 있는 경우에 한해 p를 믿어야 하는 (또는 p를 믿지 말아야 하는) 인식의무가 내게 성립한다.

논리학 과목의 학점을 취득하길 원한다는 조건하에서만 논리학 시험에 통과해야 하는 학적 의무가 발생한다. 또한 집을 계속 소유하길 원한다는 조건하에서만 대출금을 상환해야만 하는 법적 의무가 유지된다. 따라서 학적 의무나 법적 의무와 같은 조건적 의무와 인식의무와 같은 비조건적 의무 사이에 중요한 차이가 있다. 이러한 지적에 대해 펠드먼은 인식의무도 다음과 같은 이유에서 조건적 의무로 이해할 수 있다고 답한다. "인식적으로 p를 믿어야 한다고 말하는 것은 인식적 탁월성을 성취하길 원한다는 조건하에서 p를 믿어야 한다고 말하는 것이다."[22]

그러나 위 답변은 설득력이 약하다. 학적 의무나 법적 의무와 같은 조건적 의무와 인식의무 사이에 중요한 역유비(逆類比, disanalogy) 관계가 성립한다. 학적 의무나 법적 의무는 모든 사람에게 부과되는 보편적 의무가 아니다. 논리학 과목을 수강해야 논리학 시험을 통과해야 하는 학적 의무가 발생하며, 은행대출을 받아야 대출금을 상환해야 하는 법적 의무가 발생한다. 논리학 과목을 수강과목으로 선택하는 것과 은행대출을 받는 것은 주체가 자신의 자유의지로 선택한 일이고, 이처럼 자신의 자유의지로 선택한 일에 의무를 부과하는 것은 결코 부당하지 않다. 반면 정상적인 사람들은 누구나 예외 없이 지각판단을 할 수밖에 없고 어느 누구도 자신의 의지로 자신의 지각판단을 통제할 수 없다. 이처럼 어느 누구도 자신의 의지로 통제할 수 없는 일에 의무를 부과하는 것은 부당하다. 펠드먼의 반례들이 설득력이 없는 이유는 이와 같이 중요한 역유비 관계가 성립하기 때문이다. 따라서 학적 의무나 법적 의무의 경우에 의지적 통제를 할 수 없음에도 여전히 의무가 적용될 수 있다는 사실은 어

---

22) Feldman 1988, p. 243.

느 누구도 예외 없이 비의지적으로 받아들일 수밖에 없는 믿음에 대해 인식의무가 성립한다는 것을 보여주지 않는다. 또한 펠드먼의 제안은 의지성 원리가 직관적으로 호소력이 있다고 생각하는 사람들에게는 설득력이 없다. [23]

그렇다면 펠드먼과 다른 방식으로 의무론적 견해를 옹호할 수는 없는가? 한 가지 방식은 직접적 의지적 통제(direct volitional control)와 간접적 의지적 통제를 구분하는 것이다. 올스턴이 지적하는 것처럼, 우리는 내성 믿음들과 지각 믿음들을 수동적으로 형성한다. 따라서 그러한 믿음들은 우리의 직접적 의지적 통제 하에 있지 않다. 그러나 우리는 여전히 그러한 믿음들을 간접적으로 통제할 수 있다. 예컨대 어떤 대상이 이상하거나 의심스러워 보이면, 또는 조명이 비정상적이라고 생각되면, 우리는 그 대상에 좀 더 가까이 다가가서 자세히 살펴볼 수 있다. 또한 어떤 지각상황이 성립하는지 여부가 중대사라면, 우리는 그러한 지각상황이 성립하는지를 확신이 들 때까지 여러 번 주의 깊게 살펴볼 수 있다. 따라서 하일(John Heil)은 우리가 믿음들을 직접적으로 통제할 수는 없지만 '간접적으로' 통제할 수는 있다고 주장한다. [24] 그에 따르면 책임 있는 인식주체는 적절하게 정보획득을 하는 사람이다. 따라서 믿음을 선택하는 방식이 아니라, 믿음을 획득하는 절차를 선택하는 방식에 주목한다면, '인식의무'와 '책임 있는 인식주체'에 대해 유의미하게 말할 수 있다는 것이다.

또한 슈토이프는 비의지성을 '강한 비의지성'(strong involuntariness)과 '약한 비의지성'(soft involuntariness)으로 구분한다. [25] 다음 두 예들을 고려해보자.

---

23) Steup 1996, p. 77을 보시오.
24) Heil 1983, p. 363을 보시오.
25) Steup 1996, pp. 77-79를 보시오.

(i) 강력한 악령은 내가 어떤 인식적 노력을 한다 할지라도 캠퍼스에 걸어가는 사람이 있다고 믿게끔 할 수 있다. 이 경우 나는 어떤 증거상황 하에서도 이 믿음을 유지할 것이다.

(ii) 나는 캠퍼스를 걸어가는 사람을 본다. 이 경우 나는 '캠퍼스를 걸어가는 사람이 있다'는 믿음을 갖지 않을 수 없다. 그렇지만 나는 여전히 이 믿음을 인식적으로 평가할 수 있다. 예컨대 내가 캠퍼스를 걸어가는 사람이 있다는 환상을 일으키는 마약을 방금 복용했다는 사실을 기억한다면 나는 이 믿음을 승인하지 않을 수 있다.

(i)의 경우 아무리 발버둥 친다 하더라도 주체는 악령의 속임수에서 벗어날 수 없다. 따라서 이 경우는 믿음의 평가가 의지적 통제범위 밖에 있는, 강한 비의지성의 경우이다. 그러나 (ii)의 경우 믿음의 평가가 의지적 통제범위 밖에 있지 않다. 지각믿음들이 비의지적으로 형성되는 것은 사실이지만 이러한 지각믿음들이 형성된 이후에 이것들을 평가하는 것은 여전히 우리 의지적 통제범위 안에 있다. 따라서 지각믿음과 관련된 비의지성은 강한 비의지성이 아니라 약한 비의지성이다.

슈토이프가 지적하는 것처럼 우리는 비의지적으로 형성된 믿음들에 대해 사후평가를 할 수 있다. 그리고 사후평가를 할지 여부는 의지적 통제범위 안에 있다. 그러나 단지 강한 비의지성과 약한 비의지성의 구분만으로는 다루기 어려운 사례들이 있다. 펠드먼에 따르면 어떤 믿음에 인식의무가 적용되는 이유는 그 믿음을 우리가 '간접적으로' 통제할 수 있기 때문이 아니다. 왜냐하면 믿음을 간접적으로 통제할 수 없는 경우에도 여전히 인식의무가 성립할 수 있기 때문이다. 예컨대 어떤 분야에 매우 큰 재능을 갖고 있음에도 불구하고 또한 그 분야의 전문가들이 모두 그의 재능을 인정함에도 불구하고, 일종의 심리적 결함으로 인해 자신의 재능을 믿지 못하는 사람이 있을 수 있다. 즉 그런 사람은 간접적으로도 '나는 재능이 있다'라고 믿지 못할 수 있다. 그러나 그럼에도 불구하고 그렇게 믿는 것이 옳기 때문에 그렇게 믿어야 한다고 말할 수 있다.[26] 그렇다면 그런 사람의 믿음은 강한 비의지성의 경우인가 아니면 약한 비의지성의 경우인가? 그런 사람은 '나는 재능이 없다'는 믿음을 형성한 이후에 그 믿음을 평가하는 경우에도 그 믿음을 철회하지 못할 수 있다. 그렇지만 그 믿음은 여전히 정당화되지 않는다. 따라서 의무론적 견해는 단지 강한 비의지성과 약한 비의지성을 구분함으로써 이와 같은 반례를 해결할 수 없다.

위와 같은 이유에서 우리는 의무론적 견해를 다른 방식으로 옹호할 필요가 있다. 우선 칸트에 따르면 우리는 단순한 동물들과 달리 이성적 존재(rational being)이다. 그리고 이성적임(being rational)은 이성의 규범들에 의해 규제됨(being bound by norms of reason)을 의미한다. 따라서 우리가 이성적 존재인 이유는 우리의 믿음과 행위가 이성의 규범들에 의해 규제되기 때문이고, 우리가 그렇게 규제될 수 있는 이유는 우리가 이성의 규범을 따라 믿거나 행위할 수 있는 존재이기 때문이다. 이런 이유에서 우리는 단순한 동물들과 달리 우리의 행위와 믿음에 대해 책임이 있다. 그리고 윤리규범들은 이성의 규범들에 속한다. 따라서 우리는 윤리규범에 따라 행위할 책임이 있고 이를 어길 경우에 윤리적 비판 또는 비난의 대상이 될 수 있다. 그러나 개와 같은 단순한 동물들은 자신의 행동에 대해 그러한 윤리적 책임이 없다.

위와 같은 이유에서 어떤 행위자 S가 이성적 존재이면 그는 자신이 한

---

26) Feldman 1988, pp. 238–239를 보시오.

행위에 대해 책임을 져야 한다. 이것이 책임의 기본조건(the default condi-tion of responsibility)이다. 그런데 이 기본조건은 예외적인 경우에 무력화(override)될 수 있다. S가 주어진 윤리규범을 따르지 못한 것에 대한 정당한 면책이유(legitimate reasons for exemption)가 있는 경우에 규범위반에 따른 책임 또는 비난에서 (적어도 어느 정도) 벗어날 수 있다. 이것이 책임의 면제조건(the exemption condition of responsibility)이다. 앞서 언급했던 예를 다시 살펴보자.

어떤 어린아이가 물놀이를 하다가 실수로 익사할 상황에 놓여 있다고 하자. 그리고 그 아이 주변에 있는 어떤 남자 S가 또한 물에 빠져 허우적 거리고 있고, 설상가상으로 수영도 못한다고 하자. 위험에 빠진 아이를 도와야 한다는 윤리규범은 보편규범이다. 따라서 이 규범은 S에게도 예외 없이 적용된다. 다시 말해 S가 이 규범을 어길 경우 그에 따른 책임을 져야 한다는 것이 책임의 기본조건이다. 그렇지만 이 기본조건은 예외적인 경우에 무력화될 수 있다. S가 이 규범을 따르지 못한 것에 대한 정당한 면책이유가 있는 경우에 규범위반에 따른 책임 또는 비난에서 벗어날 수 있다.

우리는 칸트의 의무·능력 원리를 책임의 기본조건 및 면제조건을 통해 이해할 수 있다. 우선 X에게 윤리규범이 적용되기 위해서는 책임의 기본조건이 성립해야 한다. 즉 X는 이성적 능력을 가진 존재여야 한다. 다시 말해 이성적 존재들에게만 윤리규범이 적용된다. 그러나 X가 이성적 존재일지라도 그가 자신이 한 행위에 대한 윤리적 책임에서 벗어날 수 있는 예외적인 경우가 있을 수 있다. X가 어떤 상황에서 윤리규범을 따를 수 있는 능력을 결여하고 또한 그러한 무능력에 대해 책임이 없는 경우에 규범위반에 따른 책임 또는 비난에서 벗어날 수 있다. 앞서 논의한 S의 경우가 바로 그런 경우이다. 그는 익사할 상황에 놓인 어린아이를 구출할 수 있는 능력을 결여한다. 또한 그러한 무능력 상태는 그가 위험에 빠진 아이를 도와야 한다는 윤리규범을 지키기 않기 위해 일부러 물에 빠짐으로써 의도적으로 야기한 것이 아니다. 따라서 이 경우는 윤리규범을 지킬 수 없는 무능력에 대해 책임이 없는 경우이다. 다시 말해 S에게는 규범위반에 따른 책임 또는 비난에서 벗어날 수 있는 정당한 면책이유가 있다. 따라서 윤리적 책임을 기본 조건 및 면제 조건을 통해 이해하면 S에게 윤리적 규범이 적용됨에도 불구하고, 왜 책임에서 벗어날 수 있는지를 잘 설명할 수 있다.

윤리규범들과 마찬가지로 인식규범들도 이성의 규범들이다. 따라서 인식규범들에 대해서도 책임의 기본 및 면제조건이 다음과 같이 성립한다. 단순한 동물과 달리 우리가 인식규범에 규제되는 이유는 우리가 기본적으로 인식규범에 따라 믿을 수 있는 존재이기 때문이다. 그래서 S가 이성적 존재라는 사실, 즉 그가 인식규범에 따라 믿을 수 있는 존재라는 사실은 그가 자신의 믿음에 대해 책임을 져야 함을 뜻한다. 이것이 책임의 기본조건이다. 그런데 이러한 기본조건은 예외적인 경우에 무력화될 수 있다. S가 주어진 인식규범을 따르지 못한 것에 대해 정당한 면책이유가 있는 경우에 규범위반에 따른 책임 또는 비난에서 (적어도 어느 정도) 벗어날 수 있다. 이것이 책임의 면제조건이다.[27]

이제 앞서 언급한 책임의 기본 및 면제조건을 토대로 어떻게 의무론적 견해를 옹호할 수 있는지 살펴보자. 우선 윤리규범과 마찬가지로 인식규범도 보편규범이다. 따라서 인식규범은 우리가 이성적 존재로서 원칙적으로 따를 수 있는 것이어야 한다. 그렇다면 우리의 지각판단들에 적용

---

27) 이에 대한 자세한 논의를 위해서는 필자의 2020년 논문 "의무 · 능력 원리와 인식적 규범성"을 참조하시오.

되는 인식규범은 무엇인가?

앞서 제1장에서 언급했던 것처럼, 인류의 장기적인 생존과 번영을 위해 세계에 대한 올바른 정보가 필요하다. 그런데 각자가 스스로 획득할 수 있는 정보에 한계가 있다. 따라서 타인으로부터 정보를 획득하는 것이 매우 중요하다. 그렇지만 타인이 말해주는 것을 어느 것이든 아무런 의심 없이 받아들이면 잘못된 정보로 인해 생존과 번영이 위협받을 수 있다. 따라서 인류는 타인의 주장을 받아들이기 전에 그 주장이 믿을 만한 것인지를 평가하는 작업을 해 왔다. 다시 말해 의심스러운 주장에 대해서는 적절한 근거를 제시할 것을 요구하는 사회실천을 해 왔다. 우리의 정당화 개념은 이와 같이 정당화를 요구하고 이러한 요구에 답하는 우리의 사회실천을 배경으로 발전해 온 상호주관적 개념이다.

그리고 정당화의 사회실천은 '추정(default)과 도전(challenge)의 정당화 구조'를 요구한다. 그 이유는 정당화의 무한퇴행이 불가능하기 때문이다. 우리가 어떤 주장에 대한 도전에 답하기 위해 A란 근거(또는 증거)를 제시했다고 하자. 이에 대해 도전자는 '왜 A인가?'라고 물을 수 있다. 이에 답하기 위해 우리는 또 다른 근거 B를 제시할 수 있다. 이에 대해 도전자는 다시금 '왜 B인가?'라고 물을 수 있다. 그런데 만약 도전자가 이처럼 우리가 제시하는 어떠한 근거에 대해서도 '왜?'라고 끊임없이 의문을 제기할 권리를 갖는다면 우리가 궁극적으로 정당화할 수 있는 것은 아무 것도 없게 된다. 또한 진정한 의심은 동시에 의심되지 않는 다른 믿음들의 배경 하에서만 정당하게 제기될 수 있다. 따라서 논리적으로 무언가를 옹호하는 것이 가능하기 위해서는 추정적으로 정당화되는 것이 있어야 한다. 즉 입증의 부담이 주장자가 아니라 도전자에 있고, 따라서 도전자가 이것을 의심할 만한 적절한 반대이유 또는 증거를 제시하지 못하는 한, 정당한 것으로 간주되는 것이 있어야만 한다. 그렇다면 정당화의 사회실천 속에서 그러한 역할을 하는 것은 무엇인가? 만약 우리의 지각정보가 전혀 신뢰할 수 없는 것이라면 우리는 사실에 대해 어떠한 증거도 가질 수 없을 것이다. 따라서 정당화의 사회실천은 정상적인 지각판단들을 (이를 의심할 만한 반대이유 또는 증거가 제시되지 않는 한) 정당한 것으로 간주할 것을 요구한다. 다시 말해 정상적 지각판단들은 (이를 의심할만한 반대증거가 제시되지 않는 한) 추정적으로 정당화된다.[28]

앞서 언급한 바대로 우리는 지각판단들을 비의지적으로 형성한다. 그렇지만 정상적 지각판단들은 (이를 의심할 만한 반대증거가 제시되지 않는 한) 추정적으로 정당화된다. 물론 어떤 경우엔 비의지적으로 형성된 이러한 지각판단을 의심할 만한 적절한 반대증거가 제시될 수 있다. 그런 경우에는 지각판단을 철회할 수 있다. 그리고 지각믿음을 이와 같이 사후적으로 철회하는 것은 우리가 원칙적으로 할 수 있는 일이다. 따라서 지각믿음에 대해 정당화의 사회실천이 요구하는 인식규범은 지각믿음을 의지적으로 형성해야 한다가 아니라 이를 의심할 만한 적절한 반대증거가 제시될 경우에 이를 철회해야 한다는 것이다. 그리고 이것은 우리가 원칙적으로 할 수 있는 일이다. 마찬가지로 추론적 믿음에 대해 정당화의 사회실천이 요구하는 인식규범은 부당한 추론에 의한 결론을 받아들이지 말라는 것이다. 이것도 우리가 원칙적으로 할 수 있는 일이다. 따라서 정당화의 사회실천이 요구하는 '적절한 반대증거가 제시된 지각믿음은 받아들이지 말아야 한다'와 '부당한 추론에 의한 결론은 받아들이지 말아야 한다'와 같은 인식규범들은 '의무는 능력을 함축한다'는 칸트 원리의 핵심적인 통찰과 충돌하지 않는다. 따라서 내성 또는 지각에 의해

---

28) 이에 대한 자세한 논의를 위해서는 제7장 "인식원리와 인식적 순환성"을 보시오.

형성되는 믿음들이 비의지적으로 형성된다는 사실은 인식 규범성이 의무론적 규범성이 아니라 적절성의 규범성임을 보여주지 않는다. 그렇기 때문에 우리는 비의지적으로 형성된 믿음들을 유지할지 여부에 대해 여전히 주체에게 인식적 책임을 물을 수 있다.

그렇지만 앞서 언급한 바대로 주체가 의무에 따른 책임에서 벗어날 수 있는 예외적인 경우들이 있을 수 있다. 예컨대 어떤 사람은 특수한 사정에 의해서 윤리규범을 따를 수 없을 수 있다. 그런 경우 규범을 어긴 사람이 비난이나 처벌을 피하기 위해서는 왜 규범을 어길 수밖에 없었는지에 대한 정당한 면책이유가 있어야 한다. 마찬가지로 우리가 인식규범을 어긴 것에 대해 비난이나 처벌을 피하기 위해서는 왜 규범을 어길 수밖에 없었는지에 대한 정당한 면책이유가 있어야 한다. 그와 같은 이유를 제시할 수 없는 경우엔 비난이나 처벌의 대상이 될 수 있다.

이제 위 논점을 앞서 언급했던 펠드먼의 예에 적용해 보자. 어떤 분야에 매우 큰 재능을 갖고 있음에도 불구하고 또한 그 분야의 전문가들이 모두 그의 재능을 인정함에도 불구하고 일종의 심리적 결함으로 인해 자신의 재능을 믿지 못하는 사람이 있을 수 있다. 편의상 그 사람을 S라고 부르자. 먼저 이 예와 관련해 주목할 점은 주체에 심각한 결함이 있는 경우에도 보편규범이 여전히 주체에게 적용될 수 있다는 사실이다. 예컨대 연쇄살인을 저지른 어떤 사이코패스(psychopath)는 반사회적 인격 장애로 인해 살인충동을 의지적으로 통제할 수 없을 수 있다. 그런 경우에 사이코패스에게 윤리적 책임을 전적으로 묻기 어려울 수 있다. 그럼에도 불구하고 '무고한 사람을 결코 죽여서는 안 된다'는 윤리규범은 여전히 그 사이코패스에게 적용된다. 그렇기 때문에 무고한 희생자를 막기 위해 그 사이코패스를 정신병원이나 교도소에 격리시키는 것이 정당화될 수 있는 것이다.

비슷한 논점이 S의 사례에도 적용된다. 우선 S는 이성적 존재이기 때문에 자신의 믿음에 대해 책임이 있다. 이것이 책임의 기본조건이다. 따라서 S가 자신의 분야에서 엄청난 재능이 있다는 것이 객관적 사실이고, 또한 이에 대한 적절한 증거가 있기 때문에 그는 '나는 재능이 있다'라고 믿어야 한다. 그렇지만 안타깝게도 그는 자신의 심리적 결함에 의해 그렇게 믿지 못한다. 따라서 책임의 면제조건에 의해 인식적 비난에서 어느 정도 벗어날 수 있다. 그러나 이러한 사실은 S가 이성적 존재이기 때문에 보편규범들이 그에게 적용된다는 사실과 양립한다. 앞서 언급한 바대로 '무고한 사람은 결코 죽어서는 안 된다'는 윤리규범은 반사회적 인격 장애로 인해 살인충동을 의지적으로 통제할 수 없는 사이코패스에게도 적용된다. 그렇기 때문에 그 사이코패스를 정신병원이나 교도소에 격리시키는 것이 정당화될 수 있는 것이다. S의 경우도 마찬가지다. 비록 그는 '나는 재능이 있다'라는 믿음과 관련된 인식규범을 어기는 데에 있어서 어느 정도 인식적 책임에서 벗어날 수 있지만 그럼에도 불구하고 그는 그의 인식적 결함을 치료하기 위한 심리치료를 요구받을 수 있다. 그리고 그가 이러한 요구를 받을 수 있다는 사실은 그가 인식규범의 예외가 아님을 보여준다.

요컨대 내성 또는 지각에 의해 형성되는 믿음들이 비의지적으로 형성된다는 사실은 인식 규범성이 의무론적 규범성이 아니라 적절성의 규범성임을 보여주지 않는다. 우리는 비의지적으로 형성된 믿음들을 유지할지 여부에 대해 여전히 주체에게 인식적 책임을 물을 수 있다.[29] 또한 심

---

29) 펠드먼(Feldman 2002)에 따르면 인식주체의 인식의무는 정당화되는 믿음을 받아들이는 것이다. 다시 말해 인식주체 S가 시간 t에 명제 p에 대해 고려할 때 S는 p에 관하여 t에 그가 갖고 있는 증거에 부합하는 인식태도를 취해야 하는 의무를 지닌다. 필자는

50 현대 인식론: 정당화의 사회실천에 의한 접근

리적 결함으로 인해 인식규범을 따를 수 없는 예외적인 사례가 있을 수 있다고 해서, 보편규범으로서의 인식규범이 성립하지 않는 것은 아니다. 물론 주체가 심리적 결함을 가지고 있는 경우에 어느 정도 책임에서 벗어날 수 있으나 심리치료를 요구받을 수 있다는 사실은 그러한 주체도 인식규범의 예외가 아님을 보여준다.

이와 같은 의무론적 견해에 기본적으로 동의하지만 'S는 p에 관하여 t에 그가 갖고 있는 증거에 부합하는 인식태도를 취해야 한다'를 정당화의 사회실천 속에서 상호주관적으로 강제되는 인식규범으로 이해해야 한다고 생각한다. 월터스토프(Wolterstorff 2005)도 인식평가에 관련된 규범성을 적절성의 규범성이 아니라 의무론적 규범성으로 이해한다. 그는 다음과 같이 말한다. "내가 어떤 사람에게 '보르헤스가 영국 작가가 아니라는 것을 알았어야 했다'라고 말할 때 나는 그녀의 믿음형성 성향에 적절히 작동하지 않았던 점이 있었음을 암시하거나, 함축하거나 또는 가정하는 것이 아니다. 대신에 나는 그녀가 그 성향을 사용했어야 하는 방식으로 사용하지 못했음을 함축하는 것이다. 즉 그녀가 그녀의 무지에 대해 책임이 있다고 말하는 것이다. … 보르헤스를 영국 작가로 생각한 그녀의 무지에 대해 내가 비난할 수 있는 근거는, 그녀가 믿음을 형성하거나 유지하는 성향을 옳은 방식으로 사용하지 못했다는 나의 확신 또는 가정이다." (Wolterstorff 2005, p. 330) 필자는 인식평가에 관련된 규범성을 의무론적 규범성으로 이해하는 점에 대해서는 월터스토프에 전적으로 동의한다. 그렇지만 펠드먼과 마찬가지로 월터스토프도 인식평가에 관련된 규범성을 정당화의 사회실천 속에서 강제되는 상호주관적 인식규범과 관련시키지 않는다.

4.

의무론적 견해의 두 번째 난점

어떤 믿음이 인식적으로 정당화되는 믿음으로 간주되기 위해서는 진리개연적이어야 한다. 즉 인식적으로 정당화되는 믿음은 참일 개연성이 높아야 한다. 이것이 이른바 '정당화의 적절성 조건'이다. 본주어(Laurence BonJour)와 올스턴(William Alston)은 이 조건에 대해 각각 다음과 같이 말한다.

적절한 인식이론의 한 가지 핵심과제는 인식 정당화에 대해 제시된 설명과 참을 추구하는 인식목적 사이에 적절한 연결이 있음을 보이는 것이다. 즉 그 이론에 의해 제안된 정당화가 진리개연적이라는 것, 즉 정당화되는 믿음을 추구한 사람이 적어도 참인 믿음들을 발견할 개연성이 높다는 것을 어떻게든지 보여야 한다.[30]

적절성에 대한 적합한 기준을 얻기 위해서, 믿음이 정당화된다는 것이 거짓이

---

30) BonJour 1985, pp. 108–9.

아니라 참을 믿어야 한다는 인식의 기본 목적과 관련하여 바람직한 것임을 주목할 필요가 있다. 근거가 이 목적과 관련하여 바람직하기 위해서 그것은 '진리개연적'이어야 한다. 즉 주어진 믿음의 근거가 그 믿음이 참임을 충분히 나타내줄 수 있어야 한다. 다시 말해 그 근거가 주어졌을 때 그 믿음이 참일 확률이 매우 높아야 한다.[31]

인식 정당화 이론은 위와 같은 '정당화의 적절성 조건'을 충족해야 한다. 그런데 올스턴에 따르면 "진리개연적인 방식으로 믿음을 형성하지 않았음에도 의무론적으로 정당화되는 믿음을 가질 수 있다."[32] 레플린(Jarrett Leplin)도 비슷한 이유에서 의무론적 견해를 비판한다.

정당화의 의무론적 평가는 주체의 고유한 관점으로부터 진행된다. 주체가 인식하거나 또는 교정할 것이라고 합리적으로 기대할 수 없는 이 관점의 결함은 주체의 정당화에 영향을 주지 않는다. 주체가 접근할 수 없는 결함을 주체가 고려하지 못했다는 것은 비난받을 일이 아니다. 로더릭 치즘에 반대하여 앨빈 플랜팅거가 주장하는 것처럼, 주체는 자신의 인지능력 내의 인식할 수 없는 결함 때문에 긍정적인 인식적 위상을 성취하지 못함에도 불구하고 자신의 인식의무를 충족할 수 있다.[33]

그렇다면 의무론적으로 정당화되는 믿음이지만 진리개연적이지 않은 예들은 어떤 것들인가? 우선 가장 대표적인 예는 게티어 유형의 반례이

---

31) Alston 1988, p. 269.
32) Alston 1989, pp. 144–45.
33) Leplin 2009, pp. 23–24.

다. 영수는 그의 사무실 동료인 철수가 현대 그랜저 자동차를 몰고 다니는 것을 여러 번 목격했고, 최근 그 차를 얻어 탄 적이 있으며 또한 그 차가 자신의 차라고 말하는 것을 여러 번 들었다. 영수는 이와 같은 증거를 토대로 '내 사무실에 있는 어떤 사람은 현대 그랜저를 소유하고 있다'고 믿는다. 이 경우 영수가 위반한 인식의무는 없다. 그렇지만 철수가 타고 다니는 현대 그랜저는 렌트한 것이고, 영수의 믿음이 참이 된 이유는 운 좋게도 그의 사무실에 있는 철수가 아닌 어떤 다른 사람이 우연히 현대 그랜저를 소유하고 있었기 때문이라고 하자. 즉 그의 믿음은 객관적으로 진리개연성이 높지 않았던 믿음이었다. 이 경우 영수의 믿음은 위반한 인식의무가 없음에도 불구하고 진리개연적이지 않다.

두 번째 예는 판단의 근거가 된 권위자가 무능한 경우이다. 대부분의 사람들이 그런 것처럼 S도 자신의 전문분야에서 크게 벗어난 다른 분야들에 대해 잘 알지 못한다. 그리고 다른 분야들을 잘 이해하기 위해 많은 시간을 투자할 만큼 한가롭지도 않다. 따라서 S는 다른 분야의 문제들에 관해서는 그 분야 전문가의 권위를 받아들인다. 이제 S가 이런 이유에서 어떤 천체물리학자가 천체물리학에 관한 기묘한 주장을 하는 것을 듣고 그 주장을 받아들였다고 하자. 그런데 공교롭게도 그 천체물리학자는 매우 무능한 사람이었다고 하자. 이 경우 S의 믿음은 진리개연적이지 않지만 그렇다고 해서 그가 인식의무를 어겼다고 말하기 어렵다.[34]

세 번째 예는 격리된 원시사회의 경우이다. 과학적으로 미개한 어떤 격리된 원시사회가 있다고 가정해보자. 이 사회의 지도자는 자신의 사회의 존립을 위태롭게 하고 있는 오랜 가뭄을 해소시켜 줄 비가 언제 내릴지에

---

34) Alston 1989, p. 148을 보시오.

대해 예측하고자 한다. 그런데 이 사회에서 이러한 예측을 하기 위해 이용할 수 있는 최선의 방법은 점성술사에게 가서 별점(占)을 부탁하는 것이다. 별점의 결과는 기우제(祈雨祭)를 지내면 머지않아 비가 내린다는 것이었다. 그 지도자는 이 별점을 전적으로 받아들인다. 이 경우 '기우제를 지내면 머지않아 비가 내릴 것이다'라는 지도자의 믿음은 비록 진리개연적이지는 않지만 자신이 속한 사회에서 이용할 수 있는 최선의 방법을 통해 형성한 것이므로 인식의무를 어겼다고 말하기 어렵다.[35]

올스턴에 따르면 위와 같은 예들은 의무론적 견해가 정당화 개념을 적절히 설명하지 못한다는 것을 보여준다. 그런데 과연 그러한가?

앞서 언급했던 것처럼 정당화는 규범적 개념이다. 그리고 어떤 믿음이 정당화되는지 여부는 이것이 정당화의 사회실천이 요구하는 인식규범들에 부합하는지 여부에 의존한다. 따라서 의무론적 견해가 옳은지 여부는 이와 같은 인식규범들이 적절성의 규범성인지 아니면 의무론적 규범성인지에 달려 있다. 전혀 근거도 없는 주장을 하는 것이 아무런 사회적 제재 없이 허용되면 잘못된 정보로 인해 공동체의 생존과 번영이 위험해질 수 있다. 그러므로 어떤 사람에게 '당신의 믿음은 전혀 근거 없는 것입니다'라고 말하는 경우에 우리는 그 믿음에 어떤 적절치 못한 점이 있음을 단지 지적하는 데 그치는 것이 아니다. 근거 없는 믿음을 유지하거나 주장하는 것은 정당화의 사회실천이 요구하는 인식규범을 어기는 것이고, 이와 같은 일은 공동체의 생존과 번영에 위협이 될 수 있기 때문에 결코 해서는 안 되는 것이다. 즉 나무람이나 꾸짖음과 같은 부정적인 제재를 받아야 하는 것이다. 따라서 정당화의 사회실천이 요구하는 인식

---

35) Alston 1989, p. 145를 보시오.

규범은 단지 적절성의 규범성이 아니라 의무론적 규범성이다.

 이제 앞서 언급했던 영수의 예를 다시 살펴보자. 영수는 그의 사무실 동료인 철수가 현대 그랜저 자동차를 몰고 다니는 것을 여러 번 목격했고, 최근 그 차를 얻어 탄 적이 있으며, 또한 그 차가 자신의 차라고 말하는 것을 여러 번 들었다. 영수는 이와 같은 증거를 토대로 '내 사무실에 있는 어떤 사람은 현대 그랜저를 소유하고 있다'라고 믿기 때문에 인식적으로 무책임하지 않다. 인식적으로 무언가를 평가할 때 인식주체는 부득이 그가 확인할 수 있는 것을 토대로 할 수밖에 없고 또한 영수에게 접근 가능한 증거에 비추어 '내 사무실에 있는 어떤 사람은 현대 그랜저를 소유하고 있다'는 진리개연적이기 때문이다. 따라서 이 경우처럼 인식주체가 자신의 의지로 통제할 수 없는 어쩔 수 없는 한계로 인해 진리개연적이지 않은 믿음을 갖게 된 경우에는 예외적으로 인식적 책임에서 벗어날 수 있다.

 그러나 앞서 언급했던 것처럼 사회적 규범은 규범을 지키는 사람에 대해서는 긍정적 보상을 하고, 규범을 어기는 사람에 대해서는 나무람과 같은 부정적 제재를 가함으로써 사회적으로 유지된다. 또한 진리개연적이지 않은 믿음을 갖고 있음에도 일시적으로 인식적 비난에서 벗어날 수 있는 예외적인 경우가 존재한다고 해서 사회적 규범으로서의 인식규범이 가지는 규범적 힘이 사라지는 것이 아니다. 따라서 영수는 '내 사무실에 있는 어떤 사람은 현대 그랜저를 소유하고 있다'라고 믿음에 있어서 개인적으로 최선을 다했으므로 인식적 비난에서 벗어날 수 있지만, 철수가 현대 그랜저 자동차를 소유하고 있지 않다는 새로운 증거를 접하게 된 이후에도 여전히 그 믿음을 고수한다면 인식적 비난을 받을 수 있다. 따라서 어떤 경우에 진리개연적이지 않은 믿음을 유지하는 것이 일시적으로 인식적 비난에서 벗어날 수 있지만 이런 경우에도 언제든지 관련

증거가 알려질 때 수정 요구를 받을 수 있다. 이런 의미에서 영수의 예는 정당화의 사회실천이 요구하는 인식규범이 적용되지 않는 사례가 아니다. 따라서 진리개연적이지 않은 믿음을 갖고 있음에도 일시적으로 인식적 비난에서 벗어날 수 있는 예외적인 경우가 존재한다고 해서 정당화의 사회실천이 요구하는 인식규범들이 의무론적 규범성이 아니라 적절성의 규범성이라는 결론이 도출되지 않는다.

위 논점에 대해 좀 더 부연설명을 하면 다음과 같다. 앞서 우리가 다뤘던 '내 사무실에 있는 어떤 사람은 현대 그랜저를 소유하고 있다'는 영수의 믿음은 주관적 관점에서 적절한 증거를 토대로 받아들인 것이기 때문에 인식적으로 비난받지 않을 수 있지만 그럼에도 객관적으로는 진리개연성이 높지 않다. 다시 말해 영수의 믿음은 객관적으로는 정당화되지 않는다. 그렇다면 여기서 말하는 '객관적 정당화'(objective justification)는 무엇인가? 이 질문에 답하기 위해서 우선 우리가 왜 '객관적 정당화' 개념을 필요로 하는지를 살펴볼 필요가 있다. 객관적 정당화는 '주관적 정당화'(subjective justification) 및 '상호주관적 정당화'(intersubjective justification)와 구별된다. 어떤 명제 p가 인식주체 S에게 접근 가능한 증거에 비추어 참일 개연성이 높으면 p는 S에게 주관적으로 정당화된다. 그렇지만 p에 대한 S의 주관적 정당화는 S에게는 접근 가능하지 않지만 S가 속한 공동체의 다른 구성원에게는 접근 가능한 새로운 증거에 의해 논파될 수 있다. 다시 말해 p는 S가 속한 공동체에 의해 접근 가능한 모든 증거에 상대적으로 진리개연적이지 않을 수 있다. 따라서 어떤 명제가 주관적으로 정당화된다고 해서 반드시 상호주관적으로도 정당화되는 것은 아니다.

예컨대 p가 S가 속한 공동체 내에서 현재 접근 가능한 모든 증거에 비추어 참일 개연성이 높다고 하자. 즉 p가 상호주관적으로 정당화되는 명제라고 하자. 과연 이와 같이 상호주관적으로 정당화되는 명제는 논파될 수 없는가? 물론 그렇지 않다. 한 특정 공동체에 속한 사람들이 여러 가지 이유에서 미처 생각해내지 못하거나 또는 접근할 수 없는 새로운 증거나 근거가 있을 수 있다. 또한 우리는 이와 같은 증거 또는 근거를 제시하는 어떤 존재가 나타날 가능성을 사전에 배제할 수 없다. 우리가 '상호주관적 정당화'보다 강한 개념인 '객관적 정당화' 개념을 필요로 하는 이유는, 이처럼 특정 공동체 내에서 상호주관적으로 정당화된 믿음도 나중에 새로운 증거나 근거를 제시하는 어떤 존재에 의해 논박될 수 있기 때문이다. 그리고 이처럼 새로운 증거나 근거를 제시하는 존재는 다른 공동체 내에 있을 수도 있고, 미래 세대에 출현할 수도 있다. 이제 우리의 믿음 p가 우리가 속한 공동체 내에서 현재 접근 가능한 증거들에 의해 상호주관적 정당화의 위상을 갖고 있다고 하자. 또한 나중에 이 믿음을 논파할 수 있는 누락된 반대증거가 실제로 없다고 하자. 그런 경우 이 믿음은 단지 정당화되는 것으로 여겨지는 데 불과한 것이 아니라, 실제로 (또는 객관적으로) 정당화되는 믿음이다. 예컨대 '지구는 태양 주위를 공전한다'는 우리의 믿음은 현재 접근 가능한 증거들에 의해 상호주관적 정당화의 위상을 갖고 있다. 그리고 이 믿음을 나중에 논파할 수 있는 누락된 반대증거가 실제로 없을 수 있다. 이런 경우 이 믿음은 단지 정당화되는 것으로 여겨지는 데 불과한 것이 아니라 실제로 (또는 객관적으로) 정당화되는 것이다.

객관적 정당화의 개념을 위와 같은 방식으로 이해함으로써 우리는 객관적 정당화가 실제로 어떻게 가능한지를 설명할 수 있다. 위에서 언급한 것처럼 '지구는 태양 주위를 공전한다'라는 우리의 믿음의 상호주관적 정당화에서 정당화에 영향을 주는 중요한 증거들 또는 근거들 중 그 어떤 것도 누락된 것이 없다면 '지구는 태양 주위를 공전한다'라는 우리의 믿음은 객관적으로 정당화되는 믿음이다. 요약하면 주관적 관점은 특정 인식주체의 관점이고 상호주관적 관점은 특정 공동체의 특정 시점의 관점이다. 반면 상호주관적으로 정당화되는 믿음들 중 정당화와 관련하여 이를 논박할 수 있는 누락된 증거 또는 이유가 없는 경우는 단지 정당화된 것으로 여겨진 것에 불과한 것이 아니라 실제로 정당화되는 경우이다. 이런 경우가 객관적으로 정당화되는 경우이다. 반면 p가 현재 시점에서 정당화되는 주장이지만 미래의 어느 시점에 어떤 지성적인 존재가 p를 논박한다면 p는 객관적으로 정당화되는 명제가 아니다. 이 경우는 객관적으로 정당화되지 않는 p를 현재 시점에서 정당화되는 믿음으로 잘못 판단한 경우이다. 따라서 정당화를 요구하고 이에 답하는 우리의 사회실천은 정적(靜的, static)인 것이 아니라 동적(動的, dynamic)인 것이다. 한 특정 공동체 또는 한 특정 시점에서 상호주관적으로 정당화된 것이 나중에 논박될 수 있기 때문이다.[36]

이제 위 논점을 토대로 앞서 언급했던 세 가지 반례들을 다시 고려해 보자. 우선 '내 사무실에 있는 어떤 사람은 현대 그랜저를 소유하고 있다'라는 영수의 믿음은 주관적으로 정당화되지만 상호주관적으로 정당화되지는 않는다. 앞서 언급했던 것처럼 어떤 명제 p가 상호주관적으로 정당화된다는 말은 p가 정당화를 요구하고 이러한 요구에 답하는 우리의 사회실천 속에서 긍정적 정당화의 위상을 지닌다는 말이다. 그리고 이와 같은 상호주관적 정당화는 영수에게는 접근 가능하지 않지만 인식 평가자인 우리에게는 접근 가능한 증거들을 고려할 수 있다. 예컨대 우리는 철수가 타고 다니는 차가 렌트한 것이라는 증거를 고려할 수 있다. 그리고 이 증거가 영수에게 제시되면 그도 '내 사무실에 있는 어떤 사람은 현

---

36) 이 논점에 대한 좀 더 자세한 논의를 위해선 제8장 "셀라시언 정합성 이론과 진리개연성 문제"를 보시오.

대 그랜저를 소유하고 있다'라는 자신의 믿음을 포기해야 하며 또한 그렇게 하지 않을 경우에 인식적으로 비난받을 수 있다.

이제 권위에 호소하여 무능한 천체물리학자의 주장을 수용한 S의 경우를 고려해 보자. 이 경우 S에게 그가 권위를 인정했던 천체물리학자가 무능한 사람이라는 새로운 증거가 제시되면 그는 자신의 믿음을 포기해야 한다. 만약 그가 새로운 증거에도 불구하고 여전히 그의 믿음을 고수한다면 그는 '주어진 증거에 비추어 참일 개연성이 높은 것을 믿어야 한다'는 인식규범을 어기는 셈이다. 따라서 인식적 비난의 대상이 될 수 있다. 끝으로 '기우제를 지내면 머지않아 비가 내릴 것이다'라는 원시사회 지도자의 믿음의 경우도 크게 다를 바 없다. 그 원시사회에서 별점에 의해 믿음을 형성하는 것은 당시의 인식규범에 어긋나지 않는다. 따라서 인식적 비난에서 벗어날 수 있다. 그러나 원시사회 지도자의 위 믿음이 진리 개연적이지 않다는 것은 우리의 평가이다. 다시 말해 현재 우리의 관점에서 별점은 신빙성 있는 예측 방법이 아니다. 또한 만약 별점이 신빙성 있는 예측 방법이 아님을 보여주는 증거가 제시되었음에도 불구하고 위 지도자가 여전히 별점에 호소한다면 그는 인식적 비난을 받아야 한다. 따라서 위와 같은 경우도 '주어진 증거에 비추어 참일 개연성이 높은 것을 믿어야 한다'는 인식규범의 예외가 아니다. 다시 말해 객관적으로 진리개연적이지 않은 믿음을 유지하는 것이 일시적으로 인식적 비난을 피할 수는 있지만 언제든지 새로운 반대증거가 알려질 때 수정요구를 받을 수 있고 이런 의미에서 객관적 평가에서 벗어난 것이 아니다. 요컨대 진리개연적이지 않은 믿음을 갖고 있음에도 불구하고 인식적 비난에서 벗어날 수 있는 경우들이 있다는 사실은 인식규범들이 의무론적 규범성이 아님을 보여주지 않는다.

결론적으로 의무론적 견해에 제기된 두 가지 난점은 인식 정당화의 규범성을 의무론적 규범성이 아니라 적절성의 규범성으로 이해해야 함을 보여주지 않는다. 다시 말해 인식 정당화의 규범성에 대한 의무론적 견해는 여전히 설득력 있는 견해이다. [37]

---

37) 제2장의 대부분은 필자의 2010년 논문 「인식적 정당화와 의무론적 규범성」에 기반을 둔 것이다.

제3장

토대론과
정합론의
구분

　제2장 4절에서 언급했던 것처럼, 어떤 믿음 p가 인식적으로 정당화되기 위해서는 진리개연적이어야 한다. 다시 말해 p는 적절한 근거에 기반을 둔 믿음이어야 한다. 추론적으로 정당화되는 믿음의 경우 그러한 근거는 명제적 형태를 지닌다. 예컨대 우리는 2021년 현 시점에서 '미국 대통령은 백인이다'라는 믿음의 근거로서 '조 바이든은 미국 대통령이다'와 '조 바이든은 백인이다'를 제시할 수 있다. 그런데 일상적 지각믿음들은 추론과정의 매개 없이 지각경험을 통해 직접적으로 형성된다. 그렇다면 추론에 의거하지 않는 이와 같은 믿음들은 어떻게 정당화되는가? 과연 다른 믿음에 의거함이 없이 정당화될 수 있는 믿음들이 있는가? 이것이 바로 우리가 제3장에서 다루고자 하는 토대론과 정합론 사이의 핵심적인 논쟁이다.

1.

'토대론'이란 무엇인가?

위에서 언급한 것처럼, 우리의 믿음들 중에는 다른 믿음들로부터 추론 과정을 통해 형성되는 추론적 믿음들(inferential beliefs)도 있고, 지각믿음 들처럼 추론과정의 매개 없이 경험을 통해 직접적으로 형성되는 비추론 적 믿음들(non-inferential beliefs)도 있다. 따라서 토대론자들(foundationalists) 에 의하면 우리의 믿음체계는 두 개의 층위로 이루어져 있다. 추론과정 의 매개 없이 경험을 통해 직접적으로 형성되는 믿음들은 믿음체계의 토 대를 이루는 기초 믿음들(basic beliefs)이고, 이러한 기초 믿음들로부터 추 론을 통해 정당화되는 믿음들은 비기초 믿음들(non-basic beliefs)이다. 따라 서 토대론자들은 전형적으로 다음 두 논제들을 받아들인다.

(i) 토대 논제(the Foundations Doctrine): 정당화되는 믿음들 중의 일부는 다른 믿 음에 의해 정당화되지 않는다. 즉 다른 믿음에 의존함이 없이 정당화되는 믿 음들이 있다.

(ii) 상부구조 논제(the Superstructure Doctrine): 다른 믿음에 의존함이 없이 정당 화되는 믿음들은 믿음체계의 토대를 이루는 기초 믿음들이다. 그 밖의 정당 화되는 믿음들은 궁극적으로 이러한 기초 믿음들에 의해 정당화돼야 한다.

즉 정당화되는 믿음들은 기초 믿음들과 비기초 믿음들의 이층구조로 이루어져 있으며, 전자는 비추론적으로 정당화되며, 후자는 전자를 토대로 추론을 통해 정당화된다.

그렇다면 토대론자들이 비추론적으로 정당화되는 기초 믿음의 존재를 받아들이는 이유는 무엇인가? 그것은 기초 믿음의 존재를 옹호하는 다음과 같은 강력한 논증이 존재하기 때문이다.

믿음 B_1이 정당화됐다고 가정하자. B_1은 기초 믿음이거나 기초 믿음이 아니다. B_1이 기초 믿음이 아니라면 B_1을 정당화하는 B_2가 있어야만 한다. 그리고 B_2가 B_1을 정당화하기 위해서는 B_2 자체가 정당화되는 믿음이어야 한다. B_2가 기초 믿음이 아니라면 B_2를 정당화하는 B_3가 있어야만 한다. 그리고 B_3가 B_2를 정당화하기 위해서는 B_3도 정당화되는 믿음이어야 한다. 그런데 이와 같은 정당화 과정은 무한히 계속될 수 없다. 다시 말해 정당화 과정은 어느 지점에선가 끝나야 한다. 따라서 다른 믿음에 의해 정당화되지 않는 기초 믿음이 반드시 존재해야 한다.

이것이 기초 믿음의 존재에 관한 이른바 '무한퇴행 논증'(the infinite regress argument)이다. 이 논증에 의거하여 토대론자들은 믿음을 두 유형으로 구분한다. 첫째 유형은 다른 믿음에 의거함이 없이 정당화되는 기초 믿음들이며, 둘째 유형은 기초 믿음들에 의해 추론적으로 정당화되는 비기초 믿음들이다.

2.

자기 정당화와 비개념적 감각경험

비기초 믿음을 정당화하기 위해서 기초 믿음은 정당화되는 것이어야 한다. 그런데 기초 믿음은 정의상 다른 믿음에 의해 정당화되지 않는다. 그렇다면 기초 믿음은 스스로 정당화되는가? 그런데 과연 자기 스스로 정당화되는 믿음이 가능한가? 'x는 y를 정당화한다'는 비재귀적(irreflex-ive) 관계인 것처럼 보인다. 왜냐하면 'p ∴ p'는 선결문제 가정(begging the question)의 오류를 범하기 때문이다. 다시 말해 A가 A 자신의 아버지가 될 수 없듯이 믿음은 스스로를 정당화할 수 없는 것처럼 보인다.[38]

기초 믿음에 대한 자기 정당화가 불가능하다면 기초 믿음은 어떻게 정당화되는가? 토대론에 따르면 기초 믿음은 다른 믿음에 의존함이 없이 비개념적인 감각경험(non-conceptual sensory experience)에 의해 정당화될 수 있다. 다시 말해 '믿음에 의거하지 않는 정당화'(non-doxastic justification)가 가능하다. 예컨대 '이 대상은 빨갛다'(This object is red)와 같은 지각믿음은 '이 대상은 빨갛게 보인다'(This object looks red) 형태의 지각경험에 의해 정당

---

38) 자기 정당화(self-justification)에 대한 보다 자세한 논의를 위해서는 제5장 "레러의 주관적 정합론"을 보시오.

화될 수 있다.

3.

고전적 토대론

    고전적 토대론(Classical Foundationalism)의 가장 대표적 철학자는 근대철학의 아버지라 불리는 르네 데카르트(René Descartes)이다. 데카르트는 《제일철학에 관한 성찰》(Descartes 1641)에서 기초 믿음의 성격과 기초 믿음과 비기초 믿음 사이의 관계에 대해 다음과 같은 주장을 한다.

> (i) 기초 믿음들은 오류 불가능(infallible)해야 한다.
> (ii) 비기초 믿음들은 기초 믿음들로부터 연역적으로 도출돼야 한다.

    우선 데카르트는 지식의 토대를 반석(盤石) 위에 올려놓기 위해 확실한 지식을 발견하고자 했다. 따라서 그는 지식의 토대가 되는 기초 믿음들이 오류 불가능하길 원했다. 또한 오직 연역추론을 통해서만 참인 전제들로부터 참인 결론이 확실하게 도출될 수 있다. 따라서 기초 믿음들로부터 추론되는 비기초 믿음들이 확실히 참이기 위해서 양자 사이의 추론 관계는 연역적 관계여야 한다. 그러나 이와 같은 고전적 토대론은 다음과 같은 두 가지 난점들에 직면한다.

    첫째, 오류 불가능한 믿음들은 있다 하더라도 그 수가 매우 적다. 우선

'물체 믿음'(physical object belief)은 오류가능하다. 예컨대 '내 앞에 빨간색 대상이 있다'는 나의 믿음은 내 앞에 있는 대상이 실제로는 하얀색임에도 빨간색 조명 때문에 빨갛게 보였을 경우에 거짓이다. 또한 콰인이 설득력 있게 주장하는 것처럼 수정이나 기각에 면역되어 있는 진술들은 거의 존재하지 않는다. '모든 개들은 동물이다'와 같이 개념적으로 참인 문장도 지구상의 개들이 외계인들이 지구인들을 감시하기 위해 보낸 스파이 로봇이라는 음모론이 사실로 밝혀질 경우 기각될 수 있다.[39] 그러므로 오류 불가능한 믿음들은 있다 하더라도 '나는 존재한다', '나는 지금 생각하고 있다' 등과 같이 극히 일부의 특수한 믿음들에 제한된다. 그렇지만 이와 같은 종류의 매우 특수한 믿음들만으로 지식의 적절한 토대를 구성할 수 없다.

둘째, 앞서 언급한 바대로 물체 믿음은 오류가능하다. 따라서 만약 기초 믿음이 오류 불가능한 믿음이라면 이것은 '감각경험 믿음'(sensory experience belief)이어야 할 것이다. 그러나 물체 믿음은 감각경험 믿음으로부터 연역적으로 도출되지 않는다. 왜냐하면 외부 물체를 기술하는 명제와 감각경험을 기술하는 명제 사이에 논리적 간극이 존재하기 때문이다. 다음 논증을 살펴보자.

내 앞에 빨간색 대상이 있는 것처럼 보인다.
∴ 내 앞에 빨간색 대상이 있다.

이 논증의 전제는 감각경험에 관한 진술이고 결론은 물체에 관한 진술

---

39) 이에 대한 자세한 논의를 위해서는 제11장 "선험적 지식"을 보시오.

이다. 그런데 이 논증의 전제가 참일지라도 결론은 거짓일 수 있다. 즉 이 논증은 연역적으로 타당하지 않다. 따라서 기초 믿음이 감각경험 믿음이면 이것으로부터 물체 믿음을 연역적으로 도출할 수 없다. 또한 많은 과학적 믿음들은 연역적이 아니라 귀납적으로 정당화된다.

4.

최소 토대론

최소 토대론(Minimal Foundationalism)은 고전적 토대론의 두 가지 난점들을 피하기 위해 토대론을 최소한으로 주장한다. 우선 비기초 믿음들이 기초 믿음들에 의해 비연역적인 방식으로 정당화될 수 있음을 허용한다. 따라서 최소 토대론은 지식의 토대와 상부구조 사이의 논리적 간극을 연역적으로 메울 수 없다는 비판을 피할 수 있다. 또한 기초 믿음이 인식적 특권(epistemic privilege)을 지녀야 할 것을 요구하지 않는다. 다시 말해 기초 믿음의 오류가능성을 허용한다. 주어진 믿음이 토대에 속하는 것인지 아니면 상부구조에 속하는 것인지 여부는 단지 그것이 어떻게 정당화되는지에 의해 결정된다. 어떤 믿음이 오류가능하더라도 다른 믿음이 아니라 경험에 의해 정당화되면 기초 믿음으로 간주된다. 다음 예를 살펴보자.

(i) 아내의 코트가 옷장에 있다. 주방에 장바구니가 놓여 있다. 그리고 집 안에서
    커피 냄새가 난다. 그리고 안방에서 인기척이 있다.

(ii) 아내는 집에 일찍 왔다. 그녀는 시장에 갔었다. 그녀는 커피를 끓였다. 그녀

는 안방에 있다.[40]

(ii)는 (i)을 통해 정당화된다. (i)의 믿음들은 비추론적 방식으로 획득
된 것들이다. 최소 토대론에 의하면 (i)의 믿음들은 기초 믿음들이고, (ii)
의 믿음들은 비기초 믿음들이다. 그리고 (ii)는 (i)에 의해 연역적으로 도출
되지 않는다. 또한 (i)의 믿음들은 오류가능하다. 따라서 기초 믿음은 (i)
에 언급된 종류의 물체 믿음일 수 있다. 현대철학자들 중에서 토대론을 옹
호하는 대부분의 철학자들은 최소 토대론으로 분류될 수 있는 이론들을
주장한다. 즉 기초 믿음의 오류가능성을 허용하며 또한 비기초 믿음들이
기초 믿음들에 의해 비연역적인 방식으로 정당화될 수 있음을 허용한다.

---

40) 이것은 슈토이프(Steup 1996, pp. 108-109)의 예이다.

5.

토대론에 대한 두 가지 비판

앞절에서 언급한 바대로 최소 토대론은 고전적 토대론의 두 주장을 포기한다. 즉 기초 믿음들이 오류가능하다는 것과 비기초 믿음들이 기초 믿음들로부터 비연역적으로 추론될 수 있음을 받아들인다. 그러나 최소 토대론조차도 여전히 심각한 난점에 직면한다.

(1) 인식적 상승 논증

로렌스 본주어(Laurence BonJour)는 그의 1985년 책 《경험지식의 구조》(The Structure of Empirical Knowledge)에서 토대론을 비판한다. 토대론에 따르면 기초 믿음은 다른 믿음에 의거함이 없이 단지 비개념적인 감각경험에 의해 정당화된다. 그렇지만 본주어는 이러한 조건을 만족시키는 믿음이 존재하지 않는다고 주장한다. 예컨대 토대론자들이 기초 믿음의 전형적인 예로 제시하는 다음과 같은 지각믿음을 고려해보자.

(B1) 내 앞에 빨간 대상이 있다.

그런데 이 기초 믿음이 비기초 믿음을 정당화하기 위해서는 이것 자체가 정당화돼야 한다. 그런데 이 믿음이 정당화되기 위해서는 정당화의 적절성 조건을 충족해야 한다. 즉 이 믿음은 진리개연적이어야 한다. 그러면 B_1은 왜 진리개연적인 믿음인가? 감각은 때때로 우리를 속인다. 우리는 때때로 신기루를 보거나 환각 또는 착시현상을 겪는다. 따라서 우리는 토대론자에게 왜 B_1이 참일 개연성이 높은지에 대해 물을 수 있다. 이와 같은 정당화 요구에 답하기 위해 토대론자는 B_1을 옹호해주는 근거를 제시해야 한다. 어떤 주장을 옹호해주는 근거를 제시하는 것은 논증을 제시하는 것이다. 토대론자의 논증은 다음과 같은 형태일 것이다.

(i) B_1은 F라는 특색을 갖고 있다.

(ii) F라는 특색을 갖고 있는 믿음들은 진리개연적이다.

(iii) ∴ B_1은 진리개연적이다.

따라서 B_1이 정당화되는지 여부는 위와 같은 인식적 상승 논증(the epistemic ascent argument)의 존재에 의존한다. 그런데 이러한 논증의 결론은 이것의 전제들이 참인 경우에만 정당화되므로 B_1과 같은 지각믿음의 정당화는 결국 다른 믿음에 의존할 수밖에 없다. 다시 말해 토대론자는 B_1을 옹호해주는 근거를 제시해야 하고, 그 근거는 우리가 참인 것으로 받아들일 수 있는 근거여야 하므로 B_1과 같은 지각믿음은 결코 다른 믿음에 의거함이 없이 정당화될 수 없다.

(2) 소여의 신화

토대론은 '소여이론'(所與理論, the doctrine of the given)을 받아들인다. 소여이론에 따르면 감각경험은 이중적 특성을 갖는다. 첫째, 감각경험을 야기하는 세계 속의 원인과 감각경험 사이의 관계는 인과관계(causal relation)이지 정당화관계(justificatory relation)가 아니다. 다시 말해 감각경험은 세계의 맹목적 결과(brute effects)이지 세계에 의해 정당화되는 것이 아니다. 예컨대 외부세계의 인과적 자극의 결과로서 내가 간지러운 느낌을 갖게 되었다면 이 느낌 자체는 단지 인과적 결과일 뿐이기 때문에 이 것에 대해 참·거짓의 인식적 평가를 할 수 없다. 이처럼 감각경험 자체는 옳음 조건(correctness conditions)을 갖지 않기 때문에 비개념적(non-conceptual)이다. 둘째, 감각경험은 기초 믿음에 대해 '믿음에 의거하지 않는 정당화'(non-doxastic justification)를 제시하는 역할을 한다. 다시 말해 감각경험은 기초 믿음을 정당화하는 증거의 역할을 수행한다. 요컨대 감각경험은 한편 비개념적이면서 다른 한편 증거의 역할을 수행한다.

셀라스(Wilfrid Sellars)는 그의 1963년 논문 "경험주의와 심리철학"(Empiricism and the Philosophy of Mind)과 1975년 논문 "지식의 구조"(The Structure of Knowledge)에서 소여이론이 신화에 불과하다고 주장한다. E가 믿음 B를 인식적으로 옹호하기 위해서 E는 B가 참일 개연성이 높음을 보여주는 합리적 이유의 역할을 해야 한다. 그리고 E가 이와 같이 역할을 하기 위해서 'E ∴ B'가 정당한 논증이어야 한다. 또한 이러한 추론관계가 성립하기 위해서 E는 명제여야 한다. 왜냐하면 명제만이 다른 명제를 정당화하는 합리적 이유의 역할을 할 수 있기 때문이다. 그렇다면 어떻게 참일수 없는 비개념적인 감각경험이 어떤 믿음을 정당화할 수 있는가? 칸트가 지적하는 것처럼 "내용 없는 사유는 공허하고, 개념 없는 직관은 맹목적이다."[41] 따라서 아직 개념화되지 않은 상태인 감각은 맹목적일 수밖에 없다. 이와 같이 맹목적인 것은 우리를 진리로 인도하는 합리적 이유

---

41) Kant 1929, A51/B75.

의 역할을 할 수 없다. 따라서 셀라스에 의하면 토대론이 주장하는 '비개념적 감각경험에 의한 정당화'는 소여의 신화(the Myth of the Given)에 불과하다.

토대론은 매우 직관적이고 자연스러운 견해이다. 그렇지만 과연 토대론은 본주어의 인식적 상승 논증과 셀라스의 소여의 신화를 극복할 수 있을까? 이 문제를 우리는 제4장 "본주어의 감각경험 토대론"에서 자세히 다룰 것이다.

6.

'정합론'이란 무엇인가?

비개념적 감각경험에 의한 정당화가 가능하지 않다면 대안은 무엇인가? 예컨대 다음과 같은 진리조건을 살펴보자.

(*) '지구는 둥글다'는 참이다 ↔ 지구는 둥글다.

우리는 지구가 둥글다고 믿는다. 그렇다면 이 믿음이 참이라는 것을 어떻게 알 수 있는가? 다시 말해 우리는 어떤 경우에 (*)의 쌍조건문 왼쪽 문장을 승인할 수 있는가? 우리가 '지구는 둥글다'를 승인할 수 있으면, 즉 (*)의 쌍조건문 오른쪽 문장을 승인할 수 있으면, (*)의 쌍조건문 왼쪽 문장을 마찬가지로 승인할 수 있다. 그렇다면 우리는 어떤 경우에 (*)의 쌍조건문 오른쪽 문장을 승인할 수 있는가? (*)의 쌍조건문 오른쪽 문장을 승인하기 위해서는 "지구는 둥글다"라는 주장을 받아들일만한 근거가 있어야 한다.

우리가 위 주장을 받아들이기 위해 근거로 삼을 수 있는 것은 우리가 경험할 수 있는 것과 위 주장을 옹호해 주는 증거뿐이다. 우리는 그러한 것들과 독립적으로, 위 주장이 참인지를 알 수 없다. 다시 말해 그러한 것들을 넘어서서 위 주장이 지구가 둥글다는 비개념적 사실에 대응한다는 사실을 직접적으로 비교할 수 없다.

그런데 앞서 언급한 바대로 비개념적 감각경험에 의한 정당화는 가능하지 않다. 다시 말해 비개념적 감각경험은 '지구는 둥글다'라는 주장을 옹호해 주는 근거의 역할을 할 수 없다. 여기서 한 가지 주목할 점은, 지구가 둥글다는 사실에서 '지구'라는 개념과 '둥글다'라는 개념은 우리의 개념이라는 사실이다. 다시 말해 (*)의 오른쪽 조건도 우리의 개념들에 의해 표현된 조건이다. 따라서 우리의 개념들과 독립적인 조건이 아니다.

그러므로 우리가 '지구는 둥글다'라는 주장을 받아들일 수 있는 이유는, 우리가 이 주장과 비개념적인 객관적 사실을 직접 비교할 수 있어서가 아니라 이 주장을 옹호해주는 많은 증거들이 있기 때문이다. 또한 이 증거들은 우리가 받아들일 수 있는 것들이어야 한다. 그리고 앞서 언급한 바대로 그 근거는 비개념적 감각경험일 수 없다. 따라서 정당화 관계는 믿음들 사이의 관계여야 한다. 요컨대 정합론에 따르면 믿음은 믿음과 세계사실 사이의 관계가 아니라, 믿음들 사이의 내적 관계에 의해 정당화될 수밖에 없다.

토대론과 비교할 때 정합론은 철학사적으로 비교적 최근에 제시된 이론이다. 스피노자나 칸트의 인식론을 일종의 정합론으로 해석할 수 있는 여지가 있으나 좀 더 명확한 형태로 정합론을 처음 주장한 철학자들은 19세기 말부터 20세기 초까지 활동한 F. H. 브래들리(Bradley 1914)와 버나드 보전켓(Bosanquet 1920)와 같은 절대적 관념론자들이었다. 그들의 일원론적 관념론(monistic idealism)에 따르면 어떤 것도 진리의 정합적인 전체(the coherent whole of truth)와 분리된 상태에서는 전적으로 참일 수 없다. 다시 말해 진리는 오직 지식의 전체 체계 내에서만 파악될 수 있다. 그러나 그들은 그들의 인식론적 주장들을 그들의 형이상학적 주장들과 분리되지 않는 형태로 주장했다. 특히 그들은 정당화의 정합론(the coherence theory of justification)과 진리의 정합론(the coherence theory of truth)을 명확히 구분하지 않았다. 정합론은 또한 1930년대에 토대론을 비판하기 위해 오토 노이라트(Neurath 1959)와 칼 헴펠(Hempel 1934)에 의해 주장되었다. 이들은 모든 진술이 사실 또는 실재와의 비교를 통해 정당화되는 것이 아니라 다른 진술들과의 비교를 통해 정당화되며 또한 절대로 기각될 수 없는 '원초 진술'(protocol statement)은 존재하지 않는다고 주장했다. [42]

---

42) 1930년대에 비엔나를 중심으로 활동했던 논리실증주의자들에 따르면 경험을 통해 검증 (verification)될 수 있거나 반증(falsification)될 수 있는 명제들만이 인지적으로 유의미 하다. 그리고 경험적 검증과 반증은 관찰 경험을 보고하는 이른바 '원초 진술'을 토대로 하여 이루어진다. 이들에 따르면 원초 진술은 해석으로부터 독립적인 가장 근본적인 용 어들로 관찰 경험을 보고하는 진술이다.

7.

순환적 정당화의 문제

비개념적인 감각경험에 의한 정당화가 불가능하면 우리의 믿음은 어떻게 정당화되는가? 이 경우 한 믿음의 정당화는 다른 믿음들과의 내적 관계에 의해 정당화될 수밖에 없다. 따라서 어떤 믿음 B_1이 정당화된다면 B_1을 정당화해주는 다른 믿음 B_2가 있어야 한다. 그리고 B_2를 정당화해주는 또 다른 믿음 B_3가 있어야 한다. 정당화의 무한퇴행은 불가능하므로 결국 어떤 단계의 믿음 B_n은 이전 단계의 믿음에 의해 정당화돼야 할 것처럼 보인다. 즉 B_1은 B_2에 의해 정당화되고, B_2는 B_3에 의해 정당화되고, …, B_n은 이전 단계의 믿음, 예컨대 B_3에 의해 정당화돼야 할 것처럼 보인다. 그러나 'x는 y를 정당화한다'는 이행적 관계(transitive relation)이다. 따라서 B_1이 B_2에 의해 정당화되고, B_2가 B_3에 의해 정당화하고, …, B_n이 B_1에 의해 정당화된다면, 정당화의 이행성에 의해 'B_1은 B_1을 정당화한다'는 결론에 이르게 된다. 그러나 앞서 2절에서 언급했던 것처럼 이와 같은 자기 정당화는 불가능하다.

정합론자가 위와 같은 정당화의 순환성 문제를 피하는 전형적인 전략은 정당화의 선형적(linear) 모델을 부정하고, 그 대신 전체론적(holistic) 모델을 택하는 것이다. 전체론적 정합론은 정당화를 다음과 같이 믿음체계의 정합성에 호소하여 정의한다.

　　p는 정당화되는 믿음이다 =df p는 정합적인 믿음체계에 속한다.

　　정당화의 전체론적 모델에 따르면 어떤 믿음이 정당화되는지의 여부
는 이것이 속한 믿음체계가 정합성(coherence)이라는 전체적인 특성(global
feature)을 지니는지 여부에 의해 결정된다. 이 견해에 따르면 정당화는 전
체론적이고 비선형적(nonlinear)인 특성을 갖는다. 이와 같은 전체론적 정
합론이 과연 적절한 이론일 수 있는지 여부에 대해서는 제8장 "셀라시언
정합성 이론과 진리개연성 문제"에서 자세히 다룰 것이다.

8.

정합성은 무엇인가?

    정합론의 가장 큰 난점의 하나는 정합성이 정확하게 무엇인지에 대해 해명하기 매우 어렵다는 점이다. 정합적인 믿음체계는 그것에 속한 믿음들이 잘 부합하고, 잘 맞물리고, 또한 서로 옹호하는 관계에 있는 믿음체계이다. 그러나 이와 같은 은유적 아이디어를 명확한 철학적 개념으로 해명하는 것은 결코 쉬운 일이 아니다.

    우선 정합성은 단지 일관성(consistency)에 불과한 것이 아니다. 물론 서로 논리적으로 일관적이지 않은 믿음들은 서로 정합적이지 않다. 따라서 일관성은 정합성의 필요조건일 수 있다. 그러나 단지 믿음들이 서로 일관적이라고 해서 그것들이 반드시 서로 정합적인 것은 아니다. 예컨대 '2+5=7'과 '시금치는 비타민과 무기질을 많이 함유한 녹황색 채소이다'는 서로 일관적이지만 인식론적으로 서로 옹호하는 관계에 있지 않다. 또한 정합성은 필연적 함축관계(entailment)에 의해 정의될 수 없다. 정당화관계를 필연적 함축관계로 한정하면 귀납추론을 통해 형성한 믿음들은 정당화되는 믿음들의 영역에서 배제된다.

    정합성의 개념을 일관성이나 필연적 함축관계에 의해 해명할 수 없다면 과연 그 대안은 무엇인가? 한 가지 유력한 제안은 정합성을 일종의 설명적 관계(explanatory relation)로 보는 것이다. [43] 예컨대 다음 세 믿음들을 고려해보자.

(1) 영수는 차를 몰고 귀가하던 중에 가로등을 들이박았다.
(2) 영수는 차 밖으로 나와 욕설을 퍼부으면서 자신의 차를 걷어찼다.
(3) 영수는 술에 취한 상태였다.

(1)은 (2)를 설명한다. 영수가 욕설을 퍼부으면서 자신의 차를 걷어찬 이유는 그가 자동차 사고를 냈기 때문이다. 그리고 (3)은 (1)을 설명한다. 그가 가로등을 들이박은 이유는 그가 술에 취한 상태였기 때문이다. 이처럼 설명적 관계로 연결된 (1), (2), (3)은 서로 잘 부합하고, 상호 옹호하는 관계에 있기 때문에 서로 정합적이라고 말할 수 있다. 또한 설명되지 않는 이상 현상들(unexplained anomalies)이 없을수록 더 정합적인 체계이다. 따라서 정합성을 일종의 설명적 관계로 보자는 것은 매우 매력적인 제안이다. 그러나 단지 이와 같은 설명적 관계만으로 인식 정당화를 설명하기 어렵다. 예컨대 (1)은 (3)에 의해 설명되고 또한 (2)를 설명해주지만 단지 이 사실로부터 (1)이 정당화된다고 말하기 어렵다. (2)와 (3)이 이미 정당화된 믿음들이 아니라면 (1)이 (3)에 의해 설명되고 또한 (2)를 설명한다는 사실만으로는 이것이 정당화되는 믿음이라고 말하기 어렵기 때문이다. 또한 모든 종류의 추론관계가 설명적 관계인 것도 아

---

43) 인식 정당화를 위해 요구되는 정합성을 처음으로 일종의 설명적 정합성으로 이해한 철학자는 셀라스(Sellars 1979)이다. 또한 하먼(Harman 1973)도 비슷한 주장을 하였다. 필자는 셀라스의 설명적 정합성 이론을 제8장 "셀라시언 정합성 이론과 진리개연성 문제"에서 옹호할 것이다.

니다. 예컨대 어떤 쥐가 어떤 장대와 3m 거리에 있고 그 장대의 높이가 4m이고 또한 그 장대 꼭대기에 부엉이 한 마리가 앉아 있다고 하자. 이 경우 우리는 피타고라스 정리에 의해 '그 쥐는 그 부엉이로부터 5m 거리에 있다'를 추론할 수 있다. 이 추론은 '그 쥐는 그 부엉이로부터 5m 거리에 있다'라는 믿음을 정당화해주지만 그렇다고 왜 그 쥐가 그 부엉이로부터 5m 거리에 있는지를 설명해주는 것은 아니다.[44]

앞서의 논의가 시사하듯이, 정합성이 정확히 무엇인지에 대해 해명하기 어렵다. 그러면 다음과 같은 문제가 발생한다. 앞서 언급했던 바대로, 전체론적 정합론은 정당화되는 믿음을 다음과 같이 정의한다. "p는 정당화되는 믿음이다 $=_{df}$ p는 정합적인 믿음체계에 속한다." 제1장에서 지적했던 바대로, 정의항에 나오는 표현들이 피정의항의 표현보다 명확하여 피정의항을 잘 이해할 수 있도록 해주는 경우에만 형식적으로 옳은 정의이다. 따라서 정의항에 나오는 '정합적'이라는 표현에 대해 은유적 아이디어를 넘어서서, 명확한 철학적 개념으로 해명하지 못하는 한, 위 정의는 형식적으로 옳은 정의로 간주될 수 없다.

---

44) Lehrer 2000, p. 114를 참조하시오.

9.

정합론의 다른 문제점들

(1) 진리개연성 문제(the truth-conduciveness problem)

인식 정당화에 관한 이론으로서 정합론은 정당화의 적절성 조건을 충족해야 한다. 이 조건에 의하면 어떤 믿음이 인식적으로 정당화되기 위해서는 진리개연적이어야 한다. 본주어는 다음과 같이 말한다.

적절한 인식이론이 해결해야 하는 핵심과제는 그 이론이 인식 정당화에 관해 제시하는 설명과 진리추구의 인식목적 사이에 적절한 연결이 있음을 보이는 것이다. 즉 그 이론이 제시하는 정당화가 진리개연적이라는 것, 정당화되는 믿음들을 추구하는 사람은 참인 믿음들을 갖게 될 개연성이 높다는 것을 보여야 한다. … 문제는 정합이론이 진리 정합론과 이에 수반하는 관념론적 형이상학을 받아들이지 않는 한 인식론의 이와 같은 과제를 성취할 수 없다는 것이다.[45]

요컨대 믿음의 정합성이 어떻게 진리개연성을 보장할 수 있는지 분명

---

45) BonJour 1985, pp. 108–109.

치 않다. 따라서 정합론은 정합성과 진리개연성 사이의 관계를 해명해야
한다.

(2) 고립반론(the isolation objection)

정합론에 따르면 믿음은 믿음과 세계 사이의 관계가 아니라, 믿음들
사이의 내적 관계에 의해 정당화된다. 따라서 믿음의 정당화는 세계와
상관없이 단지 믿음체계의 내적 정합성에 의존하는 것처럼 보인다. 본주
어는 다음과 같이 말한다.

> 정합성은 순수하게 믿음체계의 구성요소들 사이의 내적 관계의 문제이다. 이것
> 은 믿음체계와 그 체계에 외적인 어떤 것 사이의 어떤 종류의 관계에도 의존하
> 지 않는다. 따라서 정합성이 정합이론이 주장하는 것처럼 경험적 정당화의 유
> 일한 토대라면 경험적 믿음들의 체계는 이것이 기술하고자 하는 세계와 전혀
> 접촉이 없음에도 불구하고 정당화될 수 있다. 정합성에 관한 어떤 요구조건도
> 믿음들의 정합적인 체계가 세계로부터 어떤 종류의 입력을 받아야 한다는 것
> 또는 세계에 의해 인과적 영향을 받아야 한다는 것을 강요하지 않는다. 그러나
> 이것은 확실히 부조리한 귀결이다.[46]

요컨대 정합론은 우리의 믿음체계를 세계로부터 유리시키는 것처럼
보인다. 이것이 이른바 '고립반론'이다.[47]

---

46) BonJour 1985, p. 108.
46) '고립반론'(the isolation objection)이라는 표현은 폴락(John Pollock)의 용어이다.
    Pollock 1986, p. 76을 보시오.

(3) 복수체계반론(the plurality objection)

정합성이 믿음들 사이의 내적 관계라면 원리상 동등하게 정합적인 복수의 믿음체계들이 가능할 것이다. 즉 정합적인 믿음체계가 단지 하나만 가능하다고 보기 어렵다. 본주어는 다음과 같이 말한다.

정합성에 관한 어떤 그럴듯한 개념에 의해서도 동등하게 정합적이지만 서로 양립하지 않는 다수의 아마도 무한히 많은 수의 믿음체계들이 가능하다. 단지 정합성만을 토대로 하여 그런 체계들 중의 하나를 임의적이지 않은 방식으로 선택할 수 없다. 따라서 그런 체계들과 그런 체계들 속에 포함된 믿음들은 모두 동등하게 정당화된다.[48]

그렇지만 정합적인 체계들 중에서 기껏해야 하나만 옳은 체계일 수 있다. 따라서 단지 정합성에 호소하는 것만으로는 인식 정당화를 적절히 해명할 수 없다.

(4) 토대관계 문제(the problem of the basing relation)

인식주체 S는 자신의 믿음 p를 정당화해주는 적절한 증거를 갖고 있지만 정작 p를 이 증거와 다른 부적절한 이유에서 믿을 수 있다. 이 경우 S의 믿음 p는 정당화되지 않는다. 폴락은 다음과 같이 말한다.

토대관계는 인식론에서 중요하다. 어떤 것을 믿음에 있어서 정당화되기 위해서 단지 그것을 믿기 위한 좋은 이유를 소유하는 것으로 충분치 않다. 인식주체는

---

48) BonJour 1985, p. 107.

좋은 이유를 갖고 있음에도 불구하고 그것과 적절한 연결을 맺지 못할 수 있다. 예컨대 당신이 어떤 수학 증명을 제시하고자 한다고 가정해보자. 그런데 당신은 어떤 지점에서 막혀 버렸다. 당신은 어떤 특정한 중간결론을 도출하길 원하지만 어떻게 해야 할지 막막할 따름이다. 절망감에 당신은 그 중간결론을 종이에 쓰고 '이것은 참일 수밖에 없는데'라고 혼자 생각한다. 사실상 그 결론은 앞에 있는 두 문장들로부터 전건긍정추론에 의해 도출될 수 있지만 당신은 그 점을 미처 깨닫지 못하고 있다. 이 경우 당신은 그 결론에 대한 나무랄 데 없는 이유들을 갖고 있음에도 확실히 그 결론을 믿음에 있어서 정당화되지 않는다. 당신이 결여하고 있는 것은 그 이유들을 토대로 그 결론을 믿어야 한다는 것이다.[49]

전체론적 정합론에 따르면 S의 믿음 p가 정당화되는 믿음인지의 여부는 그것이 속한 믿음체계가 정합성이라는 전체론적 특성을 지니는지에 의해 결정된다. 그리고 그와 같은 전체론적 특성은 S가 p를 어떤 것을 토대로 믿었는지를 반영하기 어렵다. 왜냐하면 S의 믿음 p가 정당화되는지는 그 믿음이 단지 그와 같은 특성을 지니는 믿음체계에 속하는지 여부에 의해서 결정되기 때문이다. 따라서 전체론적 정합론이 토대관계 문제를 어떻게 해결할 수 있는지 분명치 않다.

토대론이 본주어의 인식적 상승 논증이나 셀라스의 소여의 신화를 극복할 수 없다면 정합론은 매우 강력한 대안이다. 그렇지만 위에서 살펴본 바대로 정합론 또한 매우 어려운 난점들에 직면한다. 우리는 정합론이 이와 같은 난점들을 해결할 수 있는지에 대해서 제5장 "레러의 주관

---

49) Pollock 1986, pp. 36-37.

적 정합론"과 제8장 "셀라시언 정합성 이론과 진리개연성 문제"에서 자
세히 다룰 것이다.

제4장

본주어의
감각경험
토대론

본주어(Laurence BonJour)는 그의 1985년 책 《경험지식의 구조》(The Structure of Empirical Knowledge)에서 토대론을 비판하고 정합론을 주장한다. 그러나 놀랍게도 그는 그의 2001년 논문 "경험적 토대론의 옹호"(Toward a Defense of Empirical Foundationalism)와 그의 2003년 논문 "내재주의적 토대론의 한 버전"(A Version of Internalist Foundationalism)에서 정합론을 포기하고 그가 비판했던 토대론을 옹호한다. 제4장의 목적은 토대론을 옹호하는 본주어의 최근 견해를 비판적으로 고찰함으로써 토대론을 좀 더 심층적으로 이해하는 데 있다.

1.

본주어가 정합론을 포기한 이유

본주어에 따르면 정합론은 잘 발전된 이론이 아니다. 그럼에도 불구하고 정합론이 한때 각광을 받았던 가장 큰 이유는 토대론이 직면하는 심각한 난점들 때문에 대안 이론이 절실히 필요했기 때문이다. 그렇지만 본주어는 토대론보다 정합론에 더 치명적인 문제들이 있다고 주장한다.

정합론의 치명적 문제들 중 하나는 제3장 9절에서 언급된 이른바 '진리개연성 문제'이다. 정당화 이론으로서 정합론은 정당화의 적절성 조건을 충족해야 한다. 이 조건에 의하면 어떤 믿음 p가 인식적으로 정당화되기 위해서는 참일 개연성이 높아야 한다. 그러나 정합성과 진리가 어떻게 연결되는지 분명치 않다. 따라서 정합론은 정합성과 진리개연성 사이의 관계에 대해 해명해야 한다. 그렇다면 정합적인 믿음이 참일 개연성이 높은 이유는 무엇인가? 본주어에 따르면 관찰 요건이 충족되는 상황에서 믿음체계가 계속해서 정합성을 유지하는 경우에 즉 통시적 정합성(diachronic coherence)이 유지되는 경우에 진리개연적일 수 있다. 그러나 믿음체계의 정합성이 지속적으로 유지된다는 사실을 알기 위해서는 이에 대한 기억믿음이 신빙성이 있어야 한다. 그렇다면 과연 정합론은 기억믿음의 신빙성을 정당화할 수 있는가? 본주어는 순환적이지 않은 방식으로 이 질문에 답할 수 없다고 주장한다. 그는 다음과 같이 말한다.

제멋대로 구성된 체계의 정합성이 새로운 관찰에 의해 무너지기 위해서는 시간이 걸린다. 그리고 정합성과 진리 사이의 연결을 옹호함에 있어서 진리가 설명으로서 요구되는 경우는 오직 장기적인 정합성 또는 적어도 상대적으로 지속되는 정합성이다. 그렇다면 정합성이 지속적으로 유지된다는 사실에 접근하기 위해 의존할 수밖에 없는 기억믿음들을 정합이론에 의해 어떻게 정당화할 수 있느냐의 문제가 발생한다. 물론 기억믿음의 정당화에 대한 정합이론들을 제시한 철학자들이 있다. 그러나 그러한 설명이 갖고 있는 장점들이 무엇이든지 간에 정합적 정당화가 진리개연적이고 따라서 기억믿음들을 참이라고 생각할 수 있는 유일한 이유가 통시적 정합성이 유지된다는 것과 이에 대한 기억이 참이라는 사실이라면 그러한 설명은 악순환적일 수밖에 없다.[50]

위 논점을 요약하면 다음과 같다. 기억믿음이 신빙성이 있다면 이 신빙성도 정합적으로 정당화돼야 한다. 그리고 정합적으로 정당화되는 믿음이 참일 개연성이 높기 위해서는 이 정합성이 통시적으로 유지돼야 한다. 그런데 이 정합성이 통시적으로 유지된다는 것을 알기 위해서는 이에 대한 기억믿음이 신빙성이 있어야 한다. 따라서 기억믿음의 신빙성을 순환적이지 않은 방식으로 정당화할 수 없다. 본주어는 이와 같은 문제가 정합론에 치명적이라고 생각한다. 또한 그는 자신이 토대론의 난점들을 피할 수 있는 방법을 찾았다고 생각한다. 이것이 그가 한때 옹호했던 정합론을 포기하고 그 대신 토대론을 옹호하게 된 이유이다.

---

50) BonJour 2003, pp. 58–59.

2.

셀라스의 소여의 신화와
본주어의 감각경험 토대론

토대론은 '소여 이론'(the doctrine of the given)을 받아들인다. 제3장 5절에서 언급했던 것처럼 소여 이론에 따르면 감각경험은 이중적 특성을 갖는다. 즉 비개념적이면서도 증거의 역할을 수행한다. 그러나 아직 개념화되지 않은 상태인 감각경험은 맹목적일 수밖에 없다. 또한 이와 같이 맹목적인 것은 우리를 진리로 인도하는 증거의 역할을 할 수 없다. 따라서 셀라스는 토대론이 주장하는 '비개념적 감각경험에 의한 정당화'(non-doxastic justification)는 신화에 불과하다고 주장한다. 그렇지만 본주어는 자신의 토대론이 셀라스의 비판을 피할 수 있다고 주장한다.

[셀라스] 비판의 전제, 즉 감각경험이 본질적으로 비개념적 특성을 갖는다는 것은 나도 참이라고 생각한다. 그러나 내 논점의 일부는 예컨대 내가 이 방 밖을 바라볼 때 갖게 되는 시각경험의 내용이 어떤 개념이나 명제로 – 적어도 내가 현재 표현할 수 있거나 또는 이해할 수 있는 방식으로 – 적절히 포착하기에는 너무나 구체적이고, 상세하고, 또한 다양하다는 것이다. 또한 비록 내가 이상적으로 완전하고 세밀한 개념기술을 소유하고 있다고 하더라도 복잡한 패턴 속의 매우 상세한 색조에 관해 개념적으로 생각하는 것과 그 색조의 패턴 자체를

실제로 경험하는 것은 같지 않다. … 따라서 결론은 전제로부터 도출되지 않는다. 비록 그 경험의 상세한 내용이 그 자체로는 비명제적이고 비개념적임을 인정하지만 그것은 다른 종류의 비개념적 현상들과 마찬가지로 다양한 정도의 상세함과 정확성으로 여전히 개념적으로 기술될 수 있다. 비개념적 내용과 그것에 대한 개념적 기술 사이의 관계는 데이비드슨(Davidson)이 의도하는 의미에서 '논리적'이지 않다. 또한 그것은 단순히 인과적 관계도 아니다. 그렇지만 그것은 '기술적'(descriptive) 관계로 간주될 수 있다. 그러한 기술적 관계가 성립하는 경우에 비개념적 내용의 특성은 그 기술을 참이라고 생각하기 위한 이유 또는 근거를 구성한다.[51]

위의 논점을 좀 더 자세히 살펴보자. 우선 본주어에 따르면 기초 믿음들은 물체 현상 믿음들(physical-object appearance beliefs)이다. 그는 다음과 같이 말한다.

내가 개념적으로 인식하는 것은 특정한 물체 현상 믿음들 또는 외관상 물체들(apparent physical objects)이다. 조금 더 전문적인 용어로 표현하면, ~처럼 보이는 방식들(ways of being "appeared")이다. 문제가 되는 현상이 시각경험인 경우에 지시되는 종류의 대상들이 있는 것처럼 보인다고 말할 수 있다. 다른 감각 양상들의 경우도 유사하다.[52]

예컨대 앞에 파란색 책이 있을 때 우리가 정상적으로 갖게 되는 종류

---

51) BonJour 2001a, pp. 29-30.
52) BonJour 2001a, p. 33.

의 시각경험 E를 인식주체 S가 가지고 있다고 가정해보자. 또한 그가 이 경험을 토대로 다음과 같은 현상 믿음을 갖게 되었다고 가정해보자.

(B) 내 앞에 파란색 책이 있는 것처럼 보인다.

이 경우 S는 B를 참인 것으로 판단하기 위해서 어떤 종류의 증거 또는 이유를 갖고 있는가? 본주어는 비개념적 감각 내용과 개념적 믿음들 사이에 정당화관계가 일반적으로 성립하지 않음을 인정한다. 그럼에도 의식적 경험은 예외라고 주장한다. 그의 견해에 따르면 감각경험은 비개념적이지만 의식상태(conscious state)이다. 따라서 인식주체는 경험의 감각내용(sensory content)을 의식함으로써 직접적으로 인식할 수 있다. 그렇다면 비개념적인 감각경험 E는 어떻게 개념적인 기초 믿음 B를 정당화할 수 있는가? 본주어에 따르면 감각경험과 이것이 야기하는 기초 믿음 사이의 관계는 논리적 관계가 아니다. 왜냐하면 논리적 관계는 명제적인 것들 사이에서만 성립하는데 감각경험은 명제적인 것이 아니기 때문이다. 또한 감각경험과 기초 믿음 사이의 관계는 단지 인과적 관계도 아니다. 왜냐하면 단지 인과적 관계는 기초 믿음을 정당화하는 이유가 될 수 없기 때문이다. 그렇다면 양자의 관계는 무엇인가? 본주어에 따르면 양자의 관계는 '기술적 관계'(descriptive relation)이다.

그에 따르면 비개념적 감각내용은 개념에 의해서 완전히 기술되기 어려운 매우 풍부(rich)하고 세밀한(fine-grained) 것이다. 예컨대 내가 경험하는 색조(shade of color)는 내가 소유하고 있는 어떤 색 개념으로도 정확히 기술되기 어려운, 짙은 빨강과 엷은 빨강 사이의 어떤 색조일 수 있다. 그럼에도 내가 직접적으로 의식하는 풍부하고 세밀한 감각경험의 특성과 이 감각경험을 통해 형성되는 기초 믿음이 어느 정도 잘 부합하는 경우 양자는 적절한 '기술적 관계'를 갖는다는 것이다.[53] 예컨대 내가 어떤 빨강 색조를 내 시야의 중심부에서 경험한다고 가정해보자. 그리고 내가 경험하는 그 색조를 개념적으로 기술하고자 시도함으로써 '내 시야의 중심부에 빨강 색조가 있다'는 기초 믿음을 형성했다고 하자. 이 경우에 나는 감각경험의 비개념적 내용을 의식하고 또한 이에 대응하는 기초 믿음의 개념적 내용을 이해함으로써 감각경험의 비개념적 특성과 이에 대응하는 기초 믿음의 개념적 내용이 서로 잘 부합하는지를 파악할 수 있는 이상적 조건에 놓이게 된다. 그리고 감각경험의 특성과 기초 믿음의 개념적 내용이 서로 잘 부합하는 경우, 즉 양자가 적절한 기술적 관계에 있는 경우 전자는 후자를 받아들이기 위한 좋은 이유가 된다는 것이다.[54] 다시 말해 인식주체 S는 다음 조건들 하에서 F 경험에 대한 직접지 (knowledge by acquaintance)를 가질 수 있다.

(i) S는 F 경험을 직접적으로 인식한다. (S is directly aware of an F experience.)

(ii) S는 F 경험이 현재 발생하고 있다는 판단을 직접적으로 인식한다. (S is directly aware of the judgment that an F experience is now occurring.)

(iii) S는 (i)에서 언급된 F 경험이 (ii)에서 언급된 판단을 참이게 한다는 것을 직접적으로 인식한다. (S is directly aware that the F experience mentioned in (i) makes the judgment mentioned in (ii) true.)

또한 본주어는 감각경험의 비개념적 내용을 직접적으로 인식하기 위

---

53) BonJour 2003, p. 72를 참조하시오.
54) BonJour 2001b, pp. 82–83을 보시오.

해 이에 대한 고차 의식(higher-order consciousness)이 필요치 않다고 주장한다. 감각경험의 의식적 인식(conscious awareness)은 인식주체의 감각경험 자체를 구성하는 내장된(built-in) 인식이기 때문에 이에 대한 고차 의식이 필요 없다는 것이다.

비개념적 내용에 대한 나의 인식은 내 믿음이 옳다는 것을 내가 말할 수 있도록 해주거나 또는 판단할 수 있도록 해주는 내가 의식하는 어떤 것이다.[55]

정당화의 궁극적인 원천으로 밝혀지는 것은 내용에 대한 일차적 또는 내장된 인식이지, 이것을 정당화하는 메타믿음이 아니다.[56]

내가 현재 이 방 밖을 바라볼 때 갖게 되는 것과 같은 시각경험을 고려해보자. 발생적(occurrent) 믿음의 경우처럼 그러한 경험은 의식적 상태이다. 이것이 의미하는 바는 앞서 제시된 발생적 믿음(또는 생각)에 관한 설명의 경우와 마찬가지로 그 자신의 특징적 내용, 즉 감각 또는 경험 내용에 대한 구성적 또는 '내장된' 인식을 자동적으로 포함한다는 것이다. 마찬가지로 감각경험의 그러한 구성적 인식은 정당화가 필요 없으며 또한 그와 관련된 종류의 오류가 없다는 의미에서 오류 불가능하다.[57]

본주어에 따르면 감각경험의 의식적 인식(conscious awareness)은 주체의 감각경험 자체를 구성하는 인식이다. 만약 S가 E의 감각내용을 의식적

---

55) BonJour 2001b, p. 83.

56) BonJour 2001a, p. 25.

57) BonJour 2001a, p. 29를 보시오.

으로 인식하지 못한다면 E는 그가 의식하는 경험일 수 없다. 따라서 E를 그의 의식적 경험이게 하는 것은 바로 감각내용에 대한 그의 의식적 인식 그 자체이다. 이런 의미에서 S의 의식적 경험은 감각내용에 대한 그의 직접적 인식에 의해 구성된다. 그리고 E에 대한 주체의 직접적이고 의식적인 인식이 E의 감각내용을 구성한다. 따라서 감각경험에 대한 주체의 직접적 인식은 거의 오류불가능(almost infallible)하다. 즉 주체가 부주의하거나 정신이 혼미하거나 하는 매우 비정상적 상황이 아니라면 이와 같은 직접적 인식은 틀릴 수 없다. 이런 이유에서 주체가 자신의 감각경험을 의식적으로 인식함으로써 갖게 되는 감각경험에 관한 내성적 믿음은 진리개연적일 수밖에 없다. 따라서 감각내용에 대한 의식적 인식은 기초믿음을 정당화하는 이유가 될 수 있다. 또한 앞서 언급한 바대로 감각내용에 대한 의식적 인식은 의식적 경험 자체를 구성하는 직접적 인식이기 때문에 감각경험의 비개념적 내용을 직접적으로 인식하기 위해 이에 대한 고차 의식은 필요치 않다.

요컨대 감각내용에 대한 비개념적 인식은 직접적 인식이기 때문에 더 이상의 정당화가 필요 없다. 그럼에도 불구하고 기초믿음을 정당화하는 이유가 될 수 있다. 결론적으로 본주어는 토대론이 주장하는 비개념적 감각경험에 의한 정당화가 신화가 아니라고 주장한다.

3.

직접적 인식과 이유의 두 조건

본주어의 감각경험 토대론에 따르면 감각경험 E에 대한 S의 직접적 인식은 E에 대한 S의 내성적 판단을 정당화하는 역할을 한다. 그러기 위해서는 전자가 후자를 옹호하는 이유(reason)의 역할을 할 수 있어야 한다. 그렇다면 이유는 무엇인가?

우선 믿음을 정당화할 수 있는 이유는 옳은(좋은) 또는 틀린(나쁜) 것으로 평가될 수 있는 종류의 것이다. 이 조건을 이유의 '옳음 조건'(the correctness condition)이라고 부르자. 이 조건과 관련하여 인과적 반응(causal response)과 규범적 반응(normative response)의 차이에 대해 주목할 필요가 있다. 단지 인과적인 반응은 옳음 조건을 갖지 않는다. 예컨대 어떤 사람이 어떤 외적 자극에 대한 인과적 반응으로서 '아야!' 하고 소리를 낸다면 그 소리는 옳은(좋은) 또는 틀린(나쁜) 것으로 평가될 수 있는 종류의 것이 아니다. 반면 규범적 반응은 옳음 조건을 갖는다. 예컨대 어떤 아이가 앞에 있는 파란색 대상을 보고 '이것은 빨갛다'라고 말한다면 그 규범적 반응은 옳지 않다. 인과적 반응과 규범적 반응 사이의 이러한 구분에 따르면 감각경험에 대한 S의 직접적 인식은 적어도 내재주의적 관점에서 볼 때 규범적 반응이어야 한다. 왜냐하면 감각경험에 대한 S의 직접적 인식은 기초 믿음을 정당화하는 이유의 역할을 해야 하기 때문이다.

그리고 내재주의자로서 본주어는 옳음 조건을 거부하기 어렵다.

첫째, 감각내용의 직접적 인식이 옳음 조건을 갖지 않는다고 말하는 것은 이것이 단지 인과적 반응이라고 말하는 것과 다를 바 없다. 이 점에 대해 좀 더 부연설명을 하면 다음과 같다. S가 B라는 믿음, 즉 앞에 파란색 책이 있는 것처럼 보인다고 믿는 경우를 다시 살펴보자. 본주어의 견해에 의하면 S가 B를 믿음에 있어서 정당화되기 위해서는 그것을 참이라고 생각하기 위한, 내적으로 접근할 수 있는 이유가 있어야 한다. 그리고 그 이유는 감각경험 E에 대한 S의 직접적 인식이다. 그런데 E에 대한 S의 직접적 인식은 단지 인과적 반응이거나 또는 규범적 반응이다. 그리고 E에 대한 S의 직접적 인식이 옳음 조건을 갖지 않는다고 주장하는 것은 E에 대한 S의 직접적 인식이 단지 인과적 반응이라고 주장하는 것과 같다. 그러나 내재주의적 관점에서 단지 인과적 반응은 믿음을 정당화할 수 있는 내적으로 접근할 수 있는 이유의 역할을 할 수 없다. 또한 참이게 하는 것(making-true)과 정당화하는 것(making-justified)은 다르다. 따라서 S가 특정한 의식적 경험을 한다는 사실 자체는 내재주의 관점에서 볼 때 결코 믿음을 정당화하는 이유의 역할을 할 수 없다.

둘째, 본주어는 '오류 불가능한'(infallible)과 '틀리지 않은'(unmistaken)과 같은 인식적 평가어를 감각내용의 직접적 인식에 적용한다.

내가 내 컴퓨터 책상에 앉아 있으면서 현재 갖고 있는 것과 같은 종류의 시각경험의 상태를 고려해보자. ··· 이것은 이것의 고유한 종류의 내용, 즉 감각내용에 대한 구성적(constitutive) 또는 내장된(built-in) 비통각적(non-apperceptive) 인식을 본질적으로 포함한다. ··· 감각내용의 그러한 구성적 인식은 정당화가 필요하지 않으며 그것과 관련된 오류(mistake)가 없다는 의미에서 실로 오류 불가능

하다.[58]

앞서 언급했던 예에서 그 앞에 파란색 책이 있는 것처럼 보인다는 S의 믿음은 그 앞에 파란색 책이 있는 것처럼 보인다는 것이 S의 경험에 관한 사실인 경우에 옳다. 따라서 그 경험에 대한 S의 직접적 인식은 그 앞에 파란색 책이 있는 것처럼 보인다는 것이 S의 경험에 관한 사실인 경우에 틀리지 않다고 말할 수 있다. 그 경험에 대한 S의 인식이 B라는 믿음을 정당화하는 이유일 수 있는 것이 바로 이와 같은 이유 때문이다. 여기서 주목할 점은 '오류 불가능한'과 '틀리지 않은'과 같은 인식적 평가어는 옳음 조건이 없는 것에는 적용될 수 없다는 점이다. 따라서 감각내용의 직접적 인식이 옳음 조건을 갖지 않는 경우 그것에 대해 틀릴 수 없다고 말하는 것은 이치에 맞지 않다.

셋째, 본주어는 경험의 감각내용과 믿음의 개념내용 사이의 부합이 정확한지 여부에 대한 인식주체의 평가가 넓은 의미에서 규범적임을 인정한다.

비개념적 내용과 그것에 대한 개념적 기술 사이의 관계는 … 개념적 기술과 그 기술이 기술하고자 하는 비개념적 대상 사이의 부합의 정확성과 부정확성에 관련된 기술적 관계이다. 그 기술의 정확성에 대한 평가는 추론에 대한 논리적 평가와 아주 동일하지는 않다. 그렇지만 그것은 단지 인과적 관계에는 적용되지 않는다는 넓은 의미에서 규범적이고 또한 논리적이다.[59]

---

58) BonJour 2003, pp. 67–70.
59) BonJour 2003, p. 72.

앞서 언급했던 예에서 S는 경험 E의 감각내용과 믿음 B의 개념내용이 서로 부합함을 인식하는 경우에 E에 대한 직접적 인식을 믿음 B가 참이라고 생각하기 위한 좋은 이유로 여길 수 있다. 또한 S는 E의 감각내용과 B의 개념내용이 서로 부합하지 않음을 인식하는 경우에 E에 대한 직접적 인식을 B가 참이라고 생각하기 위한 나쁜 이유로 여길 수 있다. 이런 방식으로 감각 경험에 대한 S의 직접적 인식은 믿음의 정당화를 위한 적절한 이유 또는 부적절한 이유로 평가될 수 있다. 그리고 이런 식으로 평가될 수 있는 것은 단지 인과적 반응에 불과한 것이 아니다.

이제 S의 관점에서 다음 두 진술들을 비교해 보자.

(i) 나는 F 경험의 현존을 인식한다. (I am aware of the presence of an F experience.)
(ii) 나는 F 경험이 현재 발생하고 있다고 판단한다. (I judge that an F experience is now occurring.)

S가 현재 가지고 있는 F 경험에 대한 직접적 인식을 토대로 'F 경험이 현재 발생하고 있다'라고 판단한다고 가정해 보자. 이 경우 F 경험에 대한 S의 직접적 인식은 이 내성적 판단의 유일한 근거 또는 이유이다. 그리고 이 직접적 인식이 이 내성적 판단을 옹호하는 이유의 역할을 하기 위해서는 앞서 언급한 이유의 옳음 조건에 따라 옳거나 또는 옳지 않은 것으로 평가될 수 있는 일종의 인지적 성취(cognitive achievement)여야 한다. 그런데 여기서 한 가지 주목할 점은 (i)에서의 F 경험에 대한 S의 직접적 인식과 (ii)에서의 그의 내성적 판단의 옳음 조건이 동일하다는 사실이다. 양자는 S가 실제로 F 경험을 하는 경우에 옳다.

위 논점과 관련하여 내재주의의 주된 이론적 동기에 대해 살펴볼 필요가 있다. 이것은 버그먼(Michael Bergmann)이 '외재주의에 대한 주체의 관점 비판'(the Subject's Perspective Objection to Externalism)이라고 부르는 것이다. [60] 이 비판은 대략적으로 다음과 같다. S가 그의 믿음 p를 위한 정당화 근거 X를 갖고 있다고 하자. 그러나 S가 X를 믿음 p의 적절성과 관련된 것으로 여기지 않는다고 가정해보자. 다시 말해 S는 X와 p의 참 사이의 관련성에 대해 전혀 알지 못한다. 그런 경우 S의 주관적 관점에서 볼 때 p가 참이라면 그것은 순전히 우연적인 일이다. 그리고 이처럼 p의 참이 주관적 관점에서 우연적인 일이라면 S는 그의 주관적 관점에서 p를 참이라고 생각할 이유가 없다. 버그먼에 따르면 외재주의에 대한 이러한 비판은 본주어(BonJour 1985, p. 43), 모저(Moser 1985, p. 129), 퍼머턴(Fumerton 1995, p. 116), 레러(Lehrer 2000, p. 185) 등과 같은 내재주의자들이 일반적으로 받아들이는 논점이다. 따라서 어떤 자칭 내재주의자의 견해가 이와 같은 비판에 취약하다면 그 견해를 진정한 내재주의 견해로 보기 어렵다. 외재주의를 받아들여서는 안 되는 주된 이론적 동기를 거부하는 것은 외재주의 대신 내재주의를 택해야 하는 이유를 거부하는 것과 마찬가지이기 때문이다. 그러므로 본주어가 승인 조건을 거부하면 그는 외재주의를 거부할 수 있는 명분을 잃게 된다.

그리고 위 논점과 관련하여 이유의 두 번째 조건에 주목할 필요가 있다. 내재주의적 관점에서 믿음 p가 인식주체 S에게 정당화되기 위해서는 S가 인지적으로 접근할 수 있는 좋은 이유가 있어야 할 뿐만 아니라 S는 그것을 믿음 p를 받아들이기 위한 좋은 이유로 여겨야 한다. 그런데 인식주체는 이유에 대하여 세 가지 인지적 태도—승인함, 승인하지 않

---

60) Bergmann 2006을 보시오.

음, 또는 판단을 유보함—를 취할 수 있다. 그리고 인식주체가 승인하지 않는 것 또는 인식주체가 판단을 유보하는 것은 믿음을 받아들이기 위한 좋은 이유가 될 수 없다. 따라서 인식주체가 어떤 것을 믿음 p를 받아들이기 위한 좋은 이유로 여긴다는 것은 그것을 승인하는 것이다. 이유의 이러한 조건을 '승인 조건'(the endorsement condition)이라고 부르자. 그리고 내재주의자로서 본주어는 이와 같은 승인 조건을 거부하기 어렵다.

이제 S의 관점에서 다음 두 진술들을 다시 비교해 보자.

(i) 나는 F 경험의 현존을 인식한다. (I am aware of the presence of an F experience.)

(ii) 나는 F 경험이 현재 발생하고 있음을 판단한다. (I judge that an F experience is now occurring.)

(ii)에서 승인된 것은 F 경험의 현존이다. 또한 앞서 언급한 바대로 F 경험에 대한 S의 직접적 인식과 이에 대응하는 S의 내성적 판단은 동일한 옳음 조건을 가진다. 따라서 (i)에서 승인된 것도 F 경험의 현존이다. 그러므로 (i)에서 승인된 것과 (ii)에서 승인된 것은 동일하다. 따라서 S가 F 경험의 현존을 이에 대응하는 내성적 판단을 옹호해 주는 이유로 승인하는 한해서 (i)에서의 F 경험에 대한 S의 인식과 (ii)에서의 S의 내성적 판단은 실질적으로 구분되지 않는다. 그런데 (i)에서의 S의 인식과 (ii)에서의 내성적 판단이 이런 식으로 실제적으로 구분되지 않으면, 전자는 후자를 정당화하는 이유의 역할을 할 수 없다. 왜냐하면 제3장 2절에서 언급했던 바대로, 'p ∴ p'는 선결문제 가정(begging the question)의 오류를 범하기 때문이다. 요컨대 본주어의 견해는 다음과 같은 딜레마에 봉착한다.

S가 F 경험의 현존을 승인하지 않으면 그 경험에 대한 이른바 직접적

인식은 이에 대응하는 내성적 판단을 정당화하는 이유의 역할을 하지 못한다. 이에 대해 부연설명을 하면 다음과 같다. 경험함(experiencing)은 일종의 인식이다. 따라서 S가 어떤 경험을 하게 되면 단지 그 사실에 의해서 S는 자동적으로 그 경험을 인식한다. 그런데 이런 의미의 경험적 인식(experiencing awareness)은 옳거나 옳지 않은 것으로 평가할 수 있는 종류의 것이 아니다. 이와 관련해 주목할 점은 단순한 동물도 이런 의미의 경험을 할 수 있다는 사실이다. 따라서 F 경험에 관한 S의 직접적 인식이 단지 이런 의미의 경험적 인식에 불과하다면 그것에 대응하는 내성적 판단을 정당화하는 이유의 역할을 하지 못한다. 왜냐하면 이유는 옳거나 옳지 않은 것으로 평가할 수 있는 종류의 것이어야 하기 때문이다. 반면 S가 F 경험의 현존을 승인하면 그 경험에 대한 이른바 직접적 인식은 이에 대응하는 내성적 판단과 실질적으로 구분되지 않는다. 따라서 그 어떤 경우이든 F 경험의 현존은 이에 대응하는 내성적 판단을 정당화하는 이유의 역할을 하지 못한다.

앞서 언급한 바대로 본주어에 따르면 감각경험의 의식적 인식(conscious awareness)은 주체의 감각경험 자체를 구성하는 인식이다. 그런데 이른바 '구성적 인식'(constitutive awareness)이 어떻게 내성적 판단을 정당화하는 이유의 역할을 하는지 분명치 않다. 첫째, F 경험에 관한 S의 직접적 인식은, 단지 앞서 언급한 경험적 인식으로 해석되는 한, 그것에 대응하는 내성적 판단을 옹호하는 이유의 역할을 하지 못한다. 둘째, F 경험에 관한 S의 직접적 인식이 이유의 역할을 하기 위해서는 이유의 승인조건을 충족해야 한다. 그런데 S가 F 경험의 현존을 승인하면 그 경험에 대한 이른바 직접적 인식은 이에 대응하는 내성적 판단과 실질적으로 구분되지 않는다. 또한 개념적으로 표현할 수 없는 것을 어떻게 승인할 수 있는지, 그리고 개념적으로 표현할 수 없는 것이 어떻게 이유의 역할을 할 수 있는지 분명치 않다. 따라서 감각경험 자체를 구성하는 판단보다 더 원초적인 형태의 직접적인 인식(a direct, non-judgmental form of awareness)을 받아들일 좋은 이유가 없다.

4.

경험의 직접성과 메타인지적 착시

인식주체가 자신의 내적 경험의 현상적 특질을 인식하기 위해서는 마음을 내부로 돌려 그 현상적 특질에 주목해야 한다. 그런데 그 현상적 특질에 주목하여 그 특질이 무엇인지 인식하기 위해서는 그 특질이 어떤 종류의 것인지를 인식해야 한다. 종류에 관한 이러한 인식은 단지 항목들을 단순히 경험 속에 저장하는 것이 아니라 본질적으로 그 항목들을 종류로 분류하는 것을 포함한다. 예컨대 빨간색 경험을 인식하기 위해서는 그 경험이 모양에 관한 경험이 아니라 색에 관한 경험임을 인식해야 한다. 이런 의미에서 내적 감각상태의 인식에도 개념적 분류(conceptual classification)가 연루되어 있다. 이처럼 우리는 내적 감각상태를 개념적 분류와 독립적으로 인식할 수 없기 때문에 의식의 감각상태는 '자기 현시적'(self-intimating)이지 않다. 다시 말해 우리는 경험 속에 현상적 요소가 포함되어 있다는 사실을 직접적으로, 즉 개념의 매개 없이 인식할 수 없다. 그렇다면 우리는 이 사실을 어떻게 알 수 있는가?

어떤 것을 지각(seeing something)하는 것과 그것에 관하여 단지 생각(merely thinking about it)하는 것 사이에 중요한 차이가 있다. 다시 말해 앞서 2절에서 인용된 본주어의 지적처럼 "복잡한 패턴 속의 매우 상세한 색조에 관해 개념적으로 생각하는 것과 그 색조의 패턴 자체를 실제로 경험하는 것은 동일하지 않다." 그렇다면 어떤 것을 지각하는 것과 그것에 관하여 단지 생각하는 것 사이의 차이는 무엇인가? 예컨대 '내 앞에 빨간색 사과가 있다'는 것을 시각을 통해 보는 경우와 '내 앞에 빨간색 사과가 있다'는 것에 관해 단지 생각하는 경우를 비교해 보자. 전자의 경우에 인식주체가 지각한 명제내용과 후자의 경우에 인식주체가 생각한 명제내용은 동일하다. '내 앞에 빨간색 사과가 있다'는 것이 그 명제내용이다. 그렇지만 양자 사이에는 중요한 차이가 있다. 단지 명제에 관해 생각하는 것과 달리 시각적 경험에는 비개념적인 현상적 요소가 부가적으로 포함되어 있다.

  셀라스에 따르면 우리는 감각경험이 비개념적 현상적 요소를 갖고 있다는 것을 직접적으로 인식할 수 없다. 그렇지만 우리는 어떤 것을 지각하는 것과 그것에 관해 단지 생각하는 것 사이의 차이를 비교함으로써 비개념적인 현상적 요소가 있다는 것을 간접적으로 알 수 있다. 이것이 이른바 '차이 논증'(Subtraction Argument)이다.[61] '내 앞에 빨간색 사과가 있다'고 단지 생각하는 것은 순수하게 개념적인 상태인데 반하여, '내 앞에 빨간색 사과가 있다'고 지각하는 것은 개념적인 요소와 더불어 시각경험에 특징적인 비개념적인 현상적 요소가 추가로 포함된 상태이다. 그렇지만 양자는 복잡성에서 차이가 있을 뿐 둘 다 개념화된 상태들(conceptualized states)이다. 둘 다 개념화된 상태들이기 때문에 양자를 비교할 수 있고 또한 이를 통해 양자의 차이를 인식할 수 있다.

  그렇다면 본주어를 위시한 많은 토대론자들이 인식주체가 그 자신의

---

61) '차이 논증'은 셀라스 자신의 표현이 아니라 코츠의 표현이다. Coates 2007, p. 18을 보시오.

내적 감각상태를 개념의 매개 없이 직접적으로 인식할 수 있다고 생각하게 된 이유는 무엇일까? 예컨대 앞에 있는 빨간색 사과로부터의 시각자극이 내 두뇌에 비개념적인 감각상태를 야기하고 그 감각상태가 '내 앞에 빨간색 사과가 있다'는 지각판단을 야기했다고 하자. 이 경우 내 앞에 있는 빨간색 사과는 '내 앞에 빨간색 사과가 있다'는 지각판단의 원격원인(distal cause)이고 이 지각판단을 촉발시킨 비개념적 감각상태는 이 지각판단의 근접원인(proximal cause)이다. 다시 말해 나는 '내 앞에 빨간색 사과가 있다'는 사실을 '내 앞에 빨간색 사과가 있다'는 지각판단의 근접원인인 비개념적인 감각상태를 매개로 하여 인식한다. 따라서 이 매개가 없으면 나는 '내 앞에 빨간색 사과가 있다'는 사실을 인식할 수 없다. 이처럼 우리는 외부대상으로부터의 자극에 의해 야기된 감각상태를 매개로 하여 외부대상을 간접적으로 인식하기 때문에 이러한 감각상태는 '내 앞에 빨간색 사과가 있다'와 같은 인식에서 중요한 인과적 역할을 수행한다. 그렇지만 나는 '내 앞에 빨간색 사과가 있다'는 지각판단을 이 지각판단을 야기한 감각상태에 대한 인식적 파악을 토대로 추론하는 것은 아니다. 다시 말해 이와 같은 지각판단은 현상적 상태로부터 추론되는 것이 아니라 외부대상에 대한 지각을 통해서 비의지적으로 형성되는 것이다. 따라서 감각경험과 이것이 촉발하는 지각판단 사이의 관계는 추론적 관계가 아니라 인과적 관계이다. 다시 말해 내적 감각상태에 대한 우리의 직접적 접근은 비인식적(non-epistemic) 접근이다.

그렇다면 우리는 왜 내적 감각상태를 직접적으로 인식한다는 착각을 하게 되는 것일까? 통상적으로 우리의 지각경험은 반성적인 경험이 아니다. 예컨대 우리가 빨간색 사과를 지각할 때 우리는 빨강을 사과의 특성으로 지각하지 우리의 내적 감각경험의 특성으로 지각하지 않는다. 다시 말해 통상적으로 우리는 내적 감각경험에 주목하지 않는다. 그렇지만 지각이 항상 옳은 경우만 있는 것은 아니다. 우리는 착시나 환각을 가질 수 있다. 예컨대 인식주체 S는 그 앞에 오아시스가 있다는 감각경험을 갖고 있지만 실제로는 신기루일 수 있다. 이 경우 S는 그 앞에 실제로 오아시스가 있는 경우에 갖게 되는 감각경험과 현상적으로 구별되지 않는 감각경험을 갖는다. 이제 S가 자신이 현재 겪는 감각경험이 환각임을 깨닫게 되었다고 가정해보자. 그는 자신이 겪고 있는 감각경험을 어떻게 기술할 수 있을까? S는 '나는 오아시스가 내 앞에 있는 것처럼 보이는 내적 경험을 갖고 있다'고 말할 수 있다. 여기서 '내 앞에 오아시스가 있다'와 같이 물체에 관련된 개념틀(conceptual framework)과 '나는 오아시스가 내 앞에 있는 것처럼 보이는 내적 경험을 갖고 있다'와 같이 내적 경험과 관련된 개념틀은 현상적 경험의 측면에서 큰 차이가 없다. 양자 사이의 중요한 차이는 이 경험과 관련된 인식주체의 이후 행동이다. S가 몹시 갈증을 느끼고 있는 상태라면 그는 '내 앞에 오아시스가 있다'는 지각을 한 이후 앞을 향해 달려갈 것이다. 그러나 단지 자신이 오아시스가 앞에 있는 것처럼 보이는 내적 경험을 갖고 있는 것에 불과하다고 판단하는 경우에는 그렇게 행동하지 않을 것이다.[62] 여기서 주목해야 할 사실은 우리가 내적 현상적 경험을 내적 현상적 경험으로 인식할 수 있다는 것이다. 또 한 가지 중요한 사실은 내적 현상적 경험을 추론의 매개 없이 직접적으로 인식할 수 있다는 것이다. 우리가 개념의 매개 없이 내적 감각상태를 직접 인식할 수 있다고 착각하게 되는 것은 바로 이와 같은 이유들과 밀접히 관련되어 있다.

그러나 앞서 언급했던 것처럼 '내 앞에 빨간색 사과가 있다'는 것에 관

---

62) Coates 2007, p. 205를 보시오.

해 단지 생각하는 것은 순수하게 개념적인 상태인데 반하여 '내 앞에 빨간색 사과가 있다'는 것을 지각하는 것은 개념적인 요소와 더불어 시각경험에 특징적인 비개념적인 현상적 요소가 추가로 포함된 상태이다. 따라서 '내 앞에 빨간색 사과가 있다'는 것을 지각하는 경우에 인식주체는 비개념적인 현상적 요소를 (개념적인 요소와 더불어) 추론과정의 매개 없이 직접적으로 인식한다. 이런 의미에서 인식주체는 자신의 내적인 비개념적 경험상태를 직접적으로 인식한다고 말할 수 있다. 그렇지만 비추론적이라는 의미에서 직접적 인식이기는 하지만 결코 개념과 독립적인 인식은 아니다. 왜냐하면 지각경험은 항상 개념화된 상태로서만 인식되기 때문이다.[63] 또한 '나는 오아시스에 관한 내적 경험을 갖고 있다' 또는 '나는 빨간색 사과에 관한 내적 경험을 갖고 있다'와 같은 내적 경험의 기술은 '오아시스'나 '빨간색 사과'와 같은 개념에 의존함에 주목할 필요가 있다. 요컨대 인식주체가 자신의 내적 감각상태를 현상적 방식으로 직접 인식할 수 있다는 토대론자들의 직관은 '메타인지적 착시'(meta-cognitive illusion)이다. 코츠(Paul Coates)에 따르면 이와 같은 "메타인지적 착시는 개념이 경험 속에서 작동하는 방식의 복잡성을 충분히 올바르게 인식하지 못하기 때문에 발생한다."[64]

요컨대 우리는 내적 감각상태를 개념적 분류와 독립적인 방식으로 인식할 수 없다. 다시 말해 우리는 경험의 현상적 특질을 직접적으로, 즉 개념의 매개 없이, 인식할 수 없다. 따라서 주체가 내적 감각 상태를 현상학적 방식으로 직접 인식할 수 있다는 본주어의 직관은 개념이 경험

---

63) "단지 물체를 (개념적으로) 직접적으로 인식함에 있어서 주체는 그의 내적 현상적 상태들을 (비개념적으로) [추론의] 매개 없이 인식한다." (Coates 2007, p. 166)

64) Coates 2007, p. 157.

속에서 작동하는 방식의 복잡성을 옳게 인식하지 못함으로써 발생한 메타인지적 착시이다.[65]

---

65) 본주어의 감각경험 토대론은 현대인식론에서 토대론을 옹호하는 유일한 견해가 아니다. 현대인식론에서 토대론을 옹호하는 다른 대표적 견해로는 Fale(1996)과 Gertler(2011)가 있다. 그러나 이들의 토대론도 감각경험이 기초믿음을 직접적으로, 다시 말해 믿음에 의거하지 않는 방식으로 정당화할 수 있다고 주장하는 점에서는 일치한다. 따라서 이유의 두 가지 조건, 즉 옳음 조건과 승인조건과 관련하여 난점에 직면할 수밖에 없다. 이에 대한 자세한 논의를 위해서는 Lee 2013b와 Lee 2022b를 참조하시오.

5.

경험의 세밀성 논증

2절에서 언급했던 것처럼 본주어가 감각경험 토대론을 옹호하는 한 중요한 논거는 감각경험이 인식주체의 개념들로 완전히 기술하기 어려운 매우 풍부하고(rich), 세밀한(fine-grained) 비개념적 내용을 갖고 있다는 것이다. 본주어의 주장대로 감각경험이 인식주체의 개념들로 완전히 기술하기 어려운 비개념적 내용을 갖고 있다면 감각경험 토대론은 우리가 쉽게 거부하기 어려운 이론이 될 것이다. 따라서 우리는 '경험내용은 개념적으로 완전히 기술될 수 없다'는 비개념주의(non-conceptualism)에 대해 좀 더 자세히 살펴볼 필요가 있다.

우선 '경험의 풍부성'(richness)과 '경험의 세밀성'(fineness of grain)을 구분할 필요가 있다. 경험의 풍부성 논제에 따르면 우리는 우리가 의식적으로 주목하는 것보다 더 많은 것을 경험한다. 지각경험은 너무나 엄청나게 풍부하고 복잡해서 한 순간의 주목으로 파악할 수 없다.[66] 그런데 경험의 풍

---

66) "대부분의 지각경험은 그것과 관련된 지각판단의 내용을 훨씬 초과하는 풍부한 복잡성을 지닌다. … 내가 한 순간 주목하여 모든 측면을 개념화하기에는 내 경험에 직접적으로 제시되는 것이 너무 많다. 주위를 응시할 때 내 마음에 자연스럽게 생겨나는 개념들은 현

부성 논제 자체는 경험내용이 비개념적임을 함축하지 않는다. 타이 (Michael Tye)가 지적하는 것처럼 "제약된 조건하에서 믿음형성 과정이 처리할 수 있는 것보다 시각경험이 더 많은 정보내용을 가진 개념적 상태일 가능성을 경험의 풍부성 논제는 배제하지 않는다."[67] 반면 경험의 세밀성 논제에 따르면, 지각경험은 경험의 주체가 소유하는 거친 개념들로 포착할 수 있는 것보다 더 세밀하다.[68] 따라서 이 논제는 경험내용에 개념화될 수 없는 비개념적 내용이 있음을 함축한다. 바로 이 이유에서 감각경험 토대론에 직접적으로 관련된 것은 경험의 풍부성 논제가 아니라 경험의 세밀성 논제이다. 그렇다면 경험의 세밀성 논제는 과연 옳은가?

우리는 감각적으로 식별할 수 있는 색조의 수만큼 미리 색 개념을 소유하고 있지 않다. 그러나 개념주의자들에 따르면 이 사실은 감각경험이 개념적으로 분류할 수 있는 것보다 더 세밀함을 보여주지 않는다. 예컨대 짙은 빨강과 옅은 빨강 사이의 어떤 색조가 있다고 하자. 그리고 이 색조는 두 색깔의 중간색이므로 이를 표현하는 기존의 색 개념이 없다고 하자. 이 경우 우리는 이 중간색 개념을 가질 수 없는가? 맥다월(John McDowell)은 결코 그렇지 않다고 주장한다.

상적·비개념적 방식으로 제시되는 모든 것을 결코 다 포착할 수 없다. 경험의 풍부성에 관한 이러한 점은 현상적 경험의 세밀성에 관한 문제와 구별돼야 한다." (Coates 2006, p. 34) "전형적인 경우에 시각경험은 풍부하다. 이것은 전형적으로 시각경험이 주체가 (믿음이나 판단 속에서) 인지적으로 추출할 수 있는 것보다 더 많은 정보를 포함한다는 논제로 이해돼야 한다." (Tye 2006, p. 519)

67) Tye 2006, p. 519.

68) "세밀성 논제가 요구하는 것은 시각 경험은 세계를 경험 자체 속에서 개념적으로 포착될 수 없는 확정적인 디테일로 표상한다는 것이다." (Tye 2006, p. 519) 세밀성 논증을 제일 먼저 제시한 철학자는 에반즈(Gareth Evans)이다. Evans 1982, p. 229 그리고 p. 125, n. 9를 보시오.

왜 우리는 자신의 개념적 사고 안에서 색깔을 수용하는 능력이 '빨강', '초록'과 같은 단어들과 '구운 시에나'(burnt sienna)와 같은 어구(語句)들에 의해서 표현할 수 있는 개념들에 국한된다고 생각해야 하는가? [새로운] 색조의 개념을 획득하는 것이 가능하며 또한 우리 대부분은 그렇게 해 왔다. 왜 우리는 우리의 개념적 사고 안에서 색조들이 우리에게 시각적으로 경험되는 바로 그 확정성으로 색들을 수용할 수 있고 결과적으로 색깔들이 우리에게 경험되는 만큼의 확정성으로 우리의 개념들이 그 색깔들을 포착할 수 있다고 말하지 않는가? 우리의 개념능력을 초월한다고 추정되는 종류의 경험—가정에 의해 적절한 샘플을 제공할 수 있는 경험—을 하는 상황에서 우리는 지시사가 그 샘플의 존재를 지시하는 '그 색조'(that shade)와 같은 어구를 사용함으로써 정확히 그 경험만큼 세밀한 개념을 언어적으로 표현할 수 있다.[69]

다시 말해 짙은 빨강과 옅은 빨강 사이의 중간 색조 샘플을 '저 색조'라는 어구로 지시함으로써 짙은 빨강과 옅은 빨강 사이의 어떤 중간 색조 개념을 형성할 수 있다는 것이다. 그렇다면 이와 같은 지시적 용어를 사용하여 표현된 지각경험의 세밀한 내용은 온전한 의미에서 개념적으로 포착될 수 있는가? 다시 말해 '저 색조'와 같은 지시적 용어가 표현하는 것은 온전한 의미에서의 개념인가?

위 물음에 답하기 위해서는 개념(concept)이 과연 무엇인지에 관해 먼저 살펴볼 필요가 있다. 칸트에 따르면 개념이 하는 기능은 대상들을 분류하는 것이다.[70] 예컨대 방안에 a, b, c, d, e 다섯 개의 대상들이 있다고 하

69) McDowell 1994, pp. 56–57.

70) "칸트적 '범주'는 논리적 형식의 개념이다. 여기서 '논리적'은 대략적으로 '인식적'과 동등한 의미로 넓게 이해돼야 한다. 어떤 판단에 대하여 이것이 특정한 논리적 형식을 갖고

자. 그리고 a에는 책상의 개념을, b에는 의자의 개념을, c와 d에는 사과의 개념을 그리고 e에는 바나나의 개념을 적용할 수 있다고 하자. 또한 c에는 빨간색의 개념을, d에는 파란색의 개념을 적용할 수 있다고 하자. 이렇게 개념들을 대상들에 적용함으로써 우리가 하는 것은 대상들을 분류하는 것이다. 즉 a는 책상으로 분류되고, b는 의자로 분류되며, c는 빨간색 사과로 분류되며, d는 파란색 사과로 분류되고, e는 바나나로 분류된다. 다시 말해 'c는 사과이다'라고 말하는 것은 c를 사과의 범주에 속하는 대상으로 분류하는 것이다. 어떤 것이 개념이기 위해서는 이것을 옳게 적용하는 경우와 그렇지 않은 경우를 구분해 주는 옳음 조건이 있어야 하고 인식주체가 그 개념을 소유한다고 간주되기 위해서는 옳음 조건에 맞게 그 개념을 사용할 수 있어야 한다. 따라서 인식주체 S가 사과 개념을 소유하고 있다고 말하기 위해서는 S가 사과들에는 사과 개념을 적용하고 사과가 아닌 것들에는 사과 개념을 적용하지 않아야 한다. 이와 같은 개념사용의 옳음 조건을 충족하기 위해서 인식주체는 F 개념에 포섭되는 것으로 분류된 대상 x를 다시 보게 되었을 때 x를 F 개념에 포섭되는 것으로 재인지(recognize) 또는 재확인(re-identify)할 수 있어야 한다. 예컨대 어떤 아이가 자신 앞에 있는 사과를 사과로 재인지하지 못한다면 그 아이는 사과의 개념을 소유하지 못한다. 이것이 이른바 개념사용의 '재인지 조건'(recognition requirement)이다.

그렇다면 '저 색조'(that shade of color)가 표현하는 지시적 개념(demonstrative concept)이 이와 같은 재인지 조건을 충족할 수 있는가? 맥다월의 답은 '그렇다'이다.

있다고 말하는 것은 그것과 그것의 구성요소들을 그것들의 인식적 힘과 관련하여 분류하는 것이다." (Sellars 2002, p. 274)

우리가 마음속에 색깔을 포섭할 수 있는 능력으로서 염두에 두고 있는 것이 색
깔경험의 지속기간을 넘어서 지속할 수 있는 것이면 우리는 바로 그 능력을 진
정으로 개념 능력으로서 인정할 수 있다. 원래 샘플이 바로 앞에 있는 상황에서
'그 색조'는 한 특정 색조의 개념을 언어적으로 표현해줄 수 있다. 그것이 개념
이라는 것을 확실하게 해주는 것—그것을 이용하는 생각들을 참이 되도록 결정
해주는 것으로부터 그 생각들이 필요한 거리를 갖도록 보장해주는 것—은 연관
된 능력이 단지 짧은 시간 동안일지라도 미래에 지속될 수 있다는 것, 또한 지
속되었을 때 비록 방금 전의 일이었을지라도 이미 과거가 돼버린 것에 관한 생
각들에서 사용될 수 있다는 것이다. 여기서 작동하고 있는 것은 경험과 함께 시
작하며 매우 단기적일 수도 있는 재인지 능력이다.[71]

맥다월의 주장에 대해 좀 더 자세히 살펴보자. 우선 앞서 언급했던 것처
럼 어떤 것이 개념이기 위해서는 이것을 옳게 적용하는 경우와 그렇지 않
은 경우를 구분해주는 옳음 조건이 있어야 한다. 따라서 '저 색조'가 적절
한 개념을 표현하기 위해서는 다음과 같은 옳음 조건이 성립해야 한다.

'저 색조'가 x라는 색조를 지시하기 위해 도입된 지시적 개념이라면 '저 색조'는
x인 색조에 적용되면 옳고 x가 아닌 것에 적용되면 옳지 않다.

그렇다면 '저 색조'가 표현하는 개념의 사용이 위의 옳음 조건에 부합
하는 사용일 수 있는가? 예컨대 a는 짙은 빨강과 옅은 빨강 사이의 어떤
특정 색조를 가지고 있는 대상이고, b는 짙은 빨간색 대상이고, c는 옅

---

71) McDowell 1994, p. 57.

은 빨간색 대상이고, d는 a와 마찬가지로 짙은 빨강과 옅은 빨강 사이의
그 특정 색조를 갖고 있는 대상이라고 하자. 이 경우 우리는 a와 d가 공
유하는 짙은 빨강과 옅은 빨강 사이의 그 특정 색조를 '그 색조'라는 지
시적 표현을 사용하여 지시할 수 있고 또한 이 지시적 표현이 지시적 개
념을 표현한다고 말할 수 있는가?

코츠에 따르면 우리가 세밀한 색조 구별을 하기 위해 사용하는 개념들
은 단항 속성(monadic qualities)의 개념들이 아니다.[72] 이 개념들은 지시적
요소(demonstrative component)와 재인지적 요소(recognitional component)를 동
시에 갖고 있는 혼성적 · 관계적 개념들(hybrid relational concepts)이다. 다시
말해 인식주체는 '이것은 저것보다 다소 다른 색조를 갖고 있다'와 같은
혼성적 · 관계적 개념을 사용하여 우리가 시각적으로 구별할 수 있는 색
조들을 재확인할 수 있다. 예컨대 우리는 정상적 조건하에서 a를 b와 c
옆에 놓고 자세히 비교해 봄으로써 a의 색조가 b의 색조보다 약간 더 옅
고 c의 색조보다 약간 더 짙다는 것을 판단할 수 있다. 이를 통해 a가 b
와 c 사이의 중간 색조를 갖고 있음을 판단할 수 있다. 또한 a를 d 옆에
놓고 자세히 비교해 봄으로써 a와 d가 동일한 색조를 갖고 있음을 판단
할 수 있다. 우리가 이와 같은 비교를 통해서 짙은 빨강과 옅은 빨강 사
이의 그 특정 색조를 일관성 있게 재확인할 수 있으면 '저 색조'는 그것
의 적용이 옳은지 여부를 결정해주는 옳음 조건을 가진다. 또한 어떤 인
식주체가 '저 색조'를 이러한 옳음 조건에 부합하게 사용하면 그는 '저 색
조'가 표현하는 지시적 개념을 소유한다고 말할 수 있다.

위의 논의를 통해 알 수 있듯이 우리가 어떤 색조를 다른 색조와의 비

---

72) Coates 2007, pp. 53–57을 보시오.

교를 통해 감각적으로 변별할 수 있으면 '저 색조'라는 표현을 옳게 적용하는 경우와 그렇지 않은 경우를 결정해주는 '그 색조'의 옳음 조건을 제시할 수 있다. 더 나아가 이 방식을 이용하여 우리가 감각적으로 식별할 수 있는 색조의 수만큼 색 개념을 도입할 수 있다. 따라서 '사과', '개', '빨강' 등과 같은 종류 개념들(sortal concepts)의 경우와 마찬가지로 '그 색조'도 옳음 조건이 있는 개념을 표현할 수 있다.[73] 다만 종류 개념의 경우와 달리 '저 색조'와 같은 혼성적·관계적 개념은 맥락 의존적이다. 즉 '저 색조'가 어떤 색조를 지시하는지를 결정해주는 특정한 맥락이 있다. 예컨대 '저 색조'가 정상적 지각조건하에서 대상 a가 갖고 있는 색조를 지시하기 위해 도입된 표현이면 '저 색조'는 정상적 지각조건에서 a가 갖고 있는 바로 그 색조를 지시한다. 이제 어떤 두 사람이 어떤 대상 x의 색조에 대해 상이한 판단을 한다고 가정해보자. 첫 번째 사람은 x가 a가 갖고 있는 '저 색조'를 갖고 있다고 주장하고 두 번째 사람은 x가 a가 갖고 있는 '저 색조'와 다소 다른 색조를 갖고 있다고 주장한다고 하자. 이 경우 우리는 어느 주장이 옳은지를 정상적 지각조건하에서 a가 갖고 있는 색조와 x의 색조를 비교해 봄으로써 결정할 수 있다. 첫 번째 사람의 판단이 옳은 경

---

73) 이 옳음 조건에 따르면 인식주체가 '저 색조'가 표현하는 지시적 개념을 소유하기 위해서는 저 색조를 가진 다른 대상들에도 '저 색조' 개념을 적용할 수 있어야 한다. 그러나 맥다월이 말하는 재인지 조건이 저 색조를 가진 다른 대상들을 확인할 수 있는 능력을 요구하는지는 분명치 않다. 맥다월이 명시적으로 주장하는 것은 주체 S가 특정 색조 f에 대한 지시적 개념을 소유한다면, S는 f를 지각하는 동안 마음속으로 f를 인식해야 하고, 또한 비록 매우 단기적일지라도 f가 더 이상 지각되지 않는 경우에도 f에 관한 생각을 할 수 있어야 한다는 것이다. 따라서 맥다월의 재인지 조건은 S가 특정 대상 a가 갖고 있는 색조 f를 지각하고 이 색조에 관한 생각을 이후에도 할 수 있음을 요구하지만 다른 대상 b가 색조 f를 갖고 있는 경우 이 색조를 f로 재확인할 수 있음을 요구하지는 않는다. 그러나 이와 같은 맥다월의 재인지 조건은 '저 색조'에 대한 옳음 조건으로서 불충분하다. 이에 대해서 Chuard 2006, p. 171을 보시오.

우는 양자를 비교했을 때 차이가 없는 경우이다.

앞서 지적했던 것처럼 '내 앞에 빨간색 사과가 있다'와 같은 지각경험에는 개념적 요소와 더불어 시각경험에 특징적인 비개념적 현상적 요소가 추가로 포함되어 있다. 그렇다면 이것은 '비개념적 심적 내용'(non-conceptual mental content)을 결국 받아들이는 것이 아닌가? 버뮤디즈(José Luis Bermúdez)가 지적하는 것처럼 "지각은 지각의 전달이 참 또는 거짓으로 평가될 수 있는 한, 표상내용(representational content)을 가진다. [그리고] 내용의 관념은 옳음 조건의 아이디어와 운명을 같이한다."[74] 따라서 심적 내용은 사실을 옳게 표상하면 옳고, 틀리게 표상하면 옳지 않다. 다시 말해 p라는 심적 내용은 p라는 사실이 성립할 경우에만 사실을 옳게 표상한다. 예컨대 '내 앞에 사과가 있다'는 S의 심적 내용은 S 앞에 실제로 사과가 있는 경우에만 사실을 옳게 표상한다. 다시 말해 다음과 같은 진리조건이 성립한다.

(*) '내 앞에 사과가 있다'는 S의 심적 내용은 참이다 ↔ S 앞에 사과가 있다.

우리는 마음 외부의 사실을 개념을 사용함이 없이 개별화할 수 없다. 이와 관련해 주목할 점은 쌍조건문 (*)의 오른쪽 항인 'S 앞에 사과가 있다'가 개념을 이용해 기술되어 있다는 사실이다. 그리고 (*)가 보여주는 것처럼 옳음 조건은 메타언어 문장으로 표현된다. 다시 말해 표상내용의 옳음 조건은 개념적인 것들 사이의 관계이다. 어떤 사람이 외부의 어떤 자극에 대한 인과적 반응으로서 '아야'라는 소리를 냈다고 가정해보자.

---

74) Bermúdez 2007, p. 65.

이 '아야' 소리는 참인가 거짓인가? 이 소리는 단지 자극에 대한 인과적 반응일 뿐 참 또는 거짓으로 평가될 수 있는 표상내용을 갖지 않는다.[75] 따라서 마음 외부의 사실을 표상한다는 것은 외부 환경의 상태를 특정한 방식으로 분류하는 것이다. 그렇다면 우리는 S의 심적 내용이 외부의 사실을 옳게 표상하는지를 어떻게 결정할 수 있는가? S의 심적 내용이 외부의 사실을 분류하는 방식과 그 동일한 사실을 우리의 심적 내용이 분류하는 방식이 일치하면 우리는 S의 심적 내용이 외부의 사실을 옳게 표상한다고 판단할 수 있다. 다시 말해 우리가 쌍조건문 (*)의 오른쪽 항인 'S 앞에 사과가 있다'를 승인할 수 있으면 쌍조건문 (*)의 왼쪽 항을 승인할 수 있다. 또한 앞서 지적한 바대로 내용은 옳음 조건을 가져야 한다. 그리고 아직 개념화되지 않은 상태인 감각은 맹목적일 수밖에 없다. 다시 말해 그와 같이 맹목적인 것은 우리를 진리로 인도하는 합리적 이유의 역할을 할 수 없다. 따라서 이러한 직관들을 무력화시킬 수 있는 강력한 반대논거가 제시되지 않는 한 이른바 '비개념적 내용'은 매우 의심스러운 개념이다. 이런 이유에서 시각경험 속에 포함된 비개념적 현상적 요소에 참 또는 거짓으로 평가될 수 있는 경험내용이 있다고 볼 좋은 이유가 없다.

결론적으로 경험적 토대론을 옹호하고자 하는 본주어의 시도는 성공

---

75) 크레인도 같은 취지의 지적을 한다. "정보적 상태(informational state)가 흥미로운 의미에서 표상내용을 갖기에 충분한지에 관해서는 논란의 여지가 있다. 첫 번째 문제는 원인이 있으면 법칙적 공변동(nomic co-variation)이 있기 때문에 … 표상의 관념이 우주에 있는 거의 모든 것에 적용될 수 있는 지점까지 확장된다는 것이다. 두 번째 문제는 정보적 상태가 잘못된 표상을 할 수 없는 것처럼 보인다는 것이다. 그러나 잘못된 표상의 가능성은 진정한 표상에 본질적인 것으로 보인다. 따라서 단순한 정보적 상태가 진정한 표상내용이 되도록 하기 위해서는 어떤 것이 추가돼야 한다." (Crane 1998, p. 641)

적이지 않다. 우선 셀라스의 비판을 피하기 위해 그가 제시한 '구성적 인식' 개념은 근거가 빈약하다. 특히 인식주체가 자신의 내적 감각상태를 현상적 방식으로 직접 인식할 수 있다는 본주어의 직관은 개념이 경험 속에서 작동하는 방식의 복잡성을 올바르게 인식하지 못함으로써 발생한 메타인지적 착시이다. 또한 우리는 감각적으로 변별할 수 있는 만큼 지시적 개념을 도입할 수 있다. 따라서 본주어가 호소하는 '경험의 세밀성' 논증은 다음과 같은 직관들을 무력화시킬 만큼 강력하지 않다. 첫째, 내용은 옳음 조건을 가져야 한다. 둘째, 개념 없는 직관은 맹목적이다.[76]

---

76) 제4장의 중심논지는 필자의 2013년 논문 "BonJour's Way Out of the Sellarsian Dilemma and his Explanatory Account"에 기반을 둔 것이다.

제5장

레러의
주관적
정합론

　우리는 우리의 믿음이 참인지 여부를 결정하기 위해서 우리의 믿음체계 밖으로 나와 우리의 믿음과 세계사실을 직접 비교할 수 없다. 노이라트(Otto Neurath)가 언급한 것처럼 "우리의 신세는 배를 드라이독에서 해체한 후 최상의 재료로 재건하는 대신에 불가피하게 망망대해 위에서 고칠 수밖에 없는 선원과 유사하다."[77] 따라서 정합론에 의하면 믿음은 믿음과 세계사실 사이의 관계가 아니라 믿음들 사이의 정합관계에 의해 정당화될 수밖에 없다. 그런데 정당화 이론으로서 정합론은 해결해야 할 여러 난제들을 갖고 있다. 특히 우선적으로 다음 두 난제들을 해결

---

77) Neurath 1959, p. 201.

해야 한다.

첫째, 정합론은 이것의 중심개념인 '정합성'(coherence)이 무엇인지를 해명해야 한다. 정합론자들에 따르면 정합적인 믿음들은 서로 '잘 부합하고', '잘 맞물리고', 또한 '서로 옹호하는' 관계에 있어야 한다. 그러나 이와 같은 은유적 표현을 넘어서 정합론자들이 일반적으로 합의하는 정합성의 정의는 아직껏 없다.

정합론자들은 그들의 중심개념을 정의하는 방법에 대해 지금까지 합의에 이르지 못했다.[78] 정합성에 대해 보편적으로 받아들여지는 기준은 없다.[79]

둘째, 정당화 이론으로서 정합론은 '정당화의 적절성 조건'을 충족해야한다. 이 조건에 따르면 어떤 믿음 p가 인식적으로 정당화되는 것으로 간주되기 위해서는 진리개연적이어야 한다. 우리가 어떤 믿음을 '정당화되는' 믿음이라고 말하는 것은 인식목적과 관련하여 그 믿음을 긍정적으로 평가하는 것이다. 또한 어떤 믿음을 '정당화되지 않는' 믿음이라고 말하는 것은 인식목적과 관련하여 그 믿음을 부정적으로 평가하는 것이다. 이런 의미에서 인식 정당화는 평가적 개념이다. 우리의 인식목적은 참을 추구하고 오류를 피하는 것이다. 따라서 참일 개연성이 높은 믿음을 받아들이는 것은 이러한 인식목적에 부합하기 때문에 인식적으로 정당하지만 반면 참일 개연성이 낮은 믿음을 받아들이는 것은 이러한 인식목적에 어긋나기 때문에 인식적으로 부당하다. 이런 이유에서 인식 정당화의

---

78) Olsson 2005, viii.

79) Elgin 2005, p. 158.

핵심은 진리개연성(truth-conduciveness)이다. 그런데 문제는 정합적인 믿음이 어떻게 진리개연성을 보장하는지가 분명치 않다는 점이다. 따라서 정합론은 정합성과 진리개연성 사이의 관계를 해명해야 한다.

> 정합성이 급진적 회의주의에 대해 납득할 만한 응답을 하기에는 정합성과 진리 사이의 관계가 너무 약하다.[80]

> 모든 주장에 대해 이유를 추구하고, 또한 정합성 관념에 함축된 종류의 체계성, 통일성, 포괄성 그리고 설명적 힘을 추구하는 것이 합리성의 과제라는 관념이 갖고 있는 상당한 직관적 호소력에도 불구하고 정당화에 대한 정합성 설명들은 진리개연성 문제에 대해 계속해서 실패해 왔다.[81]

> 정합론의 진리연결 문제는 아직껏 해결되지 못하고 있다고 말하는 것이 타당하다.[82]

위의 두 문제들은 정합론의 아킬레스건이다. 즉 이 문제들에 대한 적절한 해결책이 제시되지 못하면 정합론은 적절한 정당화 이론으로 간주될 수 없다. 레러(Keith Lehrer)는 이 문제들에 대해 매우 흥미로운 이론을 제시한다. 우선 레러는 정합성이 무엇이냐의 문제에 관하여 전통적·은유적 관념에 집착하지 않고 정합성을 '비판들에 답함'(answering objections) 또는

---

80) Olsson 2005, viii.

80) Olsson 2005, viii.
81) Manning 2003, p. 197.
82) Kvanvig 2007, p. 18.

'경쟁주장들을 물리침'(beating competitors)의 개념으로 설명한다. [83] 또한 레러는 진리개연성 문제를 이른바 '신뢰성 원리'(the Trustworthiness Principle)에 호소하여 해결하고자 한다. 제5장에서 우리는 레러의 이와 같은 이론을 비판적으로 검토할 것이다.

83) '비판들에 답함'이 '경쟁주장들을 물리침'에 비해 좀 더 자연스럽고 덜 공격적인 용어인 것으로 보인다는 이유에서 레러는 2000년에 출판된 그의 《지식론》 제2판에서 후자 대신 전자를 사용한다.

1.

레러의 주관적 정합론

레러(Lehrer 1990, 1999, 2000)에 따르면 정당화는 두 단계로 구성된다. 첫 번째 단계는 '개인적 정당화'(personal justification)이고, 두 번째 단계는 '논파되지 않는 정당화'(undefeated justification)이다. 믿음은 논파되지 않게 정당화되는 경우에만 지식이 될 수 있다.

그렇다면 개인적 정당화는 무엇인가? 레러에 따르면 S의 믿음 p가 개인적으로 정당화되기 위해서는 다음 조건이 충족돼야 한다.[84]

---

84) 레러는 믿음(belief)과 수용(acceptance)을 구분한다. 그에 따르면 믿음은 습관, 본능 또는 개인적 필요성에 의해 무비판적으로 반성적 고려 없이 형성될 수 있는 일차 태도(first-order attitude)인데 반해, 어떤 명제 p를 수용하는 것은 진리를 추구하고자 하는 인식목적에 따라 p를 받아들이는 기능적 상태이다. 정합론은 인식 정당화에 관한 이론이므로 레러는 자신의 정합론을 믿음이 아니라 수용에 관련하여 정의한다. 그렇지만 인식 정당화의 조건에 관련하여 믿음과 수용에 대한 레러의 구분은 그다지 중요하지 않다. 우선 레러에 따르면 수용은 믿음을 함축한다. 또한 어떤 믿음이 거짓이거나 진리개연성이 희박한 것으로 밝혀지면 우리는 그 믿음을 철회해야 한다. 따라서 '인식적으로 정당화되는 믿음'의 조건에 관련하여 굳이 믿음과 수용을 구분할 필요가 없다. 따라서 우리는 제5장에서 레러의 이론을 수용이 아니라 믿음의 차원에서 다룰 것이다. 믿음과 수용에 대한 레러의 구분에 대해서는 Lehrer 1999, p. 243 또는 Lehrer 2000, p. 13을 보시오.

S는 그의 평가체계를 토대로 그의 믿음 p에 대한 모든 비판들을 물리칠 수 있다.[85]

p가 이것의 비판 o를 물리치는 경우는 S의 평가체계의 관점에서 p를 받아들이는 것이 o를 받아들이는 것보다 더 합리적인 경우이다.[86] 이처럼 S의 평가체계의 관점에서 p가 이것의 모든 비판들보다 더 합리적이면 p는 S의 평가체계와 정합적이라고 말할 수 있다. 따라서 레러는 정합성을 '비판들에 답함' 또는 '경쟁주장들을 물리침'의 개념에 의해 이해할 수 있다고 주장한다.[87] 그렇다면 S는 그의 믿음 p에 대한 모든 비판들에 답할 수 있는지를 어떻게 알 수 있는가? 우리는 S와 그의 상상적 비판자 사이에서 벌어지는 정당화 게임을 상상할 수 있다. 레러에 따르면 S의 믿음 p에 대해 상상적 비판자가 제기할 수 있는 모든 비판들을 S가 물리칠 수 있으면 그는 정당화 게임에서 승리하고 그럴 경우에 그의 믿음 p

---

85) 여기서 S의 평가체계는 참을 추구하고 거짓을 피하고자 하는 인식목적 하에서 S가 수용하는 것, 선호하는 것 또한 S가 추론하는 방식에 의해 결정되는 체계이다. 이에 대한 정확한 정의를 위해서는 Lehrer 2000, p. 170을 보시오.

86) 레러는 '더 합리적임'(being more reasonable)을 원초적 개념으로 간주한다. 그리고 합리성의 비교 평가를 인식목적과 관련해 우리가 선호하는 것에 관한 신뢰성에 호소하여 설명한다. 다시 말해 S가 p를 받아들이는 것보다 q를 받아들이는 것을 더 선호하고 또한 인식목적과 관련해 선호하는 것에 관해 S가 신뢰할 만하다면 S가 p 대신에 q를 받아들임에 있어서 더 합리적이라고 말할 수 있다는 것이다. Lehrer 2003, p. 315를 참조할 것.

87) "한 체계의 정합성은 그 체계를 토대로 모든 회의적 비판들을 답하거나 중립화시킴으로써 모든 회의적 비판들을 물리쳤음을 뜻한다." (Lehrer 2000, p. 170) 따라서 레러에 의하면 정합성은 비판들을 물리치는 경우 외에도 '비판들을 중립화시키는 경우'(neutralizing objections)를 포함한다. 그렇지만 후자의 경우는 이 책의 목적상 그다지 중요하지 않으므로 생략할 것이다.

는 개인적으로 정당화된다. [88]

이제 정합성 개념에 대한 매우 획기적인 착상인 레러의 견해를 예를 통해 좀 더 자세히 살펴보자.

(1) 나는 내 앞에 있는 고양이를 본다.
(2) 나는 내 앞에 고양이가 있다는 환각을 겪는다.

여기서 (1)과 (2)는 서로 경쟁관계에 있다. 따라서 (1)이 정당화되는 믿음으로 간주되기 위해서는 경쟁주장 (2)를 물리칠 수 있어야 한다. 따라서 레러는 '비판을 물리침'을 정당화의 한 구성요소로 파악한다. 그렇다면 (1)은 어떤 경우에 (2)를 물리칠 수 있는가? 레러에 따르면 (1)을 받아들이는 것이 (2)를 받아들이는 것보다 더 합리적이면 (1)은 (2)를 물리칠 수 있다. 그렇다면 (1)을 받아들이는 것이 (2)를 받아들이는 것보다 더 합리적이라는 것을 어떻게 알 수 있는가? 이것을 알기 위해서 나는 (1), (2)와 같은 경쟁주장들 사이의 '상대적 합리성'(comparative reasonableness)을 평가할 수 있어야 한다. 또한 나는 상대적 합리성을 평가함에 있어서 신뢰할 만한 인식주체여야 한다. 따라서 레러에 의하면 (1)이 (2)보다 더 합리적이라고 판단하기 위해서 나는 다음과 같은 '신뢰성 원리'(the Principle of Trustworthiness of Acceptance)를 받아들여야 한다.

(T) 참일 경우에만 받아들여야 하는 인식목적에 따라 내가 받아들이는 것에 대

---

88) Lehrer 2000, p. 132를 보시오.

해 나는 신뢰할 만하다.[89]

다시 말해 내가 현 상황에서 (2) 대신에 (1)을 받아들이는 것이 더 합리적이라고 판단할 수 있는 이유는 내가 현 상황에서 나의 지각이 신뢰할 만한 정보의 원천이라는 것을 받아들이기 때문이다. 레러는 다음과 같이 말한다.

> 자신이 어떤 것을 보고, 기억하고, 내성한다는 것을 받아들임에 있어서 개인적으로 정당화되기 위해서는 이것들이 신뢰할 만한 정보의 원천임을 받아들여야만 한다.[90]

다시 말해 S의 믿음 p가 정당화되기 위해서는 S가 갖고 있는 배경정보를 토대로 평가할 때 p가 경쟁주장보다 더 합리적이어야 한다. 그런데 이러한 평가의 토대가 되는 배경정보가 전혀 신뢰할 수 없는 것이라면 믿음 p가 정당화된다고 말할 수 없다. 그리고 S가 배경정보를 획득하는 원천은 기본적으로 S의 지각, 기억 및 내성이다. 따라서 S가 자신의 지각, 기억 및 내성이 신뢰할 만하다는 것을 받아들이지 않는다면 S는 결코 p를 정당하게 주장할 수 없다. 따라서 레러에 의하면 인식주체는 신뢰성 원리 (T)를 받아들여야 한다. 요컨대 레러에 의하면 S가 그의 평가체계를 토대로 그의 믿음 p에 대한 모든 비판들을 물리칠 수 있고 또한 현 상황에서 p를 받아들이게 된 원천이 신뢰할 만한 것임을 받아들인다

---

89) Lehrer 2000, p. 138.
90) Lehrer 2000, p. 165.

면 S의 믿음 p는 개인적으로 정당화될 수 있다.

위의 논의가 보여주는 것처럼 레러의 정당화 모형은 기본적으로 주관적 모형이다. 그는 다음과 같이 말한다.

> 내 이론의 정수는 개인적 수용, 선호 그리고 추론이다. 이것은 전적으로 내적인 일이다.[91]

> p를 받아들임에 있어서 논파되지 않게 정당화된다는 것을 어떻게 확인할 수 있는가? … 주어진 한 시점에서 인식주체는 그 시점의 그의 수용체계를 토대로 그러한 주장을 평가할 수 있다. 그의 수용체계는 그의 정보를 요약한다. 그것이 세계에 관한 정보의 저장소이며 그것만이 평가의 토대이다. 이것이 주관적 접근의 근본 진리이다.[92]

따라서 S의 믿음 p는 그의 주관적 관점에서 생각할 수 있는 모든 비판들을 물리칠 수 있으면 개인적으로 정당화된다. 이러한 개인적 정당화는 주목할 만한 성취이다. 그러나 이것만으로는 믿음 p가 진리개연적이라는 것이 확립되지 않는다. 왜냐하면 오류에 기반을 둔 개인적 정당화는 진리개연적이지 않을 것이기 때문이다. 따라서 완전한 정당화는 '논파되지 않는' 정당화여야 한다. 그렇다면 논파되지 않는 정당화는 무엇인가? 논파되지 않는 정당화는 개인적 정당화가 오류에 근거하지 않은 경우이다. 좀 더 정확하게 말하면 S의 평가체계에서 거짓인 믿음을 배제하고

---

91) Lehrer 2000, p. 172.
92) Lehrer 2000, p. 173.

나머지 믿음들을 동원해서 p의 모든 비판들을 물리칠 수 있으면 S의 믿음 p는 논파되지 않게 정당화된다. [93]

한 가지 예를 고려해보자. 영수의 동료인 철수는 영수에게 자신이 현대 그랜저 자동차를 소유하고 있다고 말했고 또한 이를 입증해주는 것처럼 보이는 소유권 증서를 보여주었다. 그리고 철수는 지금까지 영수에게 정직하고 매우 신뢰할 만한 사람이었다. 그래서 영수는 다음을 믿는다.

(3) 우리 사무실에 있는 어떤 사람은 현대 그랜저를 소유하고 있다.

그러나 철수가 지금 몰고 다니는 현대 그랜저는 렌트한 것이며, 그가 보여준 소유권 증서는 위조된 것이다. 이 경우 영수의 믿음 (3)은 논파될 수 있다. 왜냐하면 영수가 (3)을 옹호하기 위해 제시할 수 있는 근거는 '철수는 현대 그랜저를 소유하고 있다'인데 이 믿음은 '철수가 몰고 다니는 현대 그랜저는 렌트한 것이며, 그가 보여준 소유권 증서는 위조된 것이다'라는 비판에 의해 논파된다. 이와 같은 종류의 논파자가 없어야 믿음은 논파되지 않게 정당화된다. 따라서 레러에 의하면 S가 그의 평가체계를 토대로 p의 모든 비판들을 물리칠 수 있고 또한 p의 논파자가 실제로 존재하지 않는 경우에만 S의 믿음 p는 지식이 될 수 있다.

---

93) "논파되지 않는 정당화는 그 정당화를 갖고 있는 주체 쪽에 오류가 있음으로써 논파되는 그런 경우의 정당화가 아니다." (Lehrer 2000, p. 152) "적절한 테스트는 비판들을 물리치기 위한 추론에서 사용되는 것들 중 주체가 수용하는 참인 모든 것들을 허용하고 또한 주체가 수용하는 거짓인 모든 것들을 허용하지 않는 그런 테스트이다." (Lehrer 1999, p. 251)

2.

신뢰성 원리에 대한 자기 정당화

이제 레러의 주관적 정합론이 진리개연성 문제를 해결할 수 있는지에 대해 살펴보자. 앞서 언급했던 것처럼 레러의 정합론은 다음과 같은 '신뢰성 원리'에 의존한다.

(T) 참일 경우에만 받아들여야 하는 인식목적에 따라 내가 받아들이는 것에 대해 나는 신뢰할 만하다.

S의 믿음 p가 개인적으로 정당화되기 위해서 S는 그의 평가체계를 토대로 p에 대한 모든 비판들을 물리쳐야 한다. 그리고 그렇게 비판들을 물리치기 위해서 S는 신뢰성 원리 (T)를 승인해야 한다. 첫째, S가 (T)를 승인하지 않는 경우에 그는 '당신의 믿음은 신뢰할 만한 것이 아니다'란 비판에 적절히 답할 수 없다. 둘째, 정당화의 적절성 조건에 따르면 어떤 믿음이 정당화되기 위해서는 진리개연적이어야 한다. 그런데 논파될 개연성이 높은 개인적 정당화는 진리개연적이지 않다. 따라서 자신의 믿음이 진리개연적임을 받아들이는 사람은 자신의 믿음의 개인적 정당화가 논파될 개연성이 높지 않음을 받아들여야 한다. 그런데 자신의 개인적

정당화가 논파될 개연성이 높지 않다는 사실, 즉 자신의 믿음이 객관적으로 진리개연적이라는 사실은 S의 주관적 관점 내에서 파악되기 어렵다. 따라서 개인적 정당화와 객관적 진리개연성이 서로 적절히 연결되기 위해서는 신뢰성 원리가 실제로 옳아야 한다. 다시 말해 "논파되지 않게 정당화되기 위해서 내적인 신뢰성 원리가 외적인 신빙성과 부합해야 한다."[94] 그런 경우에만 개인적 정당화를 넘어서서 '논파되지 않게 정당화되는 참인 믿음'(undefeated justified true belief)으로서의 지식을 획득할 수 있다.

그렇다면 레러는 자신의 신뢰성 원리를 어떻게 옹호하는가? 우선 그에 따르면 인식주체는 신뢰성 원리를 귀납적으로 옹호할 수 있다. 즉 지금까지 이 원리에 따라 믿음을 형성해옴에 있어서 성공적이었다는 사실에 호소하여 이 원리를 옹호할 수 있다.[95] 그런데 이러한 귀납적 정당화는 순환적이다. 왜냐하면 우리의 지각, 기억 및 내성이 신뢰할 만한 정보의 원천이라는 사실을 선제하지 않으면 신뢰성 원리의 수용이 지금까지 성공적이었다는 사실을 알 수 없기 때문이다. 따라서 레러는 '자기 정당화'(self-justification)에 호소하여 신뢰성 원리를 옹호한다. 빛이 조명된 대상을 비추면서 동시에 자신을 비추는 것처럼 신뢰성 원리는 스스로에게 적용된다는 것이다.[96]

그런데 (T)는 전적으로 자기 정당화에 호소함으로써 옹호될 수 없다. (T)에 대해 제기되는 비판을 물리칠 수 없음에도 (T)를 받아들이는 것은 합리적이지 않다. 따라서 (T)에 대한 S의 믿음이 정당화되기 위해서는 정당화 게임에서 (T)에 대해 제기되는 모든 비판들을 물리칠 수 있어야 한

---

94) Lehrer 2000, p. 194.
95) Lehrer 2000, p. 142; Lehrer 2003, p. 351.
96) Lehrer 2000, p. 143.

다. 이런 의미에서 (T)의 정당화는 S의 평가체계에 부분적으로 의존한다. 다시 말해 (T)의 정당화는 (T) 자체뿐만 아니라 S의 평가체계에 의존한다.[97] 그래서 레러는 (T)가 부분적으로 스스로 정당화된다고 주장한다.[98] 이제 다음 주장을 고려해보자.

(4) 신뢰성 원리 (T)를 받아들이는 것이 합리적이다.

(4)가 성립해야 이를 토대로 비판들을 물리칠 수 있고 또한 개인적 정당화와 진리개연성 사이의 연결을 확보할 수 있다. 그런데 문제는 (4)를 어떻게 정당화할 것이냐이다. 레러에 따르면 (T)는 그 자체에 적용된다. 그런데 레러가 주장하는 것처럼 (T)가 그 자체에 적용되면 (T)를 정당화함에 있어서 순환성이 발생한다. 순환적 정당화는 통상적으로 선결문제가정(begging the question)의 오류를 범하는 것으로 간주된다. 그럼에도 불구하고 레러는 신뢰성 원리의 자기 정당화에 관련된 순환성이 악순환(vicious circularity)아니라 선순환(virtuous circularity)이라고 주장한다.[99] 그에 따르면 (T)의 자기 정당화에 관련된 순환성은 논증적인(argumentative) 것이 아니라 설명적인(explanatory) 것이다.[100] 전혀 아무 것도 설명하지 못하는 것보다 가급적 많은 것을 설명하는 것이 더 낫다. 그런데 (T)를 받아들이지 않으면 아무것도 설명할 수 없는 데 반하여 (T)를 받아들이면 우리가 여러 믿음들을 받아들임에 있어서 왜 합리적일 수 있는지를 설명할

---

97) Lehrer 2003, p. 338.
98) Lehrer 2000, p. 202.
99) Lehrer 2000, p. 229.
100) Lehrer 2000, p. 143, p. 229; Lehrer 2003, pp. 351–352.

수 있다. (T)가 갖고 있는 이러한 설명적 힘에 의해서 (T)에 관한 자기 정당화는 선순환이라는 것이다.

그런데 매닝(Richard Manning)이 적절히 지적하는 것처럼, 설명은 피설 명항을 가정한 상황에서 왜 피설명항이 성립하는지를 설명해주는 설명 항을 제시하는 것이다.[101] 따라서 (T)를 받아들이는 것이 왜 합리적인지 를 (T)의 참을 가정함으로써 설명할 수 있다는 주장이 성립하기 위해서 는 (T)를 받아들이는 것이 합리적이라는 피설명항이 이미 성립해야 한 다. 따라서 (4)를 옹호하기 위해 순환적 논증 대신에 순환적 설명에 호소 하는 것으로 전략을 변경할 때 레러는 자신이 입증해야 할 것을 주어진 것으로 가정하고 시작하는 셈이다. 즉 정당화해야 할 것을 이미 주어진, 설명해야 할 데이터로 가정하는 것이다.[102] 매닝에 따르면 이것은 단순히 전략을 변경하는 것이 아니라 게임의 규칙 자체를 변경하는 것이다. 왜 냐하면 (4)가 이미 알려진 사실이라면 개인적으로 정당화되는 믿음이 어 떻게 진리개연적일 수 있는지에 대해 해명해야 할 필요성이 애당초 대두 되지 않았을 것이기 때문이다.

그럼에도 자기 정당화가 결코 그 자체로 결함이 아니라고 레러는 주장 한다. 그리고 '정당화 이론이 완결적이기 위해서는 그 자체에도 적용돼 야 한다'는 것이 이를 보여주는 사례라고 주장한다. 정당화 이론 J는 우 리가 정당화되는 것으로 받아들이는 것은 그것이 어떤 것이든 왜 정당화 되는지를 적절히 설명해주는 이론이라고 가정해보자. 그런 경우에도 우 리는 J 자체를 받아들이는 것이 과연 정당화되느냐에 관해 물을 수 있다. 레러에 따르면 J가 완결적인 정당화 이론이라면 J는 이 질문에도 답할 수

---

101) Manning 2003, p. 208.
102) Lehrer 2003, p. 312.

있어야 한다. 이런 의미에서 근본적인 정당화 이론은 신뢰성 원리가 그런 것처럼 자신에게 적용된다고 주장한다.[103]

그러나 위 주장은 설득력이 부족하다. 물론 이론은 옳을 수도 있고 틀릴 수도 있기 때문에 인식평가의 대상이다. 그렇다면 이론을 평가하는 기준은 무엇인가? 이론은 이론을 도입하는 목적, 즉 이론에게 요구되는 역할을 충족하면 적절한 이론으로 평가될 수 있고 그렇지 않으면 부적절한 이론으로 평가될 수 있다. 예컨대 물리이론은 과거와 현재의 물리적 사실들을 잘 설명하고 또한 미래의 물리적 사실들을 잘 예측하면 적절한 이론이고 그렇지 않으면 부적절한 이론이다. 마찬가지로 정당화 이론은 우리가 정당화되는 것으로 받아들이는 믿음들이 왜 정당화되는 것들인지 그리고 정당화되지 않는 것으로 받아들이는 믿음들이 왜 정당화되지 않는 것들인지를 잘 설명해주면 적절한 정당화 이론이고 그렇지 못하면 부적절한 정당화 이론이다. 그런데 이것은 어떤 정당화 이론이든지 적절한 정당화 이론이기 위해서 충족해야 하는 일반조건(general constraint)이다. 따라서 이 일반조건을 정당화하기 위해 특정한 정당화 이론이 요구되지 않는다. 우리가 J를 정당화되는 것으로 받아들일 수 있다면 그 이유는 J가 위와 같은 적절성 조건을 충족하기 때문이다. 그리고 J가 위와 같은 적절성 조건을 충족하면 바로 그 이유에서 적절한 정당화 이론이 되는 것이지 그 이상의 정당화는 필요 없다. 다시 말해, 만약 누군가 J를 정당화할 것을 요구한다면, J를 J에 의해 정당화할 필요가 없다. 그 대신 J가 정당화 이론을 도입하는 목적을 잘 충족한다는 사실, 즉 우리가 정당화되는 것으로 받아들이는 믿음들이 왜 정당화되는 것들인지, 그리고

---

103) Lehrer 2003, p. 352.

정당화되지 않는 것으로 받아들이는 믿음들이 왜 정당화되지 않는 것들인지를 잘 설명해준다는 사실을 지적하는 것으로 충분하다. 따라서 J가 왜 정당화되는 이론인지를 J에 의해 설명할 수 있어야 완결적인 정당화 이론이라는 레러의 주장은 설득력이 부족하다. 요컨대 지금까지 어느 누구도 '자기 정당화'를 설득력 있게 옹호하는 논거를 제시하지 못했고 신뢰성 원리 (T)에 대한 레러의 자기 정당화도 결코 예외가 아니다.

위와 같은 난점에도 불구하고 레러는 일종의 딜레마를 제시하는 방식으로 자신의 주장을 끝까지 변호하고자 한다. 즉 신뢰성 원리 (T)를 받아들이면 우리가 많은 믿음들을 받아들임에 있어서 왜 합리적인지를 설명할 수 있지만 (T)를 받아들이지 않으면 아무 것도 설명할 수 없는 인식적 파국에 직면하기 때문에 (T)를 받아들이는 것이 합리적이라는 것이다. [104]

위와 같은 전략은 '모 아니면 도'(all or nothing) 논증이라고 불리는 것이다. 그러나 이러한 전략으로 해석되는 (T)에 대한 레러의 최후의 수단 (the last resort)에도 여전히 중요한 난점들이 있다.

첫째, 셀라스는 '모 아니면 도' 논증에 대해 다음과 같이 비판한다. 이러한 제안은 너무 약한 답을 제시한다. 이러한 제안은 그러한 원리가 왜 옳은지에 대해 일깨워주는 통찰(illuminating insight)을 제시하지 못하기 때문이다. [105] 이 논점과 관련하여 다음 사실에 주목할 필요가 있다. 'A 또는 B'라는 두 가지 선택지 중에서 A를 받아들이지 않으면 파국에 빠질 수밖에 없다는 사실은 A가 B보다 옳을 개연성이 높음을 보여주지 않는다. 회의론자의 주장은 여전히 동등하게 옳을 수 있다.

---

104) Lehrer 2003, pp. 343–344.
105) Sellars 1979, p. 176.

둘째, 레러의 위 제안은 또한 거짓 딜레마의 오류를 범하는 것으로 이해될 수 있다. 레러의 정당화 이론은 결코 유일하게 가능한 정당화 이론이 아니다. 따라서 (T)에 호소하지 않고서는 성공적인 정당화 이론을 제시할 수 없다는 주장은 설득력이 없다.

셋째, 레러의 설명은 그 자신이 인정하듯이 신뢰성 원리를 받아들이지 않는 회의론자에게는 무력하다. 이 원리가 실제로 참이면 이에 대한 우리의 믿음이 회의론자에 의해 논파되지 않을 수 있다. 그렇지만 마찬가지로 정당화 게임에서 신뢰성 원리를 거부하는 회의론자의 견해를 우리 입장에서 논파할 수 없다. 즉 회의론자는 우리와 마찬가지로 다음과 같이 주장할 수 있다. S가 (T)를 받아들이고 (T)가 실제로 거짓이면 S는 (T)를 받아들임에 있어서 궁극적으로 정당화되지 않는다. 다시 말해 (T)가 정당화되지 않는다는 회의론자의 주장도 마찬가지 이유에서 옳을 수 있다. 따라서 회의론자는 반회의론자에 대해 결코 수세적 입장에 있지 않다. [106] 그러나 우리의 주장이 회의론자의 주장보다 더 정당하다고 말하기 위해서는 반회의론이 회의론보다 왜 더 정당한 입장인지에 대한 좀 더 적극적인 논거를 제시해야 한다.

끝으로 레러는 신뢰성 원리의 순환성 문제에 관한 비판을 피하기 위해 자신의 이론이 엄밀한 의미에서 신뢰성 원리에 의존하지 않는다고 주장할 수 있다. 그는 다음과 같이 말한다.

지식과 정당화에 대한 나의 정의들은 그 자체로 순환적이지 않다. 나는 그 정의들을 유지하면서 신뢰성 원리와 왜 이 원리를 받아들임에 있어서 왜 인식주체

---

106) Lehrer 2003, pp. 350–351.

제5장 레러의 주관적 정합론 **141**

가 정당화되는지를 설명하기 위해 신뢰성 원리를 사용하는 것을 포기할 수 있다. 내가 신뢰성 원리와 신뢰성 원리의 자기 적용을 변호한 것은 그것이 참이며 또한 그것의 적용이 설명적이기 때문이다. 그러나 이것은 지식에 대한 나의 분석에 필요치 않다.[107]

물론 레러의 주장대로 그의 지식의 정의에 신뢰성 원리가 명시적으로 언급되어 있는 것은 아니다. 그러나 1절에서 언급한 바대로 신뢰성 원리에 호소하지 않고서 레러는 그의 정당화 이론을 옹호할 수 없다. 우선 S의 믿음 p가 개인적으로 정당화되기 위해서 S는 그의 믿음 p에 대한 모든 비판들을 물리쳐야 하고 그러기 위해서 경쟁주장들의 상대적 합리성을 평가함에 있어서 스스로 신뢰할 만하다는 것을 받아들여야 한다. 또한 신뢰성 원리가 성립하지 않으면 개인적 정당화를 넘어서서 '논파되지 않게 정당화되는 참인 믿음'으로서의 지식을 획득할 수 있다. 따라서 자신의 정당화 이론이 신뢰성 원리에 의존하지 않는다는 레러의 주장은 설득력이 없다.

---

107) Lehrer 2003, p. 344.

3.

논파되지 않는 정당화의 조건

　앞서 언급했던 것처럼 레러는 정당화를 두 단계로 구분한다. 첫 번째 단계는 개인적 정당화이고 두 번째 단계는 논파되지 않는 정당화이다. 따라서 어떤 믿음 p가 첫 번째 단계의 정당화를 충족한 경우라도 즉 개인적으로 정당화되는 경우라도 두 번째 단계의 정당화에서 쉽게 논파될 수 있다면 객관적으로 진리개연적이지 않을 수 있다. 예컨대 1절에서 언급했던 '우리 사무실에 있는 어떤 사람은 현대 그랜저를 소유하고 있다'는 영수의 믿음은 개인적으로 충분히 정당화되지만 진리개연적이지 않다. 따라서 자신의 믿음 p가 진리개연적임을 받아들이는 사람은 p의 개인적 정당화가 논파될 개연성이 높지 않음을 받아들여야 한다. 그런데 S는 자신의 개인적 정당화가 논파될 개연성이 높지 않다는 사실, 즉 자신의 믿음 p가 객관적으로 진리개연적이라는 사실을 그의 평가체계 내에서 파악하기 어렵다. 다시 말해 내적인 신뢰성 원리가 외적인 신빙성과 부합하는지 여부는 S의 주관적 관점 내에서 파악되기 어렵다. 그렇다면 인식 정당화와 객관적인 진리개연성 사이는 어떻게 연결될 수 있는가? 이에 대해 레러는 다음과 같이 답한다.

[인식 정당화와 진리개연성 사이의] 진리 연결이 어떻게 이루어지는가에 관한 나의 설명은 이중적이다. 주관적 측면에서, 인식주체는 개인적 정당화를 산출하는 진리 연결이 있음을 받아들인다. 또한 주체는 지식으로 전환되는, 논파되지 않는 정당화를 산출하는 진리 연결이 있음을 받아들임에 있어서 객관적 측면에서 옳아야 한다.[108]

물론 신뢰성 원리가 실제로 성립한다는 것을 안다면 개인적 정당화와 객관적 진리개연성이 적절히 연결될 수 있다. 그렇지만 2절의 논의가 옳다면, 신뢰성 원리에 대한 레러의 자기 정당화는 성공적이지 않다. 따라서 내적 정합성과 외적 신빙성 사이의 부합 여부는 양자 사이에 객관적으로 진리 연결이 있는지 여부에 의존한다. 그런데 인식주체는 그러한 진리 연결이 객관적으로 있는지에 대해 알 수 없기 때문에 S의 믿음이 객관적으로 진리개연적인지는 S의 내적 정합성이 실제로 우연히 외적 신빙성과 부합하는 요행수에 의존하게 된다. 다시 말해 믿음의 진리개연성은 인식주체가 인식적으로 평가할 수 없는 종류의 것이 된다. 이것은 결국 인식 정당화를 인식적으로 평가할 수 없는 것으로 만드는 것이다.

앞서 제5장의 서두에서 언급했던 것처럼 인식 정당화는 평가적 개념이다. 참일 개연성이 높은 믿음을 받아들이는 것은 가능한 한 참을 믿고 거짓을 믿지 않아야 하는 인식목적에 부합하기 때문에 정당하지만 참일 개연성이 낮은 믿음을 받아들이는 것은 이러한 인식목적에 어긋나기 때문에 부당하다. 이런 이유에서 인식 정당화의 핵심은 진리개연성이며 바로 이 조건 때문에 진리개연성 문제가 발생하는 것이다. 또한 정당화가

---

108) Lehrer 2003, p. 341.

평가적 개념이기 때문에 진리개연성도 평가적 개념이어야 한다. 그런데 레러의 이론은 정당화를 개인적 정당화와 논파되지 않는 정당화의 두 단계로 구분하고 후자를 우리가 인식적으로 평가할 수 없는 것으로 만든다. 따라서 그의 이론은 믿음의 진리개연성을 우리가 인식적으로 평가할 수 없는 것으로 만든다. [109]

레러의 정합론은 그의 신뢰성 원리에 의존한다. 그러나 이 원리에 대한 그의 자기 정당화는 성공적이지 않다. 또한 그의 '논파되지 않는 정당화' 개념은 인식 정당화를 인식적으로 평가할 수 없는 요행수의 문제로 만든다. 그러나 인식 정당화는 우리가 평가할 수 있는 종류의 것이어야 한다. 결론적으로 레러의 주관적 정합론은 진리개연성 문제를 성공적으로 해결하지 못한다. [110]

---

109) 게티어 문제는 인식주체 S가 어떤 믿음 p를 아무리 확고한 근거에 의해 받아들여도 이후에 그 근거가 논파될 가능성을 배제할 수 없음을 보여준다. 다시 말해 우연적 명제 p에 대해서는 이를 옹호해주는 아무리 확고한 증거가 있다고 하더라도 이것이 나중에 거짓으로 밝혀질 가능성을 배제할 수 없다. 이 부인할 수 없는 사실은 진리개연성이 평가적 개념이어야 한다는 것이 지나친 요구조건임을 보여주지 않는다. 게티어 문제는 정당화의 개념을 주관적 모델에 의해 이해할 때 발생하는 문제이다. 정당화의 상호주관적 모델은 진리개연성이 평가적 개념이어야 한다는 것과 인식주체의 주관적 관점에서 자신의 믿음을 위한 아무리 확고한 증거가 있다고 하더라도 이것이 나중에 거짓으로 밝혀질 가능성을 배제할 수 없다는 것을 모두 수용할 수 있다. 이것이 어떻게 가능한지에 대해서는 제8장 "셀라시언 정합성 이론과 진리개연성 문제"를 보시오.

110) 제5장의 대부분은 필자의 2009년 논문 「레러의 주관적 정합론과 진리개연성 문제」에 기반을 둔 것이다.

제6장

신빙론

1.

신빙론의 통찰

인식적 내재주의(epistemic internalism)에 따르면 인식주체가 어떤 명제를 믿음에 있어서 정당화되는 경우에 그 정당화의 근거는 그 주체가 접근할 수 있는 것이어야 한다. 제4장에서 언급했던 버그먼의 '외재주의에 대한 주체의 관점 비판'을 상기해 보자. S는 믿음 p를 위한 정당화 근거 X를 갖고 있다. 그러나 그는 X와 p의 참 사이의 관련성에 대해 전혀 알지 못한다. 그런 경우 S의 주관적 관점에서 볼 때 p가 참이라면 그것은 순전히 우연적인 일이다. 그런데 이처럼 p의 참이 S의 주관적 관점에서 우연적인 일이라면, S는 p를 참이라고 생각할 좋은 이유가 없다. 요컨대 X가 실제로 p를 진리개연적이게 하는 근거라 할지라도, X가 그러한 근거임을 S가 전혀 알지 못하는 경우에 그는 p를 믿음에 있어서 정당화되지 않는다. 따라서 인식적 내재주의에 의하면 S의 믿음 p가 근거 X에 의해 정당화되기 위해서는 X가 S에게 접근 가능해야 한다. 이것은 매우 강력한 직관이다. 이런 이유에서 내재주의는 인식론이 태동한 근대철학 이래로 대부분의 인식론자들이 당연시해 온 견해이다.

그런데 내재주의 인식론에는 매우 강력한 난점이 있다. 어떤 아이가 앞에 있는 사과를 보고 '내 앞에 사과가 있다'는 믿음을 형성했다고 하자.

또한 그 아이는 아직은 인식론적 세련성이 없어서 이 믿음을 정당화할 것을 요구받을 때 적절한 근거를 제시하지 못한다고 하자. 그런 경우에도 우리는 그 아이가 자기 앞에 사과가 있음을 안다고 말할 수 있는 것처럼 보인다. 우리의 인식목적은 참을 알고 거짓을 피하는 것이다. 그리고 어떤 믿음이 정당화된다고 말하는 것은 이 인식목적과 관련하여 그 믿음을 긍정적으로 평가하는 것이다. 다시 말해 인식적으로 정당화되는 믿음은 진리개연적인 믿음이다. 그런데 '내 앞에 사과가 있다'는 아이의 믿음은 단지 추측에 의해 형성된 것이 아니라 신빙성 있는(reliable) 인지과정을 통해 형성된 것이기 때문에 객관적으로 진리개연적이다. 따라서 신빙론(reliabilism)의 직관에 의하면 (인식주체가 스스로 적절한 정당화를 제시하지 못한다는 의미에서) 정당화 조건을 충족하지 못하는 경우에도 인식주체의 참인 믿음이 신빙성이 있는 인지과정에 의해 산출된 것이라면 지식으로 간주될 수 있다. 브랜덤(Robert Brandom)은 이것을 '신빙론의 토대를 구성하는 통찰'(the Founding Insight of reliabilism)이라고 부른다. [111]

---

110) Brandom 2000, p. 97.

2.

골드먼의 과정 신빙론

골드먼(Alvin Goldman)은 그의 1979년 논문 "정당화되는 믿음은 무엇인가?"(What is Justified Belief?)에서 과정 신빙론(Process Reliabilism)을 주장한다. 이 견해에 따르면 정당화되는 믿음은 다음과 같다.

> (#) p는 정당화되는 믿음이다 =df p는 신빙성 있는 인지과정을 통해 산출된 믿음이다.

여기서 '신빙성 있는' 인지과정은 참인 믿음을 산출하는 확률이 매우 높은 인지과정을 말한다. 골드먼은 과정 신빙론이 정당화 이론의 제약조건들을 잘 충족한다고 주장한다.

첫째, 'p는 정당화되는 믿음이다'라는 주장이 무엇을 의미하는지를 해명해야 하는 정당화 이론은 해명해야 할 정당화 개념을 가정하는 개념을 선제해서는 안 된다. 그렇게 하면 순환적 정의가 되기 때문이다. 예컨대 펠드먼(Richard Feldman)과 카니(Earl Conee)가 주장하는 증거주의(evidentialism)에 따르면 "시점 t에 S의 믿음 p는, t에 S가 갖고 있는 증거와 이 믿음이 부합하는 경우에 정당화된다."[112] 그런데 이 정의에서 사용되는 '증거'는 통상적으로 정당화를 함축하는 개념이다. E가 p의 증거이면 E는 반드시 p의 정당화를 강화하는 것이어야 하기 때문이다. 김재권은 다음과 같이 지적한다.

> 어떤 경우에도 증거 개념은 정당화 개념과 분리될 수 없다. 우리가 인식적 의미에서 "증거"에 관해 말할 때 우리는 정당화에 관해 말하는 것이다. 하나가 다른 하나의 증거이기 위해서는 전자가 후자의 합리성(reasonableness) 또는 정당화(justification)를 강화시키는 데 도움이 돼야 한다.[113]

이런 의미에서 증거 개념은 정당화 개념과 내적으로 연결되어 있다. 따라서 증거주의가 증거의 개념을 정당화를 함축하지 않는 방식으로 적절하게 해명하지 못하는 한해서 이 이론은 적절한 정당화 이론으로 간주되기 어렵다. 이와 달리 과정 신빙론의 정의 (#)는 순환적이지 않다.

둘째, 믿음의 정당화 여부는 믿음의 형성 과정에 의존한다. 예컨대 알프레드는 p를 믿고, p는 q를 함축한다고 가정해보자. 그리고 알프레드는 q에 대해 생각해 본 후 곧장 q를 믿는다고 가정해보자. 그런데 그가 q를 받아들인 이유는 이것이 자신이 믿고 있는 명제 p에 의해 함축되기 때문이 아니라 q가 어쩐지 맘에 들었기 때문이었다고 하자. 이 경우 알프레드의 믿음 q는 부적절한 방식으로 형성되었기 때문에 정당화되지 않는다.

---

112) Feldman & Conee 1985.
113) Kim 1988, pp. 390–91.

그렇다면 부적절한 믿음형성 과정은 어떤 것이고, 적절한 믿음형성 과정은 어떤 것인가? 희망적 관측, 막연한 예감, 근거 없는 추측, 성급한 일반화, 혼돈된 추론 등은 전형적으로 부적절한 믿음형성 과정들이다. 반면 지각, 기억, 내성 그리고 좋은 추론 등은 적절한 믿음형성 과정들이다. 그렇다면 이 두 가지 믿음형성 과정들을 구별해 주는 것은 무엇인가? 골드먼에 따르면 과정 신빙론은 이에 대한 적절한 설명을 제시해 준다. 희망적 관측, 막연한 예감, 근거 없는 추측, 성급한 일반화, 혼돈된 추론 등은 모두 신빙성이 없는 인지과정들이다. 반면 지각, 기억, 내성, 그리고 좋은 추론 등은 모두 신빙성 있는 인지과정들이다. 다시 말해 신빙론은 지각, 기억, 내성 그리고 좋은 추론 등과 같은 다양한 원천들이 왜 모두 정당화의 원천인지에 대한 단일한(unified) 설명을 제시해 준다. 그 이유는 이 다양한 원천들이 모두 신빙성 있는 인지과정들이기 때문이다.

셋째, 과정 신빙론은 '내 앞에 사과가 있다'와 같은 어린 아이의 지각믿음이 왜 정당화되는 것인지를 잘 설명해 준다. 어떤 아이가 '내 앞에 사과가 있다'는 자신의 믿음에 대해 적절한 정당화를 제시하지 못함에도 불구하고 그 믿음이 정당화되는 믿음으로 간주될 수 있는 이유는 그 아이의 믿음이 신빙성 있는 인지과정인 정상적인 지각 메커니즘에 의해 산출된 것이기 때문이다. 다시 말해 그 아이의 믿음이 정당화되는 것으로 간주될 수 있는 이유는 그 믿음이 진리개연적이기 때문이다. 이 점에서 신빙론은 '정당화되는 믿음은 진리개연적이어야 한다'는 정당화의 적절성 조건을 자동적으로 충족한다. 신빙론에 따르면 정당화되는 믿음은 신빙성 있는 인지과정에 의해 산출된 믿음이고 신빙성 있는 인지과정에 의해 산출된 믿음은 정의상 진리개연적이기 때문이다.

끝으로 과정 신빙론은 추론과정의 매개 없이 직접적으로 정당화되는 믿음들과 관련된 '어려운' 예들을 잘 설명해 준다. 노회한 전문적인 새 관찰자(bird-watcher)와 풋내기 새 관찰자가 숲 속 나뭇가지에 분홍색 점들이 있는 점박이가슴딱새 한 마리가 내려앉는 것을 보았다고 가정해보자. 그리고 둘 다 '이것은 점박이가슴딱새이다'라는 믿음을 형성했다고 하자. 이 경우에 전문가의 믿음은 정당화되지만, 짧은 경험을 토대로 흥분한 상태에서 서둘러 형성된 풋내기 새 관찰자의 믿음은 정당화되지 않을 수 있다. 그렇다면 양자의 이러한 차이를 어떻게 설명할 수 있는가? 양자의 차이는 점박이가슴딱새를 확인하기 위해 사용된 전문가의 인지과정과 풋내기의 인지과정의 차이이다. 전문가는 그의 오랜 경험을 통해 축적한 점박이가슴딱새의 특징과 그가 현재 관찰한 새의 특징을 비교함으로써 결론을 내린 것이기 때문에 그가 점박이가슴딱새를 확인하기 위해 사용한 인지과정은 신빙성이 있는데 반하여 풋내기는 점박이가슴딱새와 이와 유사한 새들을 구별할 수 있는 능력이 아직 부족하기 때문에 그가 사용한 인지과정은 신빙성이 없다. [114]

---

114) 과정 신빙론의 또 한 가지 장점은 제3장에서 논의했던 인식적 상승 논증을 피할 수 있다는 점이다. 왜냐하면 기초 믿음이 왜 진리개연적인지에 대해 주체가 정당화를 하지 못해도 그 기초 믿음이 실제로 진리개연적이라는 사실에 의해서 정당화될 수 있기 때문이다.

3.

과정 신빙론의 세 가지 난점

과정 신빙론은 앞절의 논의를 통해 알 수 있듯이 많은 장점들을 갖고 있다. 그렇지만 해결해야 할 중요한 난점들도 갖고 있다.

(1) 악령의 문제 (the evil-demon problem)

믿음의 인식적 위상에 관한 수반론(the supervenience doctrine)에 따르면 두 믿음 X와 Y를 현상적으로(phenomenally) 구별할 수 있는 아무런 차이가 없는 경우에 X와 Y는 인식론적으로 동등하게 취급돼야 한다.[115] 가정

---

115) 수반론은 여러 분야에서 주장된다. 가장 대표적인 것은 윤리적 수반론이다. 윤리적 수반론에 의하면 행동 A와 행동 B 사이에 물리적으로 구별할 수 있는 아무런 차이가 없으면 A와 B는 윤리적으로 동등한 위상을 가진다. 예컨대 A는 어떤 아이들이 죄 없는 고양이에게 불을 붙여 죽이는 행동이라고 하자. 그리고 B는 다른 아이들이 죄 없는 고양이에게 불을 붙여 죽이는 행동이라고 하자. 윤리적 수반론에 따르면 A가 윤리적으로 나쁜 행동이면 B도 윤리적으로 나쁜 행동이다. 다시 말해 하나는 윤리적으로 나쁜 행동이면서 다른 하나는 윤리적으로 나쁘지 않은 행동인 경우는 없다. 또 한 가지는 심적 수반론이다. 심적 수반론에 의하면 두뇌상태 A와 두뇌상태 B 사이에 물리적으로 구별할 수 있는 아무런 차이가 없으면 A와 B에 수반하는 심적 상태는 동등한 위상을 가진다. 예컨대 A라는 두뇌상태에 있을 때 인식주체가 극심한 고통을 느끼는 심적 상태에 있으면 B라는 두뇌상태에 있을 때도 마찬가지로 극심한 고통을 느끼는 심적 상태에 있다.

에 의해 정상세계에서의 지각믿음과 악령의 세계에서의 지각믿음 사이에 현상적으로 식별할 수 있는 아무런 차이가 없다. 따라서 정상세계에서의 지각믿음이 정당화되면 악령의 세계에서의 지각믿음도 마찬가지로 정당화되는 것으로 간주돼야 한다. 이제 우리가 악령의 세계에 살고 있다고 가정해보자. 이 경우 우리의 지각은 악령의 속임수에 의한 것이므로 신빙성 있는 인지과정이 아니다. 따라서 과정 신빙론에 의하면 우리의 지각믿음들은 정당화되지 않는다. 그러나 신빙론의 이와 같은 귀결은 수반론의 직관과 충돌하는 것처럼 보인다.[116]

(2) 천리안의 문제(the clairvoyance problem)

어떤 믿음이 신빙성 있는 인지과정에 의해 산출되었다는 사실은 그 믿음이 정당화되기 위한 충분조건이 아니다. 본주어는 다음과 같은 예를 제시한다.[117] 노먼은 미국 대통령의 행방에 관해 천리안을 갖고 있다. 그러나 그는 자신이 그런 능력을 갖고 있다는 사실에 대해 알지 못한다. 어느 날 아침 그는 불현듯 천리안을 통해 대통령이 뉴욕에 있다고 믿게 되었다. 그렇지만 텔레비전 뉴스에서는 대통령이 오늘 아침에 백악관에서 상원위원들을 접견할 예정이라고 보도하고 있다. 그러나 그 계획은 취소되었고 대통령은 비밀리에 뉴욕에 있다. 이 경우 노먼의 믿음은 신빙성 있는 인지과정인 천리안을 통해 형성되었기 때문에 과정 신빙론에 의하면 정당화된다. 그러나 노먼은 적절한 반대증거가 있음에도 이를 무시하고 이 믿음을 형성했다. 이것은 인식론적으로 매우 무책임한 일이다. 따

---

116) 이 비판을 처음 제기한 철학자는 스튜어트 코헨(Cohen 1984)이다.

117) BonJour 1985, p. 41.

라서 직관적으로 노먼의 믿음은 정당화되지 않는다.

(3) 일반성의 문제(the generality problem)
다음 사례를 고려해보자.

헨리는 정상적인 지각의 소유자이다. 어느 날 그는 고속도로에서 자동차를 타고 달리다가 고속도로변에 헛간처럼 보이는 것들이 늘어서 있는 것을 봤다. 그리고 그 중 빨간색으로 칠해져 있는 것을 보고 '저기 빨간색 헛간이 있다'는 믿음을 형성했다. 그런데 그가 자동차를 타고 지나친 마을은 앞면은 진짜 건물처럼 보이지만 실제로는 뒤에 아무 것도 없는 가짜 헛간(fake barn)이 999개이고 진짜 헛간은 단지 하나뿐인 가짜 헛간 마을이다. 그런데 그가 선택한 빨간색 헛간은 운 좋게도 유일하게 진짜인 경우였다. 다시 말해 '저기 빨간색 헛간이 있다'는 헨리의 믿음은 참이었다.[118]

위 사례에서 과연 '저기 빨간색 헛간이 있다'는 헨리의 믿음은 정당화되는가? 우리가 가짜 헛간 마을을 준거집합(reference class)으로 정하면, 헨리의 믿음이 참일 확률은 천분의 일에 불과하므로 헨리의 지각 메커니즘은 신빙성 있는 인지과정이 아니다. 따라서 '저기 빨간색 헛간이 있다'는 헨리의 믿음은 정당화되지 않는다. 그러나 준거집합을 미국 전역으로 확장하면 헨리의 지각 메커니즘 자체는 일반적으로 매우 신빙성이 있는 인지과정이므로 '저기 빨간색 헛간이 있다'는 그의 믿음은 정당화되는 것으로 판정될 수 있다. 이런 이유에서 헨리의 지각 메커니즘이 신빙성이

---

118) Goldman 1976, pp. 772–773을 보시오.

있는 인지과정인지의 여부는 준거집합에 상대적이다. 따라서 준거집합이 미리 정해지지 않으면 우리는 주어진 인지과정이 신빙성 있는 인지과정인지 아닌지를 결정할 수 없다. 그런데 과정 신빙론은 준거집합을 어떻게 정해야 할지에 대해 아무 것도 말해주지 않는다. 이것이 과정 신빙론이 직면하는 이른바 '일반성의 문제'이다.[119] 다시 말해 과정 신빙론에 따르면 어떤 믿음이 정당화되는지의 여부는 이 믿음이 신빙성 있는 인지과정을 통해 산출되었는지에 의해 결정된다. 따라서 믿음의 정당화 여부를 결정하기 위해서는 인지과정의 신빙성 여부를 결정할 수 있어야 한다. 그런데 인지과정의 신빙성 여부를 준거집합을 확정함이 없이 결정할 수 없기 때문에 과정 신빙론은 완결적인 이론이 아니다.

---

119) 과정 신빙론을 제안할 때 골드먼 자신도 일반성 문제를 어느 정도 인식하고 있었지만 이에 대한 명확한 답은 제시하지 않았다. 그는 다음과 같이 말한다. "현재의 내 이론화 작업의 목표는 정당화에 대한 우리의 일상적 개념을 포착하는 것이고 우리의 일상적 개념이 이 문제에 관해 모호하기 때문에 이 점에 관해 내 이론을 모호한 상태로 놔두는 것이 적절하다." (Goldman 1979, p. 11) 골드먼은 그의 1986년 책 《인식론과 인지》(pp. 49-51)에서 이 문제를 또다시 다루지만 여기에서도 적절한 해결책을 제시하지 않는다.

4.

규칙 신빙론(Rule Reliabilism)

골드먼은 과정 신빙론의 중요 난점들을 피하기 위해 그의 1986년 책《인식론과 인식》(Epistemology and Cognition)에서 '규칙 신빙론'을 제안한다. 규칙 신빙론의 기본 주장은 다음과 같다.

R은 인식규칙들의 옳은 체계이다 =df R은 특정한 심리학적 과정들을 허용하며, 또한 이 과정들의 사례들은 충분히 높은 비율로 참인 믿음들을 산출한다.

S는 p를 믿음에 있어서 정당화된다 =df S의 믿음 p는 인식규칙들의 옳은 체계에 의해 허용되며 또한 이러한 허용은 S의 인지상태에 의해 무력화되지 않는다. [120]

---

120) 이 정의에서 '이러한 허용은 S의 인지상태에 의해 무력화되지 않는다'는 조건이 필요한 이유는 다음과 같다. 영수는 요사이 기억력이 예전 같지 않아서 신경정신과 의사에게 찾아가 진단을 받았다. 그 의사는 영수에게 어린 시절의 기억들은 매우 신뢰하기 어려운 상태라는 진단을 내렸다. 그런데 다음 날 영수는 어린 시절의 한 가지 기억을 떠올리게 되었고 이 기억이 너무 생생하여 이를 받아들이지 않을 수 없었다. 그런데 신경정신과 의사의 진단은 오진이었고 어린 시절에 관한 영수의 기억력에는 아무런 문제가 없

간단하게 말하면 S의 믿음 p는 옳은 인식규칙에 따라 형성된 경우에 정당화된다. 여기서 '옳은 인식규칙'은 정상세계에서 충분히 높은 비율로 참인 믿음들을 산출하는 인지과정을 따르는 것이다. 그리고 옳은 인식규칙의 한 가지 예는 다음과 같다.

정상적 지각 메커니즘에 의거하여 믿음을 형성하는 것은 허용된다.

그리고 골드먼은 정상세계 접근방식(normal-world approach)을 채택한다.

우리는 현실세계에 관한 많은 공통 믿음들□대상들, 사건들 그리고 그 속에서 발생하는 변화들의 종류들에 관한 일반 믿음들□의 집합을 갖고 있다. 우리는 실제적으로 발생하고, 발생할 수 있는 것들의 종류들에 관한 믿음들을 갖고 있다. 이 점에서 우리의 믿음들은 내가 '정상세계들'의 집합이라고 부르는 것을 산출한다. 그것들은 현실세계에 관한 우리의 일반 믿음들과 일관성이 있는 세계들이다. ⋯ 우리의 정당화 개념은 그러한 정상세계들의 집합을 배경으로 구성된다. 내 제안은 다음과 같다. 정당화에 관한 우리의 일상 개념에 따라서 한 규칙체계는 오직 정상세계들에서 충분히 높은 비율로 참인 믿음들을 산출할 경우에만 임의의 세계 w에서 옳다. [121]

다. 이 경우 영수의 어린 시절에 대한 기억믿음은 적절한 반대증거를 무시하고 형성된 믿음이기 때문에 정당화되지 않는다. 위 정의는 이 사실을 잘 설명할 수 있다. 왜냐하면 영수의 어린 시절에 관한 기억믿음은 정상적 기억 메커니즘에 의해 형성된 믿음이므로 옳은 인식규칙에 의한 믿음이지만 적절한 반대증거를 무시하는 영수의 인지상태에 의해 무력화됨으로써 정당화되지 않기 때문이다.

121) Goldman 1986, p. 107.

정상세계 중심주의에 따르면 인식규칙들의 체계가 옳은지 여부는 정상세계를 기준으로 평가된다. 그리고 현실세계에 대한 우리의 일반 믿음들이 w에서 참이면 w는 정상세계이다.

과정 신빙론과 규칙 신빙론 사이의 관계는 행위 공리주의(act utilitarianism)와 규칙 공리주의(rule utilitarianism) 사이의 관계와 유사하다. 행위 공리주의에 따르면 행위의 도덕적 옳음은 다음과 같이 정의된다.

행위 A는 도덕적으로 옳다 =df A는 사회의 전체행복을 최대화한다.

그렇지만 행위 공리주의에는 심각한 난점이 있다. 예컨대 어떤 무고한 사람을 희생양을 삼아 처벌하는 것이 사회의 동요를 없애고 그 결과로 사회의 전체행복을 증가시킬 수 있다. 그렇지만 그런 경우에도 무고한 사람을 처벌하는 것은 도덕적으로 옳지 않다. 이와 같은 문제를 해결하기 위해 제안된 것이 규칙 공리주의이다.

R은 옳은 도덕규칙이다 =df R의 사례들은 사회의 전체행복을 최대화한다.

행위주체 S는 A를 함에 있어서 도덕적으로 정당화된다 =df S의 행위 A는 도덕규칙 R에 의해 허용되며 또한 이러한 허용은 다른 도덕규칙에 의해 무력화되지 않는다.

이처럼 도덕적 옳고 그름의 평가를 특정 행위의 효용성이 아니라 도덕규칙의 효용성으로 평가하면 앞서 언급한 종류의 반례를 피할 수 있다. 왜냐하면 무고한 사람을 희생양을 삼아 처벌하는 것은 일반적으로 사회의 전체행복을 최대화하는 도덕규칙이 아니라고 말할 수 있기 때문이다.

규칙 신빙론은 이와 유사한 방식으로 과정 신빙론의 난점을 해결하고자
한다.

(1) 규칙 신빙론의 장점

규칙 신빙론은 악령의 문제와 천리안의 문제를 잘 해결할 수 있다. 먼
저 악령의 문제를 살펴보자. 골드먼의 정상세계 중심주의에 따르면 인식
규칙들의 체계가 옳은지 여부는 정상세계를 기준으로 평가된다. 지각 메
커니즘은 정상세계에서 신빙성이 있는 인지과정이다. 따라서 정상적 지각
메커니즘에 의거하여 믿음을 형성하는 것은 옳은 인식규칙이다. 그리고
악령의 세계에 있는 인식주체의 지각믿음은 이 규칙에 의해 형성되는 것
이므로 정당화되는 것으로 간주될 수 있다. 따라서 규칙 신빙론은 악령의
세계에 있는 인식주체의 지각믿음이 왜 정당화되는지를 설명할 수 있다.

이제 천리안의 문제를 살펴보자. 천리안에 의해 믿음을 형성하는 것은
정상세계에서 옳은 인식규칙이 아니다. 또한 적절한 반대증거를 무시하
고 믿음을 형성하는 것도 옳은 인식규칙이 아니다. 그런데 '대통령은 뉴
욕에 있다'는 노먼의 믿음은 천리안에 의해 형성된 것이고 또한 적절한
반대증거를 무시하고 형성된 것이다. 즉 인식규칙을 이중으로 위반하는
믿음이다. 따라서 규칙 신빙론은 노먼의 믿음이 왜 정당화되지 않는지를
잘 설명할 수 있다.

(2) 규칙 신빙론의 난점

그러나 규칙 신빙론은 정상세계 중심주의와 관련하여 새로운 난점에
직면한다. 천리안이 신빙성 있는 인지과정임이 알려진 가능세계가 있다
고 가정해보자. 그러한 세계에서 인식주체가 천리안을 통해 어떤 믿음을
형성하는 경우에 직관적으로 그러한 믿음은 정당화된다. 그러나 골드먼

의 정상세계 중심주의에 따르면 천리안은 정상세계에서 신빙성이 있는 인지과정이 아니기 때문에 그러한 믿음을 정당화되지 않는 것으로 판정된다. 이것을 '새로운 천리안 문제'라고 부르자.[122]

골드먼의 규칙 신빙론은 위 문제와 관련하여 딜레마에 직면한다. 정상세계 접근방식을 택하면 악령의 문제는 해결할 수 있지만 새로운 천리안의 문제를 해결할 수 없다. 반면 정상세계 중심주의를 포기하고 인식규칙들의 체계가 옳은지 여부를 인식주체가 속한 세계를 기준으로 평가하면 새로운 천리안의 문제는 해결할 수 있지만 악령의 문제는 해결할 수 없다.

---

122) 슈토이프는 규칙 신빙론을 다음과 같이 비판한다. "천리안이 신빙성 있는 인지과정임이 알려진 가능세계가 있다고 하자. 천리안은 정상세계들에서 신빙성이 없기 때문에 규칙 신빙론은 천리안에 의한 믿음들이 이 세계에서 정당화되지 않는다는 것을 함축한다. 천리안에 의한 믿음들이 정당화를 결여한다는 것은 천리안이 정상세계들에서 신빙성이 없다는 사실에 의해 엄격하게 고정되기 때문에, 천리안이 정당화되는 믿음을 산출하는 세계는 있을 수 없게 된다. 따라서 규칙 신빙론은 반직관적인 귀결을 갖는 것으로 판명된다." (Steup 1996, pp. 168–69)

5.

강한 정당화와 약한 정당화

골드먼은 그의 1988년 논문 "강한 그리고 약한 정당화"(Strong and Weak Justification)에서 인식 정당화 개념을 두 가지로 구분한다. 다음 예를 고려해보자.

과학적으로 미개한 어떤 고대사회가 있다. 이 사회의 지도자는 임박한 전쟁의 승패를 예측하고자 한다. 그런데 이 사회에서 이러한 예측을 위해 이용할 수 있는 최선의 방법은 점성술사에 가서 별점(占)을 부탁하는 것이다. 별점의 결과는 다행히도 이 전쟁에서 승리한다는 것이었다. 이 지도자는 이를 매우 기뻐하였다. 그렇다면 '임박한 전쟁에서 승리할 것이다'라는 이 지도자의 믿음은 정당화 되는가?

골드먼은 위와 같은 종류의 예는 정당화에 관해 두 개의 구별되는 개념들이 있음을 보여준다고 주장한다.

어떤 믿음이 적절한 과정 또는 방법에 의해 형성되었으면 이것은 강하게 정당화되는(strongly justified) 믿음이다.

비록 어떤 믿음이 적절한 과정 또는 방법에 의해 형성된 것은 아니지만 인식적으로 비난받을 이유가 없는 믿음이면 이것은 약하게 정당화되는(weakly justified) 믿음이다.

요컨대 강하게 정당화되는 믿음은 신빙성 있는 인지과정을 통해 형성되는 믿음이다. 반면 약하게 정당화되는 믿음은 믿음주체가 인식적으로 최선을 다해 형성하는 믿음이다. 즉 그 어떤 인식의무도 위반하지 않은 믿음이다. 이 구분에 따르면 앞의 예에서 언급된 '임박한 전쟁에서 승리할 것이다'라는 지도자의 믿음은 비록 강하게 정당화되지는 않지만 약하게 정당화될 수 있다.

또한 골드먼은 그의 1988년 논문에서 정상세계 접근방식을 포기한다.

신빙론의 정상세계 버전을 포기하는 것이 현명한 것처럼 보인다. 다행스럽게도 이것은 신빙론이 악령의 세계 문제를 해결할 수 없도록 내버려두지 않는다. 신빙론의 현재 버전은 악령의 세계에 있는 인식주체들이 정당화되는 믿음들을 가진다는 직관을 이들이 약하게 정당화되는 믿음들을 가진다는 것을 인정함으로써 수용할 수 있다.[123]

(1) 위 견해의 장점

위 견해는 악령의 문제, 천리안의 문제 및 새로운 천리안의 문제를 모두 잘 해결할 수 있다. 우선 악령의 문제를 고려해보자. 악령의 세계에 있는 인식주체는 지각믿음을 형성함에 있어서 인식적으로 비난받지 않

---

123) Goldman 1988, p. 137.

을 수 있다. 어떠한 인식의무도 위반하지 않기 때문이다. 위 견해에 따르면 이런 인식주체의 지각믿음들은 약하게 정당화된다. 따라서 우리는 왜 악령의 세계에 있는 인식주체가 인식적으로 비난받지 않을 수 있는지를 잘 설명할 수 있다. 이제 천리안의 문제를 고려해보자. 천리안의 문제가 정당화에 관해 문제가 된 이유는 노먼이 '대통령은 뉴욕에 있다'고 믿음에 있어서 반대증거를 무시했기 때문이다. 위 견해는 노먼의 믿음이 왜 문제가 있는지를 잘 설명해 준다. 왜냐하면 이 믿음이 위반한 인식의무가 있기 때문에 이것은 약하게 정당화되지 않기 때문이다. 끝으로, 새로운 천리안의 문제도 잘 해결할 수 있다. 천리안이 신빙성 있는 인지과정이라는 것이 잘 알려진 가능세계에서 인식주체가 천리안을 통해 어떤 믿음을 가질 경우 그러한 믿음은 강하게 정당화된다. 왜냐하면 천리안에 의한 믿음은 그러한 세계에서 신빙성 있는 인지과정을 통해 형성되는 것이기 때문이다.

(2) 위 견해의 단점

위에서 언급된 장점들에도 불구하고 강한 정당화와 약한 정당화의 구분은 여전히 중요한 난점들을 갖고 있다.

첫째, 우리는 우리 자신이 정상세계에 있는지 아니면 악령의 세계에 있는지를 알 수 없다. 따라서 어떤 믿음이 강하게 정당화되는지 여부는 인식주체의 입장에서 평가하기 어려운 요행수의 문제가 된다. 그러나 제5장 3절에서 지적했던 것처럼 정당화는 평가적 개념이기 때문에 이와 같이 요행수의 문제여서는 안 된다.

둘째, 골드먼은 강한 정당화의 개념을 (관점독립적인) 객관적 확률 개념에 의해 정의한다. 그에 의하면 어떤 규칙 R이 세계 w에서 참인 믿음들을 산출하는 개연성이 높으면 그 규칙은 w에서 옳은 규칙이다.[124] 그렇지만 이와 같이 관점독립적인 객관적 확률 개념은 인식평가에서 이용할 수 없는 것이다. 이 점에 대해 간략히 살펴보자.

증거와 독립적인, 객관적 확률이 있다고 가정해보자. 슈토이프는 이와 같은 객관적 확률을 '사실적 확률'(factual probability)이라고 부른다. 그는 사실적 확률과 인식적 확률(epistemic probability)을 다음과 같이 구분한다.

(i) 사실적 확률은 주어진 증거와 독립적인 객관적 확률이다.

(ii) 인식적 확률은 주어진 증거에 상대적인 주관적 확률이다.

슈토이프에 따르면 (i)과 같은 의미의 사실적 확률은 인식적으로 무의미하다.[125] 인식적으로 무언가를 평가할 때 우리는 부득이 우리가 인식적으로 확인할 수 있는 것을 토대로 할 수밖에 없다. 따라서 우리의 관점과 독립적인 방식으로 어떤 명제의 확률을 평가할 수 없다. 예컨대 속이 보이지 않는 항아리 속에서 공을 한 개 꺼내는 경우를 생각해 보자. 그리고 p는 '내가 꺼내게 될 공은 검은색이다'라는 명제라고 하자. 이 경우 p가 참일 확률은 얼마인가? 항아리 속에 검은색 공들이 어떤 비율로 들어 있는지에 대해 아무런 증거가 없는 경우에 우리는 이 확률을 결정할 수 없다. 이제 위 항아리 속에 아홉 개의 검은색 공들과 한 개의 흰색 공이 들어 있다는 증거를 우리가 갖게 되었다고 가정해보자. 그러면 우리는 이 증거에 비추어 p가 참일 확률을 0.9라고 말할 수 있다. 이런 경우

---

124) Goldman 1988, p. 137을 보시오.

125) Steup 1996, pp. 80–84를 보시오.

에 우리는 'p는 진리개연적이다' 또는 'p는 참일 확률이 높다'라고 말할 수 있다. 이처럼 증거와 독립적인 '사실적 확률'이 인식적으로 무의미한 개념이라면 'p는 진리개연적이다' 또는 'p는 참일 확률이 높다'고 말하는 것은 어떤 의미인가? 셀라스에 따르면 이것의 의미는 정당화의 사회실천 속에서 p를 옹호해주는 증거 또는 근거가 매우 강력하여 p가 나중에 논박될 가능성이 매우 적다는 의미이다. 예컨대 '지구는 둥글다'와 같은 명제는 이런 의미에서 진리개연적이다. 왜냐하면 이 명제를 옹호해주는 증거가 매우 강력하여 장차 이 명제를 논박하는 반대증거가 발견될 가능성이 매우 적기 때문이다. 이 명제를 받아들이는 것이 인식적으로 정당화되는 이유는 바로 이 때문이다. [126]

또한 2절에서 지적했던 것처럼 골드먼은 신빙성 있는 인지과정을 참인 믿음을 산출해주는 확률이 높은 인지과정으로 간주한다. 다시 말해 신빙성을 빈도주의(frequentism)로 해석한다. 이 해석에 따르면 어떤 인지과정에 의해 산출된 믿음들 중에서 참인 믿음들의 비율이 거짓인 믿음들의 비율에 비해 훨씬 높으면 그 인지과정은 신빙성 있는 인지과정이다. 이것이 신빙성에 대한 표준적, 확률론적 해석(the standard, probabilistic interpretation of reliability)이다. 그리고 이 해석은 믿음을 신빙성 있게 획득하는 방법이란 참인 믿음을 획득할 확률이 높은 방법임을 강조한다. 그런데 이러한 빈도주의 해석에 대해 레플린(Jarrett Leplin)은 다음과 같이 비판한다. 인식목적은 참을 믿고 오류를 피하는 것이다. 따라서 믿음을 신빙성

---

126) 셀라스는 이와 같은 이유에서 'p는 진리개연적이다'를 '관련된 사실을 고려해 봤을 때 p를 받아들이는 것이 인식적으로 합리적이다'로 해석한다. 즉 p가 진리개연적이라는 말은 일차적으로 p를 받아들일 만한 인식적 이유가 있다는 말이다. 이에 대한 자세한 논의를 위해서는 제8장 "셀라시언 정합성 이론과 진리개연성 문제"를 보시오.

있게 획득하는 방법은 오류에 저항할 수 있는(error-resistant) 것이어야 한다. 그리고 오류에 효율적으로 저항함으로써 모든 오류를 피하는 것이 최소한 원리상 가능한 것이어야 한다. 그런데 그러기 위해서는 정당화되는 믿음형성 방법이 어떤 방식이든 오류에 민감(sensitive to error)해야 한다. 이 해석은 믿음을 신빙성 있게 획득하는 방법이란 오류를 피할 수 있는 또는 오류에 저항할 수 있는 방법임을 강조한다. 그런데 신빙성에 대한 골드먼의 빈도주의 해석은 이와 같은 오류 민감성 조건을 충족하지 못한다. 왜냐하면 주어진 인지과정에 의해 산출된 믿음들 중에서 참인 믿음들의 비율이 거짓인 믿음들의 비율에 비해 훨씬 높다고 할지라도 이 사실 자체는 주체가 어떻게 오류에 민감할 수 있는지에 대해 아무 것도 말해주지 않기 때문이다.

끝으로 강한 정당화와 약한 정당화의 구분을 받아들이면, 정당화에 대한 단일한 분석(unified analysis)을 포기해야 한다. 즉 정당화가 단일한 개념(unified notion)이라는 견해를 포기해야 한다. 물론 분석하고자 하는 개념이 다의적이라고 볼 수 있는 적절한 이유가 있는 경우에는 단일한 분석을 포기하는 것이 옳을 수 있다. 그렇지만 우리의 정당화 개념이 다의적인지는 분명치 않다. 제1장에서 언급했던 게티어의 예를 다시 고려해 보자. 영수는 그의 사무실 동료인 철수가 현대 그랜저 자동차를 몰고 다니는 것을 여러 번 목격했고 최근 그 차를 얻어 탄 적이 있으며 또한 그 차가 자신의 차라고 말하는 것을 여러 번 들었다. 영수는 이와 같은 증거를 토대로 '내 사무실에 있는 어떤 사람은 현대 그랜저를 소유하고 있다'라고 믿었기 때문에 인식적으로 무책임하지 않다. 따라서 영수의 믿음은 약하게 정당화된다. 그렇지만 이 믿음은 영수의 사무실에 있는 철수가 아닌 어떤 다른 사람이 우연히 현대 그랜저를 소유하고 있기 때문에 참이 된 믿음이기 때문에 강하게 정당화되지 않는다. 또한 영수는 그의 사무실 동료인 철수가 현대 그랜저 자동차를 소유하고 있지 않다는 새로운 증거를 접하게 될 경우에 자신의 믿음을 포기해야 한다. 만약 그가 새로운 증거에도 불구하고 여전히 그 믿음을 고수한다면 그는 인식적 비난의 대상이 된다. 이 점에서 의무론적 견해에 대한 올스턴의 두 번째 비판을 상기할 필요가 있다. 이 비판에 따르면 의무론적으로 정당화되는 믿음이 진리개연적이지 않을 수 있다. 그러나 앞서 제2장 4절에서 지적했던 것처럼 어떤 경우에 객관적으로 진리개연적이지 않은 믿음을 유지하는 것이 일시적으로 인식적 비난을 피할 수 있지만 그런 경우에도 언제든지 관련 증거가 알려질 때 수정 요구를 받을 수밖에 없고 이런 의미에서 인식적 규범에서 벗어난 것이 아니다. 따라서 진리개연적이지 않은 믿음을 갖고 있음에도 불구하고 인식적 비난에서 벗어날 수 있는 경우들이 있다는 사실은 인식규범들이 의무론적 규범성이 아님을 보여주지 않는다. 또한 의무론적 견해에 대한 올스턴의 비판은 정당화의 개념을 주관적 모형을 통해 이해하는 경우에는 해결하기 어려운 난점이지만 정당화를 요구하고 이에 답하는 우리의 사회실천이라는 상호주관적 모형을 통해 이해하는 경우에는 큰 문제가 되지 않는다. 따라서 약하게 정당화되는 믿음과 강하게 정당화되는 믿음의 차이는 종류가 다른 믿음이라기보다는 인식주체에게 접근 가능한 증거의 차이라고 볼 수 있다. 다시 말해 인식의무를 어기지 않음(또는 인식적으로 비난받을 만하지 않음)과 진리개연성은 서로 독립된 개념들이 아니다. 이런 이유에서 강한 정당화와 약한 정당화의 구분은 정당화가 단일한 개념이라는 우리의 일반적 추정을 포기할 만큼 강력한 이유가 아니다.

6.

덕 신빙론(Virtue Reliabilism)

골드먼은 그의 1992년 논문 "인식적 습속과 과학적 인식론"(Epistemic Folkways and Scientific Epistemology)에서 '덕 신빙론'을 주장한다. 그의 덕 신빙론에 의하면 정당화되는 믿음은 다음과 같이 분석된다.

p는 정당화되는 믿음이다 =df p는 인식적 미덕(epistemic virtue)만 있고 인식적 악덕(epistemic vice)은 전혀 없는 인지과정에 의해 산출된 믿음이다.

우리가 C를 신빙성 있는 인지과정으로 여기면 C는 인식적 미덕이고 우리가 신빙성이 없는 것으로 여기면 C는 인식적 악덕이다.

다시 말해 골드먼은 두 단계로 이루어진 정당화 이론을 제시한다.[127] 첫 번째 단계는 인식적 미덕으로 분류되는 믿음형성 방식들과 인식적 악덕으로 분류되는 믿음형성 방식들의 목록을 결정하는 규범선택(norm

---

127) Goldman 1992b, p. 163을 보시오.

selection) 단계이다. 이 단계에서 인식주체는 인식적 미덕과 인식적 악덕의 목록을 부분적으로 신빙성 테스트(reliability test)에 의해, 또한 부분적으로 공동체 내의 다른 구성원들에 의해 획득한다. 둘째 단계는 평가하고자 하는 목표 믿음을 첫 번째 단계에서 결정된 인식규범들에 의해 평가하는 단계이다. 평가하고자 하는 믿음이 오직 인식적 미덕만 갖고 있으면 그 믿음은 정당화되는 것으로 분류된다. 그러나 그 믿음이 부분적으로 인식적 악덕을 갖고 있으면 그 믿음은 정당화되지 않는 것으로 분류된다.

(1) 덕 신빙론의 장점

덕 신빙론은 악령의 문제와 첫 번째 천리안 문제를 잘 해결할 수 있다.

먼저 악령의 문제를 살펴보자. 악령의 세계에 있는 어떤 사람이 자신의 정상적 지각을 통해 '내 앞에 탁자가 있다'는 믿음을 형성했다고 하자. 덕 신빙론에 의하면 우리는 이 믿음을 우리가 갖고 있는 인식적 미덕과 인식적 악덕의 목록을 토대로 평가할 수 있다. 정상적 지각을 통해 믿음을 형성하는 것은 인식적 미덕에 속한다. 다시 말해 우리는 현실세계에서 지각을 신빙성 있는 인지과정으로 여긴다. 그리고 위 사람은 인식적 악덕의 목록에 속하는 그 어떤 것도 하지 않았다. 따라서 우리는 위 믿음을 정당화되는 것으로 평가할 수 있다. 다시 말해 덕 신빙론은 악령의 세계에 있는 인식주체의 지각믿음들을 정당화되는 것들로 평가할 수 있다.

그렇다면 첫 번째 천리안 문제에서 '대통령은 뉴욕에 있다'는 노먼의 믿음은 어떻게 판정되는가? 우리가 갖고 있는 인식적 미덕과 악덕의 목록에 따르면 천리안을 통해 믿음을 형성하는 것은 인식적 악덕에 속한다. 또한 반대증거를 무시하는 것도 인식적 악덕이다. 따라서 노먼의 믿음은 이중의 인식적 악덕을 가진다. 따라서 덕 신빙론에 의하면 '대통령은 뉴욕에 있다'는 노먼의 믿음은 정당화되지 않는다.

(2) 덕 신빙론의 난점

덕 신빙론은 여러 장점들이 있지만 또한 심각한 많은 난점들도 갖고 있다.

첫째, 골드먼의 덕 신빙론의 중요한 특징은 정당화의 옳음 조건 이론(a theory of correctness conditions for justification)이 아니라 정당화 귀속 이론(a theory of justification attribution)이라는 점이다. 즉 믿음이 어떤 조건하에서 정당화되는지를 규정해주는 이론이 아니라 우리가 어떤 조건하에서 믿음에 정당화의 위상을 부여할 수 있는지를 설명해 주는 이론이다. 그리고 인지과정 C가 인식적 미덕인지 여부는 우리가 C를 신빙성 있는 인지과정으로 간주하는지 여부에 의해 결정된다. 또한 우리가 C를 신빙성 있는 인지과정으로 간주하는지 여부는 현실세계에 성립하는 사실들과 규칙성들에 의해 평가된다. 다시 말해 인식규범의 옳고 그름은 현실세계를 기준으로 평가된다. 인식규범의 평가가 이처럼 현실세계를 기준으로 이루어지기 때문에 인식적 옳음(epistemic rightness)은 현실세계를 기준으로 고정된다. [128]

그런데 신빙성에 대한 우리의 평가는 오류가능하다. 따라서 우리가 신빙성 있는 것으로 판정한 인지과정이 그렇지 않은 것으로 밝혀질 수 있다. 여기서 주목할 점은 골드먼이 과학적 인식론을 기술적 인식론(descriptive epistemology)과 규범적 인식론(normative epistemology)으로 구분한다는 점이다. 그에 따르면 기술적 인식론의 목표는 우리의 인식적 습속

---

128) Goldman 2008을 참조하시오.

(epistemic folkways)을 기술하는 것이다. 그런데 규범적 인식론은 비록 우리의 인식적 평가의 근본적 표준들은 유지해야 하지만 인지과학의 성과들을 사용함으로써 믿음획득 메커니즘들에 관한 보다 섬세하고 세련된 원리들을 제시할 수 있다. 다시 말해 현재 우리가 갖고 있는 인식적 미덕과 악덕의 목록을 부분적으로 대체하는 개선된 목록을 제시할 수 있다. 따라서 규범적 과학적 인식론은 우리의 인식적 평가가 좀 더 신빙성을 갖도록 해줄 수 있다. 그러나 그렇다고 해서 '신빙성 있는 것으로 여겨지는 것'(being deemed reliable)과 '실제로 신빙성 있는 것'(being really reliable) 사이의 간극이 사라지는 것은 아니다. 즉 실제로는 신빙성이 부족한 것을 신빙성이 있는 인지과정으로 잘못 간주하는 것이 가능하다. 이와 같은 간극을 어떻게 메울 수 있는지에 대해 골드먼은 구체적 답변을 제시하지 않는다.

둘째, 덕 신빙론은 새로운 천리안의 문제를 해결하지 못한다. 천리안이 신빙성 있는 인지과정이라는 것이 잘 알려진 가능세계에서 인식주체가 천리안을 통해 어떤 믿음을 가질 경우 그러한 믿음에 어떠한 악덕도 없기 때문에 정당화되는 것으로 간주돼야 한다. 그러나 우리 세계에서 천리안은 신빙성 있는 인지과정으로 간주되지 않기 때문에 천리안의 세계에서의 믿음은 정당화되지 않는다.

셋째, 악령의 희생자는 지각믿음을 형성함에 있어서 인식적으로 아무런 잘못이 없다. 그러나 그의 믿음은 실제로 진리개연성이 매우 낮다. 진리개연성이 높아야 한다는 것은 인식 정당화의 적절성 조건이다. 따라서 덕 신빙론은 악령의 세계에서의 지각믿음에 정당화와 관련해 결여된 부분이 있다는 직관을 잘 설명하지 못한다.

넷째, 일반성의 문제에 대해 고려해보자. 골드먼은 다음과 같이 말한다.

신빙성이 인지과정이 사용되는 영역 또는 상황에 상대적이라는 것은 신빙론 옹호자와 비판자 모두가 마찬가지로 주목하는 사실이다. 그렇다면 어떤 인지과정의 신빙성을 판단하기 위해 적절한 영역은 과연 무엇인가? 지적인 덕들에 대한 우리의 일상적 이해가 거칠고 비체계적이고 또한 영역 또는 환경에 상대적이어야 한다는 이론적 요청에 적절히 민감하지 못할 수 있다. 그렇지만 우리가 우리의 인식적 습속을 기술하는 작업에 종사하는 한 신빙성이 어떤 영역 또는 환경에 상대적인지를 설명하지 못한다고 해서 이 설명이 반드시 잘못된 것은 아니다. 또한 일반 사람들에게 그러한 상대화의 증거가 없는 상황에서 상대화를 도입하는 설명을 제시하는 것도 적절하지 않다.[129]

또한 골드먼에 따르면 일반성 문제는 모든 정당화 이론이 직면하는 공통 문제이기 때문에 그의 신빙론이 이 문제에 관해 특별히 부담을 가질 필요가 없다.

일반성 문제는 신빙론만의 특별한 문제가 아니다. 이것은 모든 정당화 이론들이 공유하는 문제이다. … 모든 적절한 인식이론은 토대관계(basing relation)에 대한 설명을 필요로 하고 토대관계를 설명하기 위한 모든 시도는 궁극적으로 일반성 문제 또는 이와 유사한 문제에 직면하게 된다.[130]

그렇지만 골드먼의 주장과 달리 모든 정당화 이론이 일반성 문제에 대해 심각한 난점을 갖고 있는 것은 아니다.[131] 또한 신빙론이 일반성 문제

---

129) Goldman 1992b, pp. 161-2.
130) Goldman 2008.
131) 예컨대 필자가 제7장 "인식원리와 인식적 순환성"에서 제시하는 정당화의 사회실천 이

에 대해 적절한 해결책을 제시하지 못한다는 것은 대부분의 철학자들이 동의하는 사실이다. [132]

끝으로 정당화 평가가 두 단계로 이루어진다는 골드먼의 주장에 대해 살펴보자. 골드먼에 따르면 우리는 첫 번째 단계에서 인식적 미덕들과 악덕들의 목록을 작성하고, 두 번째 단계에서 목표 믿음에 이 목록을 적용하여 정당화되는지 여부를 결정한다. 그런데 과연 우리는 이러한 방식으로 믿음의 정당화 여부를 결정하는가? 논리적 추론 능력이 아직 덜 계발되어 제대로 추론하는 경우보다 그렇지 못한 경우가 훨씬 더 많은 아이가 있다고 가정해보자. 즉 그 아이의 논리적 추론 능력은 아직 신빙성이 부족한 인지과정이라고 하자. 그리고 그가 다음과 같이 추론을 한다고 가정해보자.

나의 형은 작년에 회사가 어려워 봉급을 20% 삭감당했다. 이제 회사 사정이 나아져 봉급을 현재 수준에서 20% 인상해준다고 한다. 따라서 나의 형은 봉급이 삭감되기 전보다 더 적은 봉급을 받게 되는 셈이다.

이 추론의 두 전제들이 참이라고 가정해보자. 그리고 결론을 정당화해보라는 요구에 대해 그 아이는 다음과 같이 답한다고 가정해보자. 나의 형의 월급은 원래 100만원이었다. 작년에 20%를 삭감당했으므로 현재의 월급은 80만원이다. 현재의 월급의 20%는 16만원이다. 따라서 앞으로 나의 형이 받게 될 월급은 96만원이다. 이 경우 직관적으로 우리는 그

론은 일반성 문제를 적절히 다룰 수 있다.

132) Lemos 2007, p. 107을 보시오.

아이의 결론이 정당화된다고 판단해야 한다.

그렇지만 이 경우 골드먼의 덕 신빙론의 판정은 분명치 않다. 가정에 의해 '나의 형은 봉급이 삭감되기 전보다 더 적은 봉급을 받게 되는 셈이다'라는 믿음은 신빙성이 낮은 인지과정을 통해 형성된 것이다. 왜냐하면 그 아이의 논리적 추론 능력은 아직은 신빙성이 부족한 인지과정이기 때문이다. 따라서 덕 신빙론은 그 아이의 믿음을 정당화되지 않는 것으로 판정해야 한다. 그러나 앞서 언급한 것처럼 직관적으로 그 아이의 믿음은 정당화된다. 왜냐하면 그 아이는 참인 전제들로부터 타당한 추론에 의해 참인 결론을 받아들였기 때문이다. 이것은 그 아이의 추론이 틀리는 경우가 더 많다 할지라도 그렇다. 비록 그 아이의 추론이 틀리는 경우가 더 많기는 하지만 이번 경우는 옳게 추론한 경우이기 때문이다. 그 아이의 논리 능력이 신빙성이 있기 때문에 위 추론이 정당화되는 것이 아니라 위와 같은 추론들을 옳게 하는 경우가 많아질수록 그 아이의 논리 능력은 더 큰 신빙성을 갖게 된다고 말할 수 있다.[133]

---

133) 어떤 행동이 용기 있는 행동인 이유는 용기의 덕성을 가진 사람이 한 행동이기 때문이 아니라, 용기 있는 행동을 많이 하는 사람이 용기의 덕성을 가진 사람이다. 비슷한 이유에서 레플린도 다음과 같이 말한다. "미신과 어리석음의 수렁 속에서도 때때로 정당화되는 믿음을 갖는 것은 흔한 일이다. 그렇지 않다면 인식적으로 혜택받지 못한 사람들이 진보를 할 수 있겠는가? 옳은 행위들을 해야 윤리적 덕성이 발전될 수 있는 것처럼 정당화되는 믿음들을 가져야 지적인 미덕이 발전될 수 있다. 지적인 미덕은 정당화되는 믿음들과 그렇지 않은 것들을 비교하고 그 차이를 인식함으로써 발전된다. 따라서 정당화는 미덕의 소유에 의존하지 않는다." (Leplin 2009, pp. 161-162)

7.

부츠트래핑 또는 쉬운 지식의 문제

끝으로 보겔(Jonathan Vogel)이 제기한 '부츠트래핑'(bootstrapping) 문제를 고려해보자. [134] 락샌(Roxanne)은 매우 신빙성이 있는 잘 작동하는 연료계(fuel gauge)를 장착하고 있는 자동차를 소유하고 있다. 그런데 그녀는 이 연료계의 신빙성에 대해 전혀 아는 바가 없다. 그렇지만 그녀는 운전할 때 그 연료계를 자주 보고 연료가 연료통 안에 얼마나 있는지에 관한 믿음을 형성한다. 예컨대 연료계가 'F'를 가리키면 연료통이 가득 찬 상태라고 믿는다. 락샌은 이 두 믿음을 결합하여 다음을 받아들인다.

(1) 지금 내 연료계가 'F'를 가리키고 있고 또한 내 연료통은 가득 찬 상태다.

락샌의 연료계는 신빙성이 있는 장치이므로 연료통이 가득 찬 상태라는 락샌의 믿음은 신빙성 있는 과정을 통해 형성된 믿음이다. 신빙론에

---

134) 부츠트랩(bootstrap)은 가죽 부츠 뒤쪽에 꿰매 넣은 가죽 손잡이다. 1800년대 미국에서 부츠트랩이 나오기 전까지 가죽 부츠는 목이 길어 신거나 벗기 불편했다. 요즘 이 단어는 남의 도움을 받지 않고 어떻게든 혼자서 뭔가를 이루는 것을 표현하기 위해 사용된다.

따르면 신빙성 있는 과정을 통해 형성되는 믿음은 정당화된다. 또한 (1)은 실제로 참이고, 신빙론에 따르면 지식은 '신빙성 있게 산출된 참인 믿음'이기 때문에 락샌은 (1)을 안다. 이제 락샌은 (1)로부터 다음을 추론한다.

(2) 지금 내 연료계는 옳게 작동한다.

연역추론은 신빙성 있는 인지과정이므로, 신빙론에 따르면 락샌은 (2)를 또한 안다. 이제 락샌이 이러한 과정을 계속 반복한다고 가정해보자. 신빙론에 따르면 각 경우에 락샌은 연료계가 옳게 작동한다는 것을 안다. 이 정보들을 모두 결합하여 락샌은 귀납추론에 의해 다음을 추론할 수 있다.

(3) 내 연료계는 항상 옳게 작동한다.

귀납추론은 신빙성 있는 인지과정이므로, 신빙론에 따르면 락샌은 (3)을 또한 안다. 최종적으로 (3)은 (4)를 함축한다.

(4) 내 연료계는 신빙성이 있다.

신빙론에 따르면 락샌은 (4)를 안다. 그러나 보겔에 따르면 락샌은 (4)를 알 수 없다.

첫째, 락샌은 자신의 연료계가 제대로 작동하는지에 대해 전혀 알지 못한다. 자신의 연료계가 제대로 작동하는지에 대해 전혀 알지 못하는 경우 (1)의 두 번째 연언지가 참인지 알 수 없다. 다시 말해 (4)가 참인지를 알지 못하면 (1)의 두 번째 연언지가 참인지 알 수 없다. 둘째, 실제로 락샌의 연료계가 신빙성이 없는 경우에도 락샌은 똑같이 추론할 것이다. 그런 경우 옳지 않은 결론 즉 '내 연료계는 신빙성이 있다'는 결론을 받아들이게 된다. 이 점은 부츠트래핑 절차가 정당하지 않다는 사실을 보여준다. 셋째, 부츠트래핑은 어떤 믿음의 원천이 신빙성이 있다는 것을 그 원천에 의존함으로써 알게 되는 절차이다. 따라서 부츠트래핑에 의한 정당화는 순환적 정당화이다. 그런데 이와 같은 순환적 정당화는 선결문제가정의 오류를 범한다.[135] 요컨대 락샌이 연료계가 제대로 작동하는지에 대한 적절한 증거를 갖고 있지 못함에도 불구하고 그녀가 (4)를 알 수 있음을 함축하는 신빙론은 옳지 않다.

위에서 설명한 부츠트래핑 또는 인식적 순환성 문제에 대해 골드먼은 두 가지 답변을 제시한다. 우선 부츠트래핑 문제는 신빙론만의 문제는 아니고 기초 지식을 허용하는 모든 견해들이 공통적으로 직면하는 문제이다. 또한 골드먼은 밴 클리브의 견해를 인용한다. 밴 클리브(van Cleve 2003)에 따르면 락샌의 부츠트래핑 절차가 정당하지 못한 이유는 락샌의 연료계가 제대로 작동하는 장치인지 여부를 확인할 수 있는 독립적인 검사방법이 존재하기 때문이다. 연료가 얼마나 차 있는지를 확인하기 위해 연료통에 막대기를 넣어 볼 수도 있고 또는 연료계가 'F'를 가리킬 때 연료를 더 넣어 볼 수도 있다. 그런데 지각이나 기억과 같은 지식의 궁극

---

135) 브레이쓰웨이트(Braithwaite 1953)와 밴 클리브(van Cleve 1984)는 전제순환성 (premise-circularity)과 규칙순환성(rule-circularity)을 구분한다. 전제순환적인 논증은 확립하고자 하는 결론이 전제들 중에 포함되어 있는 경우이다. 반면 규칙순환적인 논증은 확립하고자 하는 결론이 전제들 중에 포함되어 있지는 않지만, 결론으로서 확립하고자 하는 어떤 규칙 R의 정당성을 바로 이 규칙 R을 사용하여 옹호하는 경우이다. 인식적으로 순환적인 논증은 이런 의미에서 규칙순환적인 논증이다. 이에 대한 자세한 논의를 위해서는 제11장 "선험적 지식"을 보시오.

적 원천의 경우에는 그와 같은 독립적인 검사방법이 존재하지 않는다. 예컨대 다음 논증을 고려해보자.

(i) t₁에 나는 지각믿음 p를 형성했고 p는 참이다.
(ii) t₂에 나는 지각믿음 q를 형성했고 q는 참이다.
(iii) t₃에 나는 지각믿음 r을 형성했고 r은 참이다.
⋮
∴ 나의 지각은 신빙성 있는 믿음의 원천이다.

위 논증은 귀납적 일반화이다. 따라서 위 전제들이 참이면 위 결론은 귀납적으로 정당화된다. 그런데 문제는 위 논증의 전제들에서 두 번째 연언지들이 참임을 어떻게 알 수 있느냐이다. 예컨대 p가 참임을 정당화 하기 위해서는 부득이 지각을 이용해야 하고 또한 지각이 신빙성 있는 믿음의 원천이라는 것을 알아야 한다. 그런데 이것은 위 논증이 확립하 고자 하는 결론이다. 따라서 위 논증은 지각이 신빙성 있는 믿음의 원천 이라는 것을 지각의 신빙성에 의존함으로써 확립하고자 하는 부츠트래 핑 절차를 사용한다. 밴 클리브에 따르면 지각이나 기억과 같은 지식의 궁극적 원천의 경우에는 이와 같은 부츠트래핑 절차가 불가피하다. 위와 같은 부츠트래핑을 허용하지 않으면 유일한 대안은 회의론밖에 없다. 그 런데 회의론은 부츠트래핑보다 더 심각한 문제이므로 부츠트래핑을 허 용하는 것은 터무니없는 일이 아니라는 것이다. 골드먼은 이 견해에 동 의한다.

요컨대 골드먼에 따르면 부츠트래핑 문제는 신빙론만의 문제가 아니 라 기초 지식을 허용하는 모든 견해에 공통적인 문제이며 또한 부츠트래 핑을 허용하지 않으면 유일한 대안은 회의론밖에 없다. 그러나 이 두 답변들은 설득력이 부족하다. 우선 부츠트래핑 문제가 기초 지식을 허용하는 모든 견해에 공통적인 문제라는 것은 기초 지식을 허용하는 견해를 거부해야 함을 보여줄 수 있다. 또한 우리는 제7장에서 부츠트래핑을 허용하지 않으면서도 회의론을 피할 수 있는 정당화 이론을 살펴볼 것이다. 따라서 부츠트래핑을 허용하지 않으면 회의론에 빠질 수밖에 없다는 주장은 설득력이 부족하다.

결론적으로 (인식주체가 적절한 정당화를 제시하지 못한다는 의미에서) 정당화 조건이 충족되지 않는 경우에도 인식주체의 참인 믿음이 지식일 수 있다는 '신빙론의 통찰'은 옳지만 그렇다고 해서 신빙론이 옳은 이론이라고 보기 어렵다.

제7장

인식원리와
인식적 순환성

  우리는 세계에 관한 정보를 지각(perception), 기억(memory) 및 내성(introspection)을 통해 얻는다. 따라서 이것들이 신뢰할 만한 정보의 원천이 아니면 우리는 세계에 관해 정당화되는 믿음들을 가질 수 없다. 이제 다음과 같은 인식원리들을 고려해보자.

  EP₁: 우리의 지각판단은 (이를 의심할 만한 아무런 이유가 없는 한) 참일 개연성이 높다.

  EP₂: 우리의 기억판단은 (이를 의심할 만한 아무런 이유가 없는 한) 참일 개연성이 높다.

  EP₃: 우리의 내성판단은 (이를 의심할 만한 아무런 이유가 없는 한) 참일 개연성이 높다.

우선 위의 인식원리들 중에서 EP₁에 대해 초점을 맞춰 살펴보자. EP₁은 한편 인식원리이지만 다른 한편 실질적 경험내용이 있는, 따라서 거짓일 수 있는 주장이다. 그렇다면 우리는 위와 같은 근본적 인식원리를 어떻게 정당화할 수 있는가? 이 원리가 옳다는 것을 알기 위해서는 지금까지 우리가 지각을 통해 받아들인 경험적 믿음들이 대부분 참이었다는 사실을 알아야 한다. 그렇지만 우리의 지각이 신뢰할 만한 정보의 원천임을 선제함이 없이 우리는 EP₁과 같은 인식원리가 옳다는 것을 귀납적으로 알 수 없다. 따라서 근본적인 인식원리를 정당화함에 있어서 인식적 순환성이 발생하는 것처럼 보인다. 믿음의 원천의 신빙성을 그 원천에 기반을 둔 전제에 의존하는 논증은 인식적으로 순환적이다. 그렇다면 왜 인식적 순환성(epistemic circularity)이 문제인가? 우리가 어떤 주장을 의심하는 사람을 설득하기 위해서는 그 사람이 문제가 되는 그 주장보다 덜 의심스러운 것으로 받아들이는 이유를 제시해야 한다. 순환적 논증은 전제가 결론만큼 의심스럽기 때문에 결론을 의심하는 사람을 합리적으로 설득할 수 없다.

위와 같은 문제 때문에 루이스(C. I. Lewis), 퍼스(Roderick Firth)와 같은 토대론자들은 다른 믿음에 의해 정당화될 수 없는 근본적인 인식원리가 있다고 주장한다. [136] 그렇다면 이러한 근본적인 인식원리를 받아들이는 것은 왜 합리적인가? 한 가지 제안은 이와 같은 인식원리가 자명한 진리라는 것이다. 또 한 가지 제안은 이와 같은 원리를 받아들이지 않으면 우리는 세계에 관한 경험지식을 전혀 가질 수 없다는 것이다. 즉 경험지식의 가능성을 부정하길 원치 않는 한 EP₁과 같은 인식원리를 받아들여야

---

136) C. I. Lewis(1946, 1952)와 Firth(1964)에 따르면 기억의 신빙성은 추론적으로 정당화될 수 없다.

한다는 것이다.

셀라스는 위의 두 제안 모두에 대해 부정적이다. 우선 자명성(self-evi-dence)에 호소하는 첫 번째 제안은 인식원리의 정당성에 대한 '너무 원자적'(too atomistic)인 해석이다. [137] 앞서 언급했던 것처럼 EP1은 실질적 경험 내용이 있는, 따라서 거짓일 수 있는 주장이다. 이와 같이 거짓일 수 있는 주장을 우리가 알고 있는 기존 지식과 무관하게 독자적으로 자명한 진리로 간주하는 것은 설득력이 없다. 또한 이와 같은 원리는 우리가 갖고 있는 자연주의적 세계관과 부합해야 한다. [138] 셀라스에 따르면 '모 아니면 도'(all or nothing) 식의 두 번째 제안도 너무 약한 답이다. 제대로 된 정당화 이론이라면 왜 EP1과 같은 인식원리가 참인지에 대해 어느 정도 통찰을 줄 수 있어야 하기 때문이다. [139]

올스턴(Alston 1996)은 근본적인 인식원리의 정당화에 관한 다른 접근방식을 제시한다. 그의 '믿음에 관한 실천적 접근'(doxastic practice approach)에 따르면 감각지각적 믿음에 관한 실천(sense perceptual doxastic practice, SPP)은 감각 경험을 토대로 믿음을 형성하는 우리의 방식이다. 그리고 우리는 SPP의 신빙성을 직접적인 방식으로 정당화할 수 없다. 우리가 할 수 있는 최선은 SPP에 의존하는 것이 실천적으로 합리적임을 보이는 것이다. 올스턴에 따르면 SPP에 의존하여 믿음을 형성하는 것이 실천적으로 합리적임을 대략 다음과 같이 옹호할 수 있다. 지각, 기억, 내성을 통해 믿음을 형성하는 것은 우리가 믿음을 형성하는 확립된 방식들이다. 이 방식들은 아주 확고하게 확립되어 있어서 우리가 이 방식들을 포기하고 다

---

137) Sellars 1979, p. 176.

138) Sellars 1975, p. 345를 보시오.

139) Sellars 1979, p. 176.

른 방식을 대신 채택하기 매우 어렵다. 또한 믿음을 형성하는 다른 방식이 있더라도 그 방식의 신빙성을 인식적 순환성 없이 정당화할 수 없다. 따라서 우리가 지금까지 해 오던 것처럼 지각, 기억, 내성을 통해 믿음을 형성하는 것이 실천적으로 더 합리적이다.

그런데 이 제안에도 중요한 난점들이 있다. 첫째, 수정구슬 점쟁이(crystal-ball gazer)도 다음과 같이 주장할 수 있다. 수정구슬 점치기는 내게 있어 아주 확고하게 확립되어 있는 믿음형성 방식이다. 또한 믿음을 형성하는 다른 방식이 있더라도 그 방식의 신빙성을 인식적 순환성 없이 정당화할 수 없다. 그런데 이 논증은 올스턴의 논증과 구조가 같다. 따라서 올스턴의 믿음에 관한 실천적 접근은 이러한 논증을 논박하기 어렵다. 둘째, 올스턴이 제시하는 논증의 핵심, 즉 SPP에 의존하여 믿음을 형성하는 것 외에는 다른 대안이 없다는 것은 '모 아니면 도' 논증의 일종이다. 그런데 이 같은 '모 아니면 도' 논증은 우리가 믿음을 형성하는 방식들, 즉 지각, 기억, 내성을 통해 믿음을 형성하는 것이 왜 신빙성 있는 믿음형성 방식들인지에 대해 아무런 통찰을 주지 않는다.

셀라스는 EP1과 같은 인식원리를 일종의 초험 논증(transcendental argument)을 이용해 옹호한다. 제7장의 목표는 셀라스의 논증을 비판적으로 검토하고 그의 논증을 보완하는 새로운 대안을 제시하는 것이다. 특히 필자는 EP1과 같은 인식원리를 초험 논증 대신에 정합론적인 방식으로 정당화할 수 있음을 주장할 것이다.

1.

인식원리에 관한 셀라스의 초험 논증

셀라스는 인식원리들을 일종의 초험 논증을 이용해 옹호한다. 그는 다음과 같이 말한다.

> 특정한 목적을 실현하기 위해서는 수단들의 특정한 통합적 체계가 요구된다. … 이 목적을 위해 필요한 수단들 중에는 특정한 추론 패턴들, 특히 통계적 가설들, 법칙들 및 이론들을 확립하는 데 관련된 특정한 추론 패턴들의 채택이 포함된다. … 이것들은 자신이 창조하지 않은 세계 속의 유한한 인식주체임이 무엇인지를 정의해 주는 개념체계의 요소들이다. … 인식평가를 하는 주체가 된다는 것은 이 개념체계 속에 있다는 것을 의미한다. 그리고 이 개념체계 속에 있다는 것은 귀납적 가설들의 합리성과 내성, 지각, 기억 판단들의 합리성이 서로 필연적으로 연관되어 있음을 받아들이는 것이다.[140]

> 유효한 행위자(effective agent)가 되기 위해서 우리는 우리 자신과 우리의 주변

---

140) Sellars 1979, p. 179.

환경에 관한 신빙성 있는 인지지도(cognitive map)를 가져야 한다. 따라서 유효한 행위자의 개념은 우리의 내성, 지각, 기억 판단들이 참일 개연성이 높다는 것을 포함한다. … 따라서 우리의 내성, 지각, 기억 판단들이 참일 개연성이 높다는 원리를 받아들이는 것이 합리적이다.[141]

우선 셀라스에 따르면 우리는 세계 속의 유효한 행위자이다. 그런데 우리가 세계 속의 유효한 행위자이기 위해서는 비록 완벽하지는 않더라도 우리의 주변 환경에 관해 어느 정도 신빙성 있는 인지지도를 가져야 한다. 다시 말해 우리의 세계상(world-picture) 또는 개념틀(conceptual frame-work)이 비록 완벽하지는 않더라도 완전히 과녁에서 벗어난 것이어서는 안 된다. 그런데 앞서 언급했던 EP1과 같은 인식원리가 옳지 않다면 우리는 신빙성 있는 인지지도를 가질 수 없다. 따라서 EP1과 같은 근본적 인식원리는 우리가 세계 속의 유효한 행위자이기 위해서 필요한 개념틀의 요소이다. 다시 말해 우리 자신을 세계 속의 유효한 행위자로 간주하는 한, 우리는 이러한 인식원리를 우리의 개념틀의 요소로 받아들여야 한다. 이런 이유에서 셀라스에 따르면 EP1과 같은 근본적인 인식원리는 사실에 의해 경험적으로 정당화되는 원리가 아니라, 거의 논란의 여지가 없는 가정이 성립하기 위해 필요한 조건이다. 즉 이와 같은 원리는 초험 논증에 의해 정당화되는 원리이다.[142]

---

141) Sellars 1979, p. 180.
142) '초험 논증'이란 이름은 원래 칸트가 《순수이성비판》에서 제시한 '지성의 순수 개념의 초험적 연역'(Transcendental Deduction of the Pure Concepts of Understanding)에서 비롯된 것이다. 칸트가 초험적 연역에서 제시한 논증은 매우 거칠게 표현하면 다음과 같다. 현재 우리는 세계의 대상들이 특정 방식으로 표상되는 경험을 가진다. 그런데 이러한 경험적 판단은 반드시 개념을 포함한다. 즉 개념을 포함하지 않은 경험적 판단은

초험 논증의 일반형식은 다음과 같다. X는 우리가 받아들일 수 있는 가정이다. Y는 X가 가능하기 위해 필요한 조건이다. 따라서 X를 받아들이는 사람은 Y도 받아들여야 한다. 셀라스의 논증도 이와 같은 형식의 논증이다. [143]

(P₁) 우리는 세계 속에서 유효한 행위를 할 수 있는 합리적인 인식주체이다.

(P₂) EP₁은 우리가 세계 속에서 유효한 행위를 할 수 있는 합리적인 인식주체
      이기 위해 필요한 조건이다.

(C) 따라서 EP₁이 성립한다.

우선 셀라스에 따르면 우리가 세계 속의 유효한 행위자라는 것은 부인하기 어려운 사실이다. 그리고 EP₁과 같은 근본적인 인식원리는 이와 같이 부인하기 어려운 사실이 성립하기 위해 필수불가결한 조건이다. 그렇다면 (P₂)가 성립하는 이유는 무엇인가? 셀라스는 이 문제를 개념형성과 관련된 언어능력 습득의 본성에 호소하여 해결하고자 한다. 그는 다음과 같이 말한다.

생각할 수 있는 것은 자신의 생각을 올바름, 적절성, 증거의 표준들에 의해 평가할 수 있다는 것이다. [144]

불가능하다. 따라서 우리는 경험을 개념들에 의해 구성된 세계의 경험으로 이해해야 한다. 초험 논증에 대한 보다 자세한 논의를 위해서는 Stern 1999를 보시오.

143) 많은 철학자들이 셀라스의 논증을 초험 논증으로 해석한다. 예컨대 deVries 2005, pp. 64–66; O'Shea 2007, pp. 132–34; Williams 2009, p. 174.

144) Sellars 1963a, p. 6.

이 인식원리들은 자연주의적 배경 하에 이해될 수 있으며 이 원리들의 권위는 개념형성 및 이와 관련된 언어능력 습득의 본성에 의해 설명될 수 있다.[145]

생각하고, 지각하고 또한 행동하는 존재이기 위해서 우리는 이와 같은 인식원리들의 체계 속에 있어야 한다. 이와 같은 인식원리들에 호소함이 없이 우리는 이성적 동물의 개념을 올바르게 해명할 수 없다. 또한 우리의 언어는 이것이 사용되는 세계에 관한 것이다. 따라서 언어적 행동주의의 용어로 표현하면 이와 같은 인식원리들에 호소함이 없이 우리는 언어를 사용하는 유기체의 개념을 올바르게 해명할 수 없다. 따라서 인식원리들의 위상 문제의 진정한 의미가 드러나는 것은 이와 같은 거대 과제의 관점 속에서이다.[146]

셀라스에 따르면 우리가 이성적 동물 또는 언어를 사용하는 유기체라는 것은 거의 논란의 여지가 없는 사실이다. 그리고 언어훈련을 충분히 받은 사람은 정상적 조건하에서 자신이 어떠한 비언어적 상황에 있는지에 관해 신빙성 있는 지각판단을 할 수 있다. 예컨대 앞에 개가 한 마리 있는 상황에서 '내 앞에 개 한 마리가 있다'라는 지각판단을 할 수 있다. 다시 말해 언어훈련을 충분히 받은 사람의 일상적 지각판단은 (이를 의심할 만한 아무런 이유가 없는 한) 참일 개연성이 높다. 따라서 EP1과 같은 인식원리가 참인 이유는 단지 이와 같은 인식원리가 참이 아닐 경우에 인식적 파국에 빠질 수밖에 없다는 것이 아니다. 즉 단지 '모 아니면 도'(all or nothing) 식의 이유가 아니다. 보다 중요한 이유는 개념형성 및 이와 관

---

145) Sellars 1975, p. 345.
146) Sellars 1975, p. 346.

련된 언어능력 습득의 본성과 EP₁과 같은 인식원리의 정당성이 개념적으로 연결되어 있다는 사실이다.

셀라스는 회의론의 문제를 직접적으로 다루지 않는다. 그는 회의론이 잘못된 언어철학과 심리철학에 뿌리를 두고 있다고 생각한다.[147] 따라서 인식론적 해결책을 제시하는 것보다는 앞서 언급했던 것처럼 '이성적 동물' 또는 '언어를 사용하는 유기체'와 같은 개념들의 분석을 제시하는 것이 회의론을 피하는 보다 효과적인 방법이라고 생각한다. 회의론자조차도 이와 같은 개념분석을 부정하기가 어렵기 때문이다.

셀라스의 논증은 기본적으로 옳은 방향의 논증이다. 그렇지만 그의 논증에는 해결해야 할 문제점들이 있다. 첫째, 그의 초험 논증은 이 논증의 가정, 즉 우리가 유효한 행위자라는 가정을 부인하는 회의론자에게는 무력하다. 둘째, 인간과 고등동물 사이의 차이를 정도의 문제로 파악하는 철학자들은 다음과 같은 비판을 제기할 수 있다. 인간 이외의 고등동물들도 적어도 일부는 주변 환경에 대한 신빙성 있는 인지지도를 가질 수 있다. 다시 말해 이러한 고등동물들도 유효한 행위자일 수 있다. 그렇다고 해서 이러한 고등동물들이 EP₁과 같은 인식원리를 필수불가결한 요소로서 포함하고 있는 개념체계를 가져야 하는 것은 아니다. 셋째, 굽타(Gupta 2019)에 따르면 EP₁이 참이 아니어도 우리는 여전히 유효한 행위자일 수 있다. 지각판단은 오해(misconception)를 포함하는 개념을 포함할 수 있다. '위'(up)라는 표현을 두 개의 기준에 따라 사용하는 언어공동체가 있다고 가정해 보자. 지각적 기준(the perceptual criterion)에 따르면 'a는 b 위에 있다'(a is up above b)라는 주장은 b에서 a에로의 선 방향이 이 공동

---

147) Williams 2009, p. 152를 보시오.

체가 사는 행성의 중심에서 b에로의 선 방향과 동일하면 참이다. 그리고 개념적 기준(the conceptual criterion)에 따르면, 'a는 b 위에 있다'는 주장은 b에서 a에로의 선 방향이 이 언어공동체가 받아들이는 '위'의 표준(the standard up)의 방향과 동일하면 참이다. 그리고 '위'의 표준은 다음과 같다. 이 언어공동체에는 지각적으로 현저하게 눈에 띄는 두 대상들이 있다. 하나는 이 언어공동체가 사는 중심부에 위치한 산의 정상 p이고, 다른 하나는 p 상공에서 정지궤도를 도는, 따라서 항상 같은 위치에 있는 것처럼 보이는 자연위성 s이다. 위의 표준의 방향은 p로부터 s로의 선 방향과 일치한다. 이제 이 공동체의 사람들은 자신들의 행성이 평평하다고 믿고 있어서 '위'의 용법에 관한 지각적 기준과 개념적 기준이 일치한다고 믿는다고 가정해 보자. 이 경우 앞서 언급한 산 근방에서 'a는 b 위에 있다' 형식의 주장을 지각적 기준에 따라서 할 경우와 개념적 기준에 따라서 할 경우에 큰 문제없이 비슷한 주장을 할 수 있다. 그러나 지구가 둥글기 때문에 앞서 언급한 산에서 멀리 떨어진 곳에서 'a는 b 위에 있다' 형식의 주장을 할 경우에 각각의 기준에 의한 판정에 차이가 생기게 된다. 따라서 '위'의 용법에 관한 두 기준은 일치하지 않는다. 이런 이유에서 '위'와 관련된 위 공동체 사람들의 지각판단들은 엄밀한 의미에서 대부분 거짓일 수 있다. 그렇지만 위 사회의 구성원들은 여전히 유효한 행위자일 수 있다. 이런 방식으로 우리의 지각판단은 근본적인 오해를 포함할 수 있다. 그리고 이러한 근본적인 오해 때문에 엄밀한 의미에서 EP1이 참이 아닐 수 있다. 그러나 이 사실은 우리가 유효한 행위자가 아님을 함축하지 않는다. 다시 말해 유효한 행위자의 가능성은 EP1과 같은 인식원리가 거짓일 가능성과 양립할 수 있다.

　더 나아가 가장 중요한 문제는 셀라스가 사용하는 초험 논증의 위상에 대해 많은 철학적 논란이 있다는 점이다.

첫째, 초험 논증은 어떤 X가 어떤 주어진 문제를 해결하기 위해 반드시 요구되는 것임을 보임으로써 X를 증명하려는 시도이다. 그렇지만 스트라우드(Stroud 1968)는 초험 논증이 회의론을 극복할 수 없다고 주장한다. 그에 따르면 초험 논증은 우리가 참이라고 믿어야만 하는 것에 관한 결론을 제시할 수는 있지만 세계가 실제로 어떤지에 관한 결론을 제시하지 못한다.

위 논점과 관련하여 생각해 볼 수 있는 한 가지 예시는 다음과 같다. 퍼트넘(Putnam 1973, 1975)의 쌍둥이 지구 논증(Twin Earth Argument)을 고려해 보자. 쌍둥이 지구는 지구와 단지 한 가지 점을 제외하고 모든 점들에서 동일하다. 지구에서 물은 H_2O로 구성되어 있는데 반하여 쌍둥이 지구에서 물처럼 보이는 액체의 화학구성은 XYZ이다. 따라서 지구에 있는 오스카가 '내 앞에 물이 있다'라는 그의 문장에 의해 표현되는 생각을 하면, 이것은 H_2O에 관한 생각이다. 왜냐하면 '물'이라는 그의 표현은 오직 H_2O에만 옳게 적용되기 때문이다. 반면 쌍둥이 지구에 있는 오스카의 대응자(counterpart)인 토스카가 '내 앞에 물이 있다'라는 그의 문장에 의해 표현되는 생각을 하면, 이것은 XYZ에 관한 생각이다. 왜냐하면 '물'이라는 그의 표현은 오직 XYZ에만 옳게 적용되기 때문이다. 이런 이유에서 우리의 일부 생각의 심적 내용은 외부의 환경적 요인들에 의해 개별화된다. 이제 오스카가 다음과 같은 추론을 한다고 가정해 보자. "나는 물에 관한 믿음을 가지고 있다. 내 세계에 물이 존재한다는 것은 물에 관한 믿음을 갖기 위해 필요한 조건이다. 따라서 내 세계에 물이 존재한다." 우리는 두 번째 전제를 의미론적 외재주의(semantic externalism)에 의해 옹호할 수 있다. 따라서 위 논증이 옳다면 오스카는 그가 물에 관한 믿음을 가지고 있다는 심리학적 전제로부터 그의 세계에 물이 존재한다는 비심리학적 결론을 도출할 수 있다. 그러나 토스카도 마찬가지의 추론을 할 수 있다. 다시 말해 토스카도 그가 물에 관한 믿음을 가지고 있다는 심리학적 전제로부터 그의 세계에 물이 존재한다는 비심리학적 결론을 도출할 수 있다. 그러나 오스카와 토스카는 물의 본성이 H_2O인지, XYZ인지에 대해 전혀 알지 못한다. 더 나아가 악령의 세계에 사는 인식주체도 위와 동일한 추론을 할 수 있다. 그러나 악령의 세계에는 물이 존재하지 않을 수 있다. 따라서 단지 심리학적 전제로부터 세계가 실제로 어떤지에 관한 결론을 도출하기 어렵다. 그렇지만 회의론자가 요구하는 것은 심리학적 결론이 아니라 세계가 실제로 어떤지에 관한 결론이다.

둘째, 초험 논증의 필요조건은 일반적으로 특정 종류의 생각을 가능하게 하는 유일조건을 제시함으로써 입증된다. 쾨르너(Stephan Körner)에 따르면 우리는 이러한 유일성을 모든 가능한 경쟁가설들을 제거함으로써만 입증할 수 있다. 그렇지만 여러 이유에서 우리가 미처 생각하지 못한 가설이 남아 있을 가능성을 배제하기 어렵다.[148] 예컨대 앞서 논의했던 다음 논증을 다시 고려해 보자. "나는 물에 관한 믿음을 가지고 있다. 내 세계에 물이 존재한다는 것은 물에 관한 믿음을 갖기 위해 필요한 조건이다. 따라서 내 세계에 물이 존재한다." 이 논증의 두 번째 전제가 성립하기 위해서는 의미론적 외재주의가 성립해야 한다. 그런데 의미론적 내재주의를 논란의 여지 없이 경쟁가설로서 배제하기 어렵다. 이 외에도 초험 논증에 대해 제기된 많은 비판들이 있다.[149]

---

148) 이 비판에 대해서는 Körner 1979를 참조하시오.
149) 초험 논증에 대한 다양한 비판들에 대해서는 Stern 2000을 보시오.

2.

인식원리에 대한 정합론적 옹호

이 절에서 우리는 논란의 여지가 많은 초험 논증에 호소하는 대신에 EP1과 같은 인식원리를 정합론적인 방식으로 정당화할 수 있음을 보일 것이다.

첫째, 모든 동물은 주변 상황에 대한 정보를 획득함으로써 생존에 필요한 먹이를 얻고, 위험을 피한다. 인간들도 예외가 아니다. 그러나 양자 사이에 중요한 차이가 있다. 칸트에 따르면 단순한 동물들과 달리 우리는 이성을 사용해서 무엇을 믿을지 그리고 무엇을 할지를 결정할 수 있는 이성적 존재들이다. 다시 말해 우리는 무엇을 믿을지 또는 무엇을 할지를 결정하기 위해 이론적 추론 또는 실천적 추론을 할 수 있는 존재들이다. 그리고 이성을 사용해서 무엇을 믿을지 결정하기 위해서는 다시 말해 인식론적 논의를 하기 위해서는 어떤 것을 정당화하는 것이 (최소한 원리상) 가능함을 받아들여야 한다. 이것을 부정하면 어떤 주장을 옹호하거나 비판하는 것이 불가능해지고, 따라서 인식론적 논의가 불가능해진다. 따라서 어떤 것을 (인식론적으로) 정당화하는 것이 (최소한 원리상) 가능함을 받아들이는 것은 인식론적 논의를 위해 필요한 최소한의 추정(minimum presumption)이다. 왜냐하면 이것을 부정하는 것은 이성적 존재로서의 우리의 본성을 부정하는 것과 마찬가지이기 때문이다.

위 논점과 관련하여 한 가지 주목할 점은 회의론자조차도 인식론적 논의를 위한 위와 같은 최소한의 추정을 부정하기 어렵다는 사실이다. 이러한 인식론적 추정을 부정하는 회의론자는 자신의 회의론을 옹호할 수 없다. 따라서 이러한 인식론적 추정을 부정하는 회의론은 자기논박적(self-refuting)이다. 따라서 회의론자가 이러한 인식론적 추정이 옳지 않음을 보여주는 적극적인 논거를 우리에게 제시하지 못하는 한, 우리는 인식론적 논의를 위해 이러한 인식론적 추정을 받아들여야 한다.

둘째, 우리는 우리 자신의 지각판단과 객관적 사실을 비교하기 위해 우리의 개념체계에서 벗어날 수 없다. 노이라트가 언급한 것처럼 "우리의 신세는 배를 드라이독에서 해체한 후 최상의 재료로 재건하는 대신에 불가피하게 망망대해 위에서 고칠 수밖에 없는 선원과 유사하다."[150] 따라서 칸트에 의하면 어떤 것을 옹호하기 위한 (또는 비판하기 위한) 규범들, 기준들 또는 규칙들은 우리의 개념체계에 의존한다.[151] 이런 이유에서 모든 정당화 요구에 대해서 우리는 우리의 개념체계를 토대로 답할 수밖에 없다. 다시 말해 우리는 무언가를 정당화하기 위해 현재의 개념체계에서 출발할 수밖에 없다.

셋째, 앞서 언급한 것처럼 어떤 것을 (인식론적으로) 정당화하는 것이 (최소한 원리상) 가능함을 받아들이는 것은 인식론적 논의를 위해 필요한 최소한의 추정이다. 그리고 정당화 개념은 규범적 개념이다. 즉 우리는 정당화되는 믿음은 받아들여야 하고, 정당화되지 않는 믿음은 받아들여서

---

150) Neurath 1959, p. 201.

151) Kant 1996.

는 안 된다. 또한 우리의 정당화 개념은 우리의 인식목적에 의존하는 목적 의존적(goal-dependent) 개념이다. 제2장에서 지적했던 것처럼 어떤 믿음이 '정당화된다'고 말하는 것은 우리의 인식목적과 관련하여 그 믿음을 긍정적으로 평가하는 것이다. 또한 어떤 믿음이 '정당화되지 않는다'고 말하는 것은 그 믿음을 부정적으로 평가하는 것이다. 따라서 우리의 인식목적이 합리적이지 않으면 우리는 정당화되는 믿음은 받아들여야 하고 정당화되지 않는 믿음은 받아들여서는 안 되는 인식의무를 따를 이유가 없게된다. 다시 말해 정당화되는 믿음을 받아들여야 하는 우리의 인식의무는 인식목적의 합리성에 의존한다. 이런 이유에서 '어떤 것을 (인식론적으로) 정당화하는 것은 (최소한 원리상) 가능하다'가 인식론적 논의를 위해 필요한 최소한의 추정인 것처럼 '인식목적은 합리적이다'도 인식론적 논의를 위해 필요한 최소한의 추정이다.

그렇다면 우리의 인식목적은 무엇인가? 앞서 언급한 것처럼 모든 동물은 주변 상황에 대한 정보를 획득함으로써 생존에 필요한 먹이를 얻고 또한 위험을 피한다. 그리고 인간들도 예외가 아니다. 그러나 단순한 동물들과 달리 우리는 이성을 사용해서 무엇을 믿을지를 결정할 수 있는 이성적 존재들이다. 따라서 우리의 인식목적은 이성을 사용해 참일 개연성이 높은 믿음들을 획득함으로써 우리가 사는 세계를 적절히 이해하는 것이다. 그런데 앞서 언급한 바대로 우리는 우리 자신의 지각판단과 객관적 사실을 비교하기 위해 우리의 개념체계에서 벗어날 수 없고, 따라서 그 어떤 정당화 요구에 대해서도 우리의 개념체계를 토대로 답할 수밖에 없다. 그래서 셀라스에 따르면 우리가 인식목적을 위해 할 수 있는 최선은 최고의 설명적 정합성(a maximum of explanatory coherence)을 갖는 세계상을 획득하는 것이고 이를 위해 우리의 개념체계를 내부에서 점진적으로 개선하는 것이다. 그는 다음과 같이 말한다.

우리의 목적은 세계상의 세 가지 기본요소들을 솜씨 있게 조작하는 것이다. 즉 (a) 관찰되는 대상들과 사건들, (b) 관찰되지 않는 대상들과 사건들 그리고 (C) 법칙적 관계들을 솜씨 있게 조작함으로써 최고의 설명적 정합성을 갖는 세계 상을 획득하는 것이다. 이러한 수정(reshuffle)에서 그 어떤 것도 신성불가침하지 않다.[152]

넷째, 우리는 제5장에서 논의했던 정합성에 관한 레러의 견해를 수용할 수 있다. 레러는 정합성을 '비판들에 답함'(beating all competitors) 또는 '경쟁 주장들을 물리침'(answering all objections)의 개념으로 이해한다. 이 견해에 따르면 대략적으로 어떤 믿음체계를 토대로 p에 대해 제기될 수 있는 모든 비판들에 답할 수 있는 경우에 p는 그 믿음체계와 정합적이다. 그런데 셀라스에 따르면 우리의 정당화 개념은 정당화를 요구하고 이에 답하는 사회실천을 배경으로 발전해 온 상호주관적 개념이다. 따라서 우리는 정합성에 관한 레러의 착상을 주관적 모델 대신 상호주관적 모델에 맞게 수정할 필요가 있다. 이 상호주관적 모델에 따르면 대략적으로 정당화의 사회실천 속에서 p에 대해 제기될 수 있는 모든 비판들에 답할 수 있는 경우에 p는 우리의 개념체계와 정합적이다. 그리고 p가 이런 의미에서 우리의 개념체계와 정합하는 경우에 p는 상호주관적으로 정당화된다.

다섯째, 브랜덤이 지적하는 것처럼 정당화의 사회실천은 추정과 도전의 정당화 구조(the default-and-challenge structure of justification)를 요구한다.[153] '어떤 것을 (인식론적으로) 정당화하는 것은 (최소한 원리상) 가능하

---

152) Sellars 1963e, p. 356.
153) Brandom 1994, pp. 176-178을 보시오.

다'는 인식론적 논의를 위해 필요한 최소한의 추정이다. 그리고 우리의 정당화 개념은 정당화를 요구하고 이에 답하는 사회실천을 배경으로 발전해 온 상호주관적 개념이다. 따라서 정당화의 사회실천 속에서 어떤 것을 정당화할 수 있다는 것은 인식론적 논의를 위한 최소한의 추정이다. 그런데 정당화의 사회실천 속에서 어떤 것을 정당화하는 것이 가능하기 위해서는 추정과 도전의 정당화 구조가 요구된다. 그 이유는 대략적으로 다음과 같다.

우선, 정당화의 무한퇴행이 불가능하다. 우리가 어떤 주장에 대한 도전에 답하기 위해 A란 근거(또는 증거)를 제시했다고 하자. 이에 대해 도전자는 '왜 A인가?'라고 물을 수 있다. 이에 답하기 위해 우리는 또 다른 근거 B를 제시할 수 있다. 이에 대해 도전자는 다시금 '왜 B인가?'라고 물을 수 있다. 그런데 만약 도전자가 이처럼 우리가 제시하는 어떤 근거에 대해서도 '왜?'라고 끊임없이 의문을 제기할 권리를 갖는다면 우리가 궁극적으로 정당화할 수 있는 것은 아무 것도 없게 된다. 또한 진정한 의심은 동시에 의심되지 않는 다른 믿음들의 배경 하에서만 정당하게 제기될 수 있다. 피어스(C. S. Peirce)에 따르면 데카르트의 악령의 가설이 참일지도 모른다는 생각은 진정한 의심(genuine doubt)이 아니라 인공적 의심(artificial doubt)이다. [154] 진정한 의심은 근거를 필요로 한다. 어떤 명제가 참이 아닐 수 있는 경우를 단지 상상할 수 있다는 것은 그 명제를 의심할만한 진정한 근거가 아니다. 단지 어떤 명제를 의문문의 형태로 표현

---

154) "일부의 철학자들은 탐구를 시작하기 위해 구두로 또는 종이에 글로써 단지 질문을 제기하는 것으로 충분하다고 생각해 왔다. 또한 심지어는 모든 것을 의심하면서 탐구를 시작할 것을 추천해 왔다. 그러나 한 명제를 단지 의문문 형태로 표현한다고 해서 믿음을 형성하고자 발버둥 치도록 마음을 자극하지 않는다. 진정한 살아 있는 의심이 일어나야 하며 이것 없이 모든 논의는 공허할 뿐이다." (Peirce 1955, p. 11)

한다고 해서 그 명제의 진위를 결정하기 위한 탐구를 시작하도록 우리의 마음을 자극하는 것은 아니다. 마찬가지로 우리의 근본적인 인식론적 추정을 의심하기 위해서는 근거가 필요하다. 다시 말해 회의론자가 위에서 언급한 인식론적 추정을 거부하기 위해서는 이를 진정으로 의심할 만한 적극적인 근거를 제시해야 한다. 이러한 적극적 근거를 제시함이 없이 위에서 언급한 인식론적 추정을 거부하는 것은 이성적 논의를 불가능하게 만드는 것이기 때문이다. 따라서 어떤 것을 옹호하는 것이 가능하기 위해서는 추정적 정당화(default justification)의 위상을 가지는 주장들이 있어야 한다. 그리고 그런 주장들에 대해서는 입증의 부담이 도전자에게 전가된다. 즉 입증의 부담이 주장자가 아니라 도전자에 있고, 따라서 도전자가 이것을 의심할 만한 적절한 반대근거를 제시하지 못하는 한 정당한 것으로 추정되는 주장들이 있어야만 한다.

이제 EP1이 정당화되는지에 대해 살펴보자. 모든 정당화 요구에 대해서 우리는 정당화를 요구하고 이에 답하는 사회실천 속에서 우리의 개념체계를 토대로 답할 수밖에 없다. 인식원리의 경우도 예외가 아니다. 따라서 EP1이 정당화되는지에 대해 우리는 정당화의 사회실천 속에서 이에 대한 인식론적 논의를 함으로써 답할 수밖에 없다. 그리고 우리는 위에서 언급한 논점들을 토대로 EP1을 다음과 같은 방식으로 정당화할 수 있다.

첫째, 우리가 아는 한 정당화의 사회실천 속에서 EP1은 정당한 인식원리로서 지금껏 큰 문제없이 사용되어 왔다.

둘째, EP1이 결함이 있는 인식원리라고 생각할 만한 적극적인 이유가 없다. 다시 말해 EP1이 우리를 거짓된 믿음으로 인도할 가능성이 높다고 생각할 만한 적극적인 이유가 없다.

셋째, 인식목적을 추구함에 있어서 EP1을 받아들이는 것 외에 실질적인 대안이 없다.

마지막 논점에 대해 부연설명을 하면 다음과 같다. 우리가 EP1을 받아들으면 우리는 일상적 지각판단들이 (이를 의심할 만한 반대증거가 제시되지 않는 한) 참일 개연성이 높은 것으로 간주할 수 있고, 따라서 이러한 믿음들을 토대로 우리의 인식목적을 추구할 수 있다. 반면 EP1을 부정하는 것은 세계에 관한 인식론적 창을 닫는 것과 마찬가지다. 왜냐하면 감각지각은 우리가 세계의 우연적 사실들에 관한 정보를 얻는 필수불가결한 원천이기 때문이다. 따라서 우리가 EP1을 받아들이지 않는 경우에 우리는 우리의 인식목적을 추구하기 어렵다. 따라서 인식목적을 추구함에 있어서 EP1을 받아들이는 것 외에 실질적 대안이 없다.

위와 같은 조건들하에서 우리는 EP1이 우리의 정당화의 사회실천 속에서 추정적 정당화의 위상을 가지는 것으로 여길 수 있다. 다시 말해 우리의 인식목적이 합리적이 아님을 보여주는 적극적 논거가 제시되지 않는 한 또는 EP1의 실질적 대안이 제시되지 않는 한 EP1을 인식규범으로 받아들이는 것이 합리적이다. 그리고 인식원리에 관한 이와 같은 정당화와 관련하여 주목할 점들이 있다.

우선 지금까지의 논증은 회의론이 틀렸음을 보이지 못한다. 그러나 적극적인 반대논거가 제시되지 않는 한 우리가 EP1을 받아들이는 것이 왜 합리적일 수 있는지를 보여준다. 또한 EP1과 같은 인식원리가 정당화되는 이유는 단지 이와 같은 인식원리가 참이 아닐 경우에 인식론적 파국에 직면한다는 것이 아니다. 즉 단지 "모 아니면 도"(all or nothing) 식의 이유가 아니다. 앞서 논의한 바대로 EP1은 정당화의 사회실천 속에서 추정적 정당화의 위상을 지닌다. 따라서 우리는 이 인식원리에 관해 입증의 부담을 도전자에게 전가할 수 있다. 그러므로 도전자가 인식목적이 합리적이 아님을 보여주는 적극적 논거를 제시하거나 또는 EP1의 대안을 제시하거나 둘 중 하나를 하지 못하는 한 EP1은 정합론적으로 정당화된다. 왜냐하면 셀라시언 정합성 이론에 따르면 정당화의 사회실천 속에서 이 원리가 모든 비판들로부터 옹호될 수 있으면 긍정적 정당화의 위상을 지니기 때문이다. 또한 우리의 개념틀 속에서 내성과 기억도 지각과 유사한 인식적 위상을 갖기 때문에 내성과 기억에 대해서도 지각의 경우와 유사한 방식으로 정당화할 수 있다.[155]

---

155) 앞서 주장한 바대로 정당화의 사회실천은 추정과 도전의 정당화 구조를 요구한다. 이에 대해 주관적 정당화 차원에서 추정과 도전의 정당화 구조를 받아들일 수 있지 않을까 하는 의문이 제기될 수 있다. 그러나 주관적 정당화 차원에서는 추정과 도전의 정당화 구조가 정당화되기 어렵다. 첫째, 정당화에 관한 셀라시언 사회실천 이론은 기본적으로 정당화의 논증적 설명(the argumentative account of justification)을 받아들인다. 이 설명에 따르면 믿음은 전제로 제시되는 이유들에 의해 옹호되는 경우에만 정당화된다. 이런 이유에서 '믿음에 의거하지 않는 정당화'(non-doxastic justification)를 받아들이는 토대론과 구분된다. 둘째, 어떤 믿음들이 추정적 정당화의 위상을 지니는지는 정합론적으로 정당화된다. 따라서 추정적 정당화의 위상을 지니는 믿음들은 토대론에서 말하는 기초 믿음들과 또한 구분된다. 셋째, 어떤 믿음이 추정적 정당화의 위상을 지니기 위해서는 다음과 같은 정당화가 필요하다. 지금껏 그와 같은 믿음은 정당화의 사회실천 속에서 매우 신뢰할 만한 것이었다. 또한 그와 같은 믿음을 거짓이라고 생각할 만한 그 어떤 좋은 이유가 없다. 더 나아가 정당화의 사회실천을 함에 있어서 그와 같은 믿음을 받아들이는 것 외에 다른 더 나은 대안이 없다. 그런데 개인적 정당화 차원에서 어떤 믿음이 지금껏 신뢰할 만한 것이었다는 것은 진리개연성 차원에서 부족하다. 어떤 사람의 경우 수정구슬 점치기(crystal-ball gazing)에 의한 믿음들이 지금껏 신뢰할 만한 것일 수 있다. 그러나 그와 같은 인식적 운(epistemic luck)은 그의 믿음들이 인식적으로 정당화됨을 보여주지 않는다. 마찬가지로 개인적 차원에서 지금껏 자신의 지각적 믿음들이 신뢰할 만한 것이었어도 이 사실은 그의 지각적 믿음들이 추정적 정당화의 위상을 가짐을 보여주지 않는다. 왜냐하면 수정구슬 점쟁이도 마찬가지의 주장을 할 수 있기 때문이다. 넷째, 주관적 정당화 차원에서 어린아이의 지각적 믿음들이 추정적 정당화의 위상을 지닌다고 주장하는 것은 정당화의 논증적 설명을 부정하는 것이다. 어린아이의 지각적 믿음들이 추정적 정당화의 위상을 지닐 수 있는 이유는 정당화의 사회실천 속에서 그 아이가 인식적 노동에 관해 사회적 분업에 참여할 수 있기 때문이다.

3.

정합론적 설명은 인식적 순환성의 문제를 피할 수 있는가?

앞서 논의한 바대로 EP_1과 같은 근본적인 인식원리의 정당화와 관련하여 가장 중요한 문제는 인식적 순환성이다. 그렇다면 앞절에서 제시한 정합론적 설명은 과연 이 문제를 피할 수 있는가? 이와 관련하여 지각의 일반적 신빙성을 선제함이 없이 EP_1이 우리의 개념체계의 설명적 정합성을 증가시키는 원리임을 알 수 없다는 비판이 제기될 수 있다.

위와 같은 비판에 답하기 위해서 우리는 발생적 물음(the genetic question)과 정당화의 물음(the justification question)을 구분할 필요가 있다. 앞서 지적했던 바대로 우리는 우리의 개념체계(또는 개념틀)를 토대로 'EP_1과 같은 인식원리를 받아들이는 것은 합리적인가?'라는 물음에 답할 수밖에 없다. 셀라스는 우리의 개념체계와 관련하여 두 가지 물음을 구분한다.[156]

(1) 우리는 어떻게 우리의 개념체계를 갖게 되었는가?
(2) 우리의 개념체계를 토대로 우리는 어떻게 EP_1과 같은 인식원리를 정당화할

---

156) Sellars 1979, p. 180을 보시오.

수 있는가?

셀라스에 따르면 (1)은 발생적 물음이다. 이와 같은 발생적 물음에 대해서는 인과적인 답(causal answer)을 제시해야 한다. 즉 (1)은 세계를 개념적으로 표상할 수 있는 존재들이 어떻게 세계 속에 출현했는지에 대한 과학적 설명을 제시하는 문제이다. 반면 (2)는 정당화에 관한 물음이다. 우리는 어떤 것을 정당화하고자 할 때 우리의 개념체계를 이용해 정당화할 수밖에 없다. 따라서 (2)는 우리의 개념체계를 토대로 EP1과 같은 인식원리를 어떻게 정당화할 수 있는지에 관한 문제이다. 우리가 현재의 개념체계를 부분적으로 지각경험을 통해 갖게 되었다는 것은 부인하기 어려운 사실이다. 그렇지만 이것은 발생적 문제이지 정당화의 문제가 아니다.

그렇다면 (2)의 물음과 관련하여 우리는 비순환적인 정당화를 제시할 수 있는가? 앞서 언급했던 것처럼 우리가 어떻게 개념체계를 갖게 되었든지 간에 우리는 EP1과 같은 인식원리를 우리의 개념체계를 토대로 정당화할 수밖에 없다. 그리고 비록 우리가 감각지각의 일반적 신빙성을 미리 입증하지 못해도 우리가 인식목적을 추구하기 위해서 EP1을 받아들이는 것 외에는 진정한 대안이 없음을 여전히 주장할 수 있다. 이런 의미에서 위 제안은 인식론적으로 순환적이지 않다.

끝으로 필자의 논증과 셀라스의 논증의 차이점에 대해 간략히 언급하면 다음과 같다.

첫째, 필자의 정합론적 설명은 EP1을 정합론을 토대로 정당화하기 때문에 논증 구조의 측면에서 초험 논증에 비해 철학적으로 논란의 여지가 적다.

둘째, 필자의 정합론적 설명은 우리가 유효한 행위자임을 가정하지 않는다. 그 대신 우리의 정당화 개념에 호소한다. 이 정당화 개념에 따르면 정당화를 요구하고 이에 답하는 사회실천 속에서 어떤 것을 (인식론적으로) 정당화하는 것이 (최소한 원리상) 가능함을 받아들이는 것은 최소한의 인식론적 추정이다.

셋째, 회의론에 대응하는 데 훨씬 효과적이다. 회의론자와 우리가 정당화의 개념을 공유하지 않는다면 회의론자와 우리는 서로 인식론적 논쟁을 할 수 없다. 즉 우리와 정당화의 개념을 공유하지 않는 회의론자는 우리의 믿음이 정당화되지 않는다고 우리에게 주장할 수 없다. 따라서 회의론자도 우리와 인식론적 논쟁을 하려면 우리와 정당화 개념을 공유해야 한다. 또는 우리의 정당화 개념을 대체할 수 있는 대안을 제시해야 한다. 그리고 우리가 갖고 있는 현재의 정당화 개념에 따르면 정당화의 사회실천은 추정과 도전의 구조를 요구한다. 따라서 우리는 EP1과 같은 근본적 인식원리의 정당화와 관련하여 입증의 부담을 회의론자에게 전가하는 전략을 사용할 수 있다.

넷째, 필자의 정합론적 설명에 따르면 EP1은 우리의 인식목적을 추구하기 위해 필요한 인식규범으로서 정당화된다. 즉 대략 다음과 같은 방식으로 정당화된다.

(i) 우리가 아는 한 정당화의 사회실천 속에서 EP1은 정당한 인식원리로서 지금껏 큰 문제없이 사용되어 왔다.

(ii) EP1이 결함이 있는 인식원리라고 생각할 만한 적극적인 이유가 없다.

(iii) 인식목적을 추구함에 있어서 EP1을 받아들이는 것 외에 대안이 없다.

위와 같은 조건들하에서 EP1은 셀라시언 정합성 이론에 의해 추정적 정당화의 위상을 가지는 것으로 정당화된다. 따라서 EP1과 관련된 합리성은 인식적 합리성(epistemic rationality)이다. 이런 이유에서 우리는 EP1과 같은 근본적 인식원리를 실천적 합리성(practical rationality)의 차원이 아닌 인식적 합리성의 차원에서 옹호할 수 있다.[157]

---

157) 인식원리들의 정합론적 정당화에 관한 보다 자세한 논의를 위해서는 필자의 2021년 논문 "A Coherentist Justification of Epistemic Principles and Its Merits"를 참조하시오.

제8장

셀라시언 정합성 이론과
진리개연성 문제

    제4장에서 언급했던 것처럼 정당화 이론으로서 정합성 이론은 정당화의 적절성 조건을 충족해야 한다. 이 조건에 의하면 어떤 믿음 p가 인식적으로 정당화되기 위해서는 진리개연적이어야 한다. 다시 말해 참일 개연성이 높아야 한다. 그러나 정합성과 진리가 어떻게 연결되는지 분명치 않다. 따라서 정합성 이론은 정합성과 진리개연성 사이의 관계에 대해 해명해야 한다. 이것이 이른바 진리개연성 문제이다. 이 문제는 정합성 이론의 가장 큰 난제이다. 바로 이 문제 때문에 로렌스 본주어가 한때 정합성 이론을 옹호했다가 이를 포기하게 되었다. 또한 이 문제 때문에 본주어 외에도 많은 철학자들이 정합성 이론에 대해 회의적 태도를 갖게 되었다.

    진리개연성 문제는 정합성 이론들이 일반적으로 받아들이는 두 가정들에 의존한다. 하나는 동등하게 정합적인 상이한 믿음체계들이 존재할 수 있다는 것이다. 정합론에 대한 복수체계반론은 이 가정에 의한 것이다. 다른 하나는 진리가 정합성 이론이 상정하는 정당화의 외적인 특성(external characteristic)이라는 것이다. 정합적으로 정당화된 믿음이 여전히 참이 아닐 수 있기 때문이다.

제8장의 목적은 셀라시언 정합성 이론이 진리개연성 문제를 해결할 수 있음을 보이는 데 있다. 이를 위해 필자는 셀라시언 정합성 이론과 진리의 축소주의적 견해를 결합함으로써 진리개연성 문제를 야기하는 두 가정들을 무력화시킬 수 있음을 보일 것이다. 또한 이전 형태의 정합성 이론들이 직면하는 다른 문제들, 예컨대 고립반론과 토대관계 문제와 같은 문제들도 이러한 정합성 이론에 큰 난점이 아님을 주장할 것이다.

1.

셀라시언 설명적 정합성 이론

셀라시언 정합성 이론에 대해서는 제7장에서 대략적으로 설명하였다. 그 핵심내용을 다시 간략히 정리하면 다음과 같다.

첫째, 모든 동물들은 주변 상황에 대한 정보를 획득함으로써 생존에 필요한 먹이를 얻고 또한 위험을 피한다. 우리 인간들도 예외가 아니다. 그러나 양자 사이에 중요한 차이가 있다. 칸트에 따르면 단순한 동물들과 달리 우리는 이성을 사용해서 무엇을 믿을지 그리고 무엇을 할지를 결정할 수 있는 이성적 존재들이다.

둘째, 이성을 사용해 무엇을 믿을지 결정하기 위해서는 정당화되는 믿음을 가지는 것이 (최소한 원리상) 가능함을 받아들여야 한다. 이것을 부정하면 어떤 믿음을 옹호하거나 비판하는 것이 불가능해지고, 따라서 인식론적 논의가 불가능해진다. 그러므로 어떤 믿음을 (인식론적으로) 정당화하는 것이 (최소한 원리상) 가능함을 받아들이는 것은 인식론적 논의를 위해 필요한 최소한의 추정이다.

셋째, 우리는 우리 자신의 지각판단과 객관적 사실을 비교하기 위해 우리의 개념체계에서 벗어날 수 없다. 따라서 칸트에 의하면 어떤 것을 옹호하기 위한 (또는 비판하기 위한) 규범들, 기준들 또는 규칙들은 우리의 개념체계에 의존한다. 이런 이유에서 모든 정당화 요구에 대해서 우리는 우리의 개념체계를 토대로 답할 수밖에 없다. 그래서 우리가 할 수 있는 최선은 우리의 개념체계를 내부로부터 개선하는 것이다. 그러므로 셀라스에 따르면 우리의 인식목적은 최고의 설명적 정합성(a maximum of explanatory coherence)을 갖는 세계상을 획득하기 위해 우리의 개념체계를 내부에서 점진적으로 개선하는 것이다.

넷째, 그렇다면 정합성은 무엇인가? 레러는 정합성을 경쟁주장들을 물리침(beating all competitors) 또는 비판들에 답함(answering all objections)의 개념으로 설명한다. 이 견해에 따르면 대략적으로 어떤 믿음체계를 토대로 p에 대한 모든 비판들에 답할 수 있는 경우에 p는 그 믿음체계와 정합적이다. 그런데 우리의 정당화 개념은 정당화를 요구하고 이에 답하는 사회실천을 배경으로 발전해 온 상호주관적 개념이다. 따라서 정합성에 관한 레러의 착상을 정당화의 상호주관적 모델에 맞게 수정해야 한다. 이 모델에 따르면 대략적으로 정당화의 사회실천 속에서 p에 대해 제기될 수 있는 모든 비판들에 답할 수 있는 경우에 p는 정당화된다.

다섯째, 정당화의 사회실천은 추정과 도전의 정당화 구조(the default-and-challenge structure of justification)를 요구한다. 정당화의 사회실천 속에서 어떤 것을 정당화할 수 있다는 것은 인식론적 논의를 위한 최소한의 추정이다. 그런데 정당화의 사회실천 속에서 어떤 것을 정당화하는 것이 가능하기 위해서는 추정과 도전의 정당화 구조가 요구된다. 그 이유는 다음과 같다. 첫째, 정당화의 무한퇴행은 불가능하다. 둘째, 진정한 의심은 동시에 의심되지 않는 다른 믿음들의 배경 하에서만 정당하게 제기될 수 있다. 따라서 정당화의 사회실천 속에서 어떤 것을 옹호하는 것이 가능하기 위해서는 추정적 정당화(default justification)의 위상을 가지는 주장들이 있어야 한다. 그리고 그런 주장들에 대해서는 입증의 부담이 도전자에게 전가된다.

여섯째, 그렇다면 추정적으로 정당화되는 믿음들은 어떤 것들인가? 우리는 세계에 관한 정보를 지각(perception), 기억(memory) 및 내성(intro-spection)을 통해 얻는다. 따라서 이것들이 신뢰할 만한 정보의 원천이 아니면 우리는 세계에 관해 정당화되는 믿음들을 가질 수 없다. 이제 제7장에서 논의했던 다음과 같은 인식원리들을 다시 살펴보자.

> EP₁: 우리의 지각판단은 (이를 의심할 만한 아무런 이유가 없는 한) 참일 개연성이 높다.
>
> EP₂: 우리의 기억판단은 (이를 의심할 만한 아무런 이유가 없는 한) 참일 개연성이 높다.
>
> EP₃: 우리의 내성판단은 (이를 의심할 만한 아무런 이유가 없는 한) 참일 개연성이 높다.

우리는 이러한 인식원리들을 정합론적인 방식으로 정당화할 수 있다. 예컨대 제7장에서 주장했던 바대로 우리는 EP₁을 다음과 같이 정당화할 수 있다.

> (i) 우리가 아는 한 정당화의 사회실천 속에서 EP₁은 정당한 인식원리로서 지금껏 큰 문제없이 사용되어 왔다.
>
> (ii) EP₁이 결함이 있는 인식원리라고 생각할 만한 적극적인 이유가 없다.
>
> (iii) 인식목적을 추구함에 있어서 EP₁을 받아들이는 것 외에 대안이 없다.

위와 같은 조건들하에서 EP₁은 셀라시언 정합성 이론에 의해 추정적 정당화의 위상을 가지는 것으로 정당화된다.

앞서 언급한 바대로 정당화의 사회실천은 추정과 도전의 정당화 구조를 요구한다. 따라서 우리의 인식목적이 합리적이 아님을 보여주는 적극적 논거가 제시되지 않는 한, 또는 EP1의 대안이 제시되지 않는 한, 우리가 EP1을 인식규범으로 받아들이는 것은 합리적이다. 다시 말해 정당화의 사회실천 속에서 EP1은 추정적 정당화의 위상을 지닌다. 그리고 EP1에 따라 지각믿음들은 추정적 정당화의 위상을 지닌다. 그리고 그런 믿음들이 우리의 관찰 데이터를 구성한다.

그런데 여기서 한 가지 주목할 점이 있다. 추정적 정당화의 위상을 갖는 지각믿음들은 토대론이 주장하는 기초 믿음들이 아니다. 토대론과 정합론을 구분하는 가장 중요한 기준은 믿음에 의거하지 않는 정당화(non-doxastic justification)를 받아들이는지 여부이다. 토대론에 따르면 기초믿음들은 비개념적인 감각경험들에 의해 정당화된다. 그러나 셀라시언 정합성 이론은 믿음에 의거하지 않는 정당화를 거부한다. 앞서 언급한 바대로 정당화의 사회실천 속에서 p에 대해 제기될 수 있는 모든 비판들에 답할 수 있는 경우에 p는 정당화된다. 지각믿음들도 예외가 아니다. 내가 정상적 조건하에서 지각을 통해 어떤 지각믿음을 형성했다면 그 믿음은 반대증거가 제시되지 않는 한, 추정적 정당화의 위상을 지닌다. 그렇지만 이렇게 추정적 정당화의 위상을 지니는 지각믿음은 다른 믿음들을 정당화해주지만 그 자체는 다른 믿음에 의거함이 없이 정당화되는 고정점(fixed point)이 아니다. 이러한 믿음도 언제든지 이를 의심할 만한 반대증거가 제시되면 긍정적 정당화의 위상을 잃을 수 있다. 이런 의미에서 지각믿음들은 토대론이 말하는 기초믿음들이 아니다. 따라서 셀라시언 정합성 이론은 기초 믿음의 존재를 거부한다. 내성과 기억에 관해서도 우리는 유사한 논증을 제시할 수 있다. [158] 요컨대 셀라시언 설명적 정합성 이론에 따르면 지각, 기억, 내성을 통해 (추론과정 없이) 형성되는 믿음들은 추정적으로 정당화된다. 그리고 추정적 정당화의 위상을 지니지 않는 믿음들에 대해서는 그것들을 옹호해주는 적극적인 논거들이 제시돼야만 정당화의 사회실천 속에서 긍정적 정당화의 위상을 획득할 수 있다. 또한 긍정적 정당화의 위상을 유지하기 위해서는 제기되는 모든 비판들에 답할 수 있어야 한다. [159]

---

158) 셀라스는 관찰 진술과 이론 진술 사이의 인식적 비대칭성을 받아들인다. 그렇지만 관찰이론 구분은 절대적이지 않다. 셀라스는 인식론적 전체론을 받아들인다. 즉 경험 테스트의 대상이 되는 것은 궁극적으로 각 개별 문장이 아니라 개념체계 전체이다. 또한 보다 나은 개념체계 또는 세계상을 획득하기 위해서 그 어떤 것도 수정될 수 있다. 따라서 우리의 어떤 개념도 원리상 불변의 것이 아니다. 이것을 수정함으로써 우리 개념체계의 설명적 정합성이 증대되는 경우에 이것을 수정하지 말아야 할 이유가 없다. 이런 이유에서 셀라스는 모든 탐구가 출발점으로 삼아야 하는 불변의 개념들이 있다는 생각을 부정한다. 그러한 생각은 '소여의 신화'(the myth of the given)에 불과하다. 따라서 셀라스에 의하면 이론 대상과 관찰 대상 사이의 구분은 존재론적 구분이라기보다는 방법론적 구분이다. 이론 대상들은 추론을 통해 알게 되는 대상들이고, 반면 관찰 대상들은 비추론적으로 알게 되는 대상들이다. 이런 이유에서 이론 대상들과 관찰 대상들은 존재론적으로 다른 종류의 대상들이 아니라 단지 우리가 인식하는 방식에서 구분되는 대상들이다. 예컨대 1846년에 프랑스 수학자 르베리에(Urbain Le Verrier)가 천왕성 궤도의 섭동 현상을 설명하기 위해 뉴턴 역학을 토대로 처음 이론적으로 해왕성을 예측을 했을 때 해왕성은 순수하게 이론적 대상이었다. 그렇지만 나중에 강력한 천체 망원경의 도움으로 해왕성이 실제로 관측되었을 때 관찰할 수 있는 대상으로 그 위상이 변화하였다. 또한 잘 훈련된 물리학자는 안개상자(cloud chamber)를 통과하는 알파 입자의 위치를 추론과정의 매개 없이 직접적으로 관찰할 수 있다. 요컨대 관찰이론 구분은 절대적이지 않다. Sellars 1997, pp. 163-164를 보시오.

159) 여기서 한 가지 주목할 점은 정당화의 사회실천 속에서 믿음 또는 가설을 인식적으로 평가하는 인식규범들 또는 기준들이 또한 존재한다는 점이다. 다시 말해 h가 최고의 설명적 정합성을 갖는 가설이기 위해 필요한 다양한 설명적 덕목들(explanatory virtues)과 추론적 덕목들(inferential virtues)이 있다. 예컨대 카트라이트(Cartwright 1983, p. 6)는 통제된 실험(controlled experiment)을 통해 다른 원인의 가능성들을 배제할 수

있는 경우에만 설명이 진리개연적일 수 있다고 주장한다. 또한 단지 주어진 현상의 원인을 설명해주는 가설보다는 주어진 현상 저변에 놓여 있는 인과적 메커니즘을 밝혀주는 가설이 보다 나은 가설이다. 또한 보다 많은 현상들을 보다 정확하게 설명해주는 가설이 그렇지 못한 것보다 나은 가설이다. 그리고 새로운 현상들과 기존 지식 내에서 아직 인식되지 못했던 관계들을 드러내주는 설명이 그렇지 못한 것보다 나은 설명이다. 더 나아가 새로운 종류의 대상들을 도입함이 없이 서로 다른 현상들을 통합해주는 가설이 보다 나은 가설이다. h가 이와 같은 조건들을 충족하지 못하면 우리의 세계상과 관련하여 최고의 설명적 정합성을 갖는 가설로 간주될 수 없다.

2.

객관적 정당화와 객관적 진리

서두에서 언급했던 것처럼 정합성 이론은 이것이 상정하는 정당화와 참을 추구하는 인식목적 사이에 적절한 연결이 있음을 보여야 한다. 그런데 이 과제를 해결하기 어려운 난제로 만드는 두 가지 가정들이 있다. 첫 번째 가정은 동등하게 정합적인 상이한 믿음체계들이 존재할 수 있다는 것이다. 두 번째 가정은 진리가 정합성 이론이 상정하는 정당화의 외적인 특성이라는 것이다. 따라서 진리개연성 문제를 해결하기 위해서는 이 두 가정들을 무력화시킬 수 있는 정합성 이론을 제시할 필요가 있다. 필자는 셀라시언 설명적 정합성 이론과 진리의 축소주의적 견해와 결합함으로써 위의 두 가정들을 부정할 수 있음을 보일 것이다.

셀라시언 설명적 정합성 이론이 어떻게 위의 두 가정들을 부정할 수 있는지에 대해 구체적으로 살펴보기 전에 먼저 정당화에 관한 정합성 이론(a coherence theory of justification)과 진리에 관한 정합성 이론(a coherence theory of truth)을 구분할 필요가 있다. 진리에 관한 정합성 이론에 따르면 한 명제의 진리조건은 이 명제와 세계의 객관적 특성들 사이의 관계에 의해 구성되는 것이 아니라, 이 명제와 이 명제가 속한 어떤 명제집합 속의 다른 명제들과의 정합성에 의해 구성된다. 제3장 6절에서 지적했던 것처럼 진리에 관한 정합성 이론은 처음 절대적 관념론자들인 브래들리(F. H. Bradley)와 보전켓(Bernard Bosanquet)에 의해 주장됐다. 절대적 관념론자들은 믿음과 믿음을 참이게 하는 것 사이의 존재론적 구분을 부정한다. 그들의 관점에 따르면 실재는 믿음들의 전체와 유사한 것이다. 그렇지만 이와 같은 견해는 심각한 난점들 때문에 요사이 큰 영향력이 없다. 당연히 셀라스도 진리에 관한 정합성 이론을 받아들이지 않는다. 따라서 여기서 진리에 관한 정합성 이론에 대해서는 더 이상 다루지 않을 것이다.

그렇다면 셀라스는 진리(또는 참)를 어떻게 이해하는가? 우선 셀라스는 진리에 관한 대응이론(the correspondence theory of truth)을 받아들이지 않는다. 진리에 관한 대응이론이 설득력이 없는 가장 중요한 이유는 우리가 우리 자신의 개념적 판단과 객관적 사실을 우리의 개념체계에서 벗어나 직접 비교할 수 없다는 것이다. 그런데 이처럼 참이 언어적 진술(또는 개념적 판단)과 실재 사이의 대응이 아니라면 참은 과연 무엇인가? 셀라스에 의하면 'p는 참이다'라는 말은 'p를 옳게 의미론적으로 주장할 수 있다'(correctly semantically assertible)는 말이다. 예컨대 '내 앞에 책상이 있다'는 한 주체의 지각판단은 관련된 언어도입 규칙에 따라서 주어진 맥락에서 옳게 주장할 수 있는 것이면 참이다.[160] 그런데 '참이다'를 '옳게 의미론적으로 주장할 수 있다'로 이해하는 셀라스의 견해에는 중요한 난점들이 있다.

먼저 다음 세 진술들을 살펴보자.

(1) 시저는 살해되었다. (Caesar was murdered.)

---

160) Sellars 1967, IV, §26.

(2) '시저가 살해되었다'는 참이다. ('Caesar was murdered' is true.)

(3) '시저가 살해되었다'는 옳게 의미론적으로 주장될 수 있다. ('Caesar was murdered' is correctly semantically assertible.)

두 사람 A와 B가 각각 (1)과 (2)를 주장한다고 가정해보자. 이 경우 우리는 A와 B가 같은 주장을 한다고 말할 수 있다. 그런데 참에 관한 셀라스의 견해는 이러한 직관을 포착하지 못한다. 그 이유는 다음과 같다. 'p는 관련된 의미론적 규칙들에 따라 옳게 주장될 수 있다'는 말은 'p라는 주장에 의미론적 오류가 포함되어 있지 않다'는 말과 같다. 물론 p라는 주장이 참이기 위해서는 적어도 p가 관련된 의미론적 규칙들을 위반하지 않아야 한다. 그러나 (3)과 달리, (1)은 의미론적 규칙들에 관한 주장이 아니다. (1)을 주장함에 있어서 그 어떤 의미론적 규칙도 어기지 않았지만, 그럼에도 (1)은 여전히 거짓일 수 있다. 예컨대 현 시점에서 접근 가능한 모든 증거에 비추어 (1)을 정당하게 주장할 수 있다고 해도, 나중에 (1)이 거짓임을 보여주는 결정적 증거가 제시될 수 있다. 또한 'p는 참이다'(p is true)와 'p는 옳다'(p is correct)는 실질적으로 차이가 없는 말이다. 이런 의미에서 '참이다'를 '옳게 의미론적으로 주장할 수 있다'로 설명하는 것은 순환적이다.

뿐만 아니라 참에 관한 셀라스의 견해는 '참이다'와 관련된 다음과 같은 용법들을 적절히 설명하지 못한다.

(4)   A: 지구는 태양 주위를 공전한다.
       B: 지구는 태양 주위를 공전한다.

(5)   A: 지구는 태양 주위를 공전한다.

B: 그것은 참이다.

(4)의 경우 B는 A가 한 말을 똑같이 따라 한다. 따라서 표절의 혐의를 받을 수 있다. 반면 (5)의 경우 B는 '그것은 참이다'라고 말함으로써 A의 주장에 동의함을 표현하고 이를 통해 표절의 혐의를 피할 수 있다.

이제 A가 굉장히 많은 것들에 대해 말했다고 가정해보자. 그리고 B가 A가 말한 모든 것들에 대해 동의함을 표현하고자 다음과 같이 말했다고 하자.

(6) B: A가 말한 것들은 모두 참이다. (Everything A said is true.)

이 경우 '참이다'는 수많은 선행문장들에 대해 일일이 다 언급함이 없이 일반화하여 표현할 수 있도록 해준다. '참이다'를 '옳게 의미론적으로 주장할 수 있다'로 이해하는 셀라스의 견해는 '참이다'라는 술어가 수행하는 위와 같은 중요한 역할들을 잘 설명하지 못한다.

그런데 셀라시언 정합성 이론은 정당화에 관한 이론이기 때문에 참에 관한 이론과 독립적이다. 따라서 우리는 셀라시언 정합성 이론을 참에 관한 셀라스의 견해 대신에 진리의 축소주의적 견해(the deflationary conception of truth)와 결합시킬 수 있다. 다시 다음 두 문장들을 살펴보자.

(1) 시저는 살해되었다. (Caesar was murdered.)
(2) 시저가 살해되었다는 것은 참이다. (It is true that Caesar was murdered.)

앞서 언급한 것처럼 A와 B가 각각 (1)과 (2)를 주장하는 경우에 우리는 A와 B가 같은 주장을 한다고 말할 수 있다. 다시 말해 (1)과 (2)가 표현하는 실질적 내용은 동일하다. 따라서 진리의 축소주의적 견해에 의하면 '참이다'(is true)라는 술어는 실질적 내용을 표현하지 않는다. 진리의 축소주의적 견해에는 여러 버전들이 있다. 그 중의 한 버전인 진리 대용어 이론(the anaphoric theory of truth)을 간략히 소개하면 다음과 같다. [161] 우선 우리는 '참이다'의 용법을 대명사 용법과의 유비를 통해 좀 더 잘 이해할 수 있다. 대명사들은 두 가지 용법으로 사용될 수 있다.

(7) 메리가 정시에 떠나길 원한다면, 그녀는 지금 떠나야 한다. (If Mary wants to leave on time, she should leave now.)

위 문장의 후건에 나오는 '그녀'는 전건에 나오는 이름 '메리' 대신에 사용되는 대명사이다. 따라서 이와 같은 대명사는 대용어적 선행어를 대신하여 사용되는 대용어(anaphor)이다. 다시 말해 '그녀'라는 대명사와 이것의 선행어인 '메리' 사이의 관계는 대용어 관계이다. 그리고 대용어는 선행어 대신에 사용되는 것이기 때문에 그것의 내용은 선행어의 내용에 의해 결정된다. 그리고 위의 경우처럼 대명사가 불필요한 반복을 피하기 위해 사용되는 경우를 '대명사의 게으른 용법'(the lazy use of pronouns)이라고 부른다. 그런데 다음 경우는 이와 조금 다르다.

(8) 임의의 양수는 그것이 짝수이면 그것에 1을 더할 경우에 홀수를 산출하는 것이다. (Any positive number is such that if it is even, adding 1 to it yields an odd number.)

---

161) 진리 대용어 이론은 브랜덤이 주장하는 이론이다. 이 이론에 대한 자세한 논의를 위해서는 필자의 2017년 책 《표상의 언어에서 추론의 언어로》의 제14장을 보시오.

이 경우 대명사 '그것'의 선행어는 '임의의 양수'이다. 그리고 '그것'은 한 특정한 양수가 아니라 그 어떤 양수에 의해서도 대체될 수 있다. 이런 의미에서 대명사 '그것'은 구속 변항(bound variable)의 역할을 한다. 대명사가 이처럼 구속 변항의 역할을 하는 경우를 '대명사의 양화적 용법'(the quantificational use of pronouns)이라고 부른다. 요컨대 대명사는 게으른 용법 또는 양화적 용법으로 사용될 수 있는 대용어이다.

우리가 대명사(pronoun)를 선행 명사 대신에 사용할 수 있는 것과 유사하게 우리는 '참이다'를 포함한 문장을 선행 문장 대신에 사용할 수 있는 대문장(prosentence)으로 이해할 수 있다. [162] 다음 예를 고려해보자.

(9) A: 지구는 태양 주위를 공전한다.

　　 B: A가 말한 것은 참이다.

이 경우 B는 A가 발화한 선행 문장을 승인하기 위해 'A가 말한 것은 참이다'라는 대문장을 사용할 수 있다. 이 대문장에 포함된 'A가 말한 것'이라는 명사구는 A가 발화한 문장 '지구는 태양 주위를 공전한다'라는 선행 문장을 대용어적으로 지칭하는 역할을 한다. 그리고 이 명사구에 '참이다'라는 대문장 형성어(prosentence-forming operator)를 적용하면 대문장이 형성된다. 그리고 이 대문장은 이것의 대용어적 선행문장, 즉 A가 발화한 선행 문장을 승인하는 역할을 한다. 이와 같은 대문장의 사용은 선행 문장이 있음을 인정하고 또한 그 선행 문장에 동의함을 표현하기 때

---

162) 라틴어에서 'pro'는 '대신'(in place of)이라는 뜻이다. 따라서 'pronoun'은 대명사, 그리고 'prosentence'는 대문장으로 번역할 수 있다.

문에 표절의 혐의를 피할 수 있게 해준다. 그리고 (9)의 경우처럼 대문장이 불필요한 반복을 피하기 위해 사용되는 경우를 '대문장의 게으른 용법'(the lazy use of prosentences)이라고 부른다. 또한 (9)의 경우에 A의 주장과 B의 주장이 같은 주장인 이유는 'A가 말한 것은 참이다'가 이것의 선행문장 '지구는 태양 주위를 공전한다' 대신에 사용되는 대문장이기 때문이다.

그리고 진리 대용어 이론은 (6)을 (10)과 같은 방식으로 해석한다.

(6) B: A가 말한 것들은 모두 참이다. (Everything A said is true.)

(10) B: 모든 문장에 대하여, A가 그것을 말했다면, 그것은 참이다. (For every sentence, if A said it, then it is true.)

(10)에서 대명사 '그것'은 A가 말한 문장들 각각을 대용어적 선행문장으로 지칭한다. 그리고 '참이다'는 '그것'이라는 대명사에 적용됨으로써 대문장을 형성한다. 그리고 이 대문장은 이것이 대용어적으로 지칭하는 선행문장들, 즉 A가 발화한 문장들 각각을 모두 승인하는 역할을 한다. 따라서 (10)의 경우처럼 대문장이 여러 선행문장들을 일반화하기 위해 사용되는 경우를 '대문장의 양화적 용법'(the quantificational use of prosentences)이라고 부른다.

그런데 진리개연성 문제와 관련하여 진리의 축소주의적 견해의 한 특정한 버전에 커미트먼트를 할 필요는 없다. 진리의 축소주의적 견해와 관련해 중요한 점은 다음과 같다.

(1) 시저는 살해되었다. (Caesar was murdered.)

(2) 시저가 살해되었다는 것은 참이다. (It is true that Caesar was murdered.)

(1)과 (2)가 주장하는 내용은 동일하다. 따라서 참에 관한 축소주의적 견해에 의하면 '참이다'라는 술어는 실질적 내용을 표현하지 않는다. 다시 말해 참은 실질적 개념이 아니다. 대신 우리는 '참이다'를 이 술어가 수행하는 논리적 또는 표현적 역할을 통해 이해할 수 있다.

참을 위와 같은 방식으로 이해할 때 객관적 참은 무엇인가? 예컨대 우리는 '지구는 둥글다'가 객관적 참이라고 여긴다. 그렇다면 우리는 무슨 근거에서 그렇게 여기는가? 이 질문에 답하기 위해서 먼저 다음 진리조건을 살펴볼 필요가 있다.

(11) 'p'는 참이다 ↔ p. ('p' is true if and only if p.)

위의 쌍조건문 관계에 의해서, 우리는 (11)의 오른쪽 문장 'p'를 정당하게 주장할 수 있을 때, 마찬가지로 (11)의 왼쪽 문장 'p는 참이다'를 정당하게 주장할 수 있다. 다시 말해 'p'가 정당화될 때 'p는 참이다'도 마찬가지로 정당화된다. 그렇다면 어떤 조건하에서 우리는 p를 정당하게 주장할 수 있는가? 다시 말해 어떤 조건하에서 p를 믿음에 있어서 정당화되는가?

어떤 믿음이 정당화된다고 말하는 것은 인식목적과 관련하여 그 믿음이 긍정적 위상을 갖는다고 말하는 것이다. 그리고 우리의 인식목적은 최고의 설명적 정합성을 갖는 세계상을 획득하는 것이다. 그리고 이를 위해 우리의 개념체계를 점진적으로 개선하는 것이다. 그런데 어떤 개인도 혼자서 세계의 모든 측면들을 파악할 수 없다. 다시 말해 각자가 혼자서 획득할 수 있는 정보는 매우 제한적일 수밖에 없다. 따라서 우리의 인식적 노력은 협동을 요구한다. 즉 서로 정보를 주고받는 것이 매우 중요하다. 또한 우리는 신(神)이 아니기 때문에 우리의 믿음들은 오류가능하다. 그리고 우리가 다른 사람들이 제공하는 정보를 어느 것이든 아무런 의심 없이 받아들이면 잘못된 정보로 인해 우리의 생존과 복지가 위험에 빠질 수 있다. 따라서 인식목적을 위해 우리가 할 수 있는 최선은 적절한 이유 또는 근거에 의해 옹호되는 명제들을 믿는 것이다. 이를 위해 우리 인류는 아주 오래 전부터 다른 사람의 주장을 받아들이기 전에 그것의 신빙성을 평가하는 사회실천을 해왔다. 즉 정당화를 요구하고 이에 답하는 사회실천을 해왔다. 이 점에서 우리는 또한 과학탐구가 과학자들 사이의 협동을 필요로 한다는 점을 주목할 필요가 있다. 그리고 이러한 협동은 과학자들이 서로 공유함으로써 그들의 의견이 합리적으로 수렴될 수 있도록 해주는 중립적 심판자로서의 증거에 의존한다. 그런데 증거가 이와 같이 중립적인 심판자의 역할을 하기 위해서는 공적(公的, public)인 성격을 가져야 한다. 즉 다수의 개인들에 의해 평가될 수 있는 그런 것이어야 한다. 이런 이유들에 의해 우리의 정당화 개념은 정당화를 요구하고 이에 답하는 사회실천을 배경으로 발전되어 온 상호주관적 개념이다. 다시 말해 우리는 정당화 개념을 이와 같은 상호주관적 정당화 모델에 따라 이해해야 한다.

이제 p가 적절한 증거에 의해 강하게 옹호되는 명제이고, 따라서 우리 공동체 내의 모든 사람들이 그것을 참인 것으로 여긴다고 가정해보자. 이 경우 우리는 p가 상호주관적으로 정당화된다고 말할 수 있다. 그러나 이 사실은 p가 객관적으로 정당화됨을 보증하지 않는다. 왜냐하면 객관적 정당화는 상호주관적 정당화보다 강한 개념이기 때문이다. 그렇지만 이 사실은 객관적 정당화가 어떤 태도와도 독립적임을 함축하지 않는다. 참 또는 거짓으로 평가할 수 있는, 다시 말해 정당화되는 또는 정당화되지 않는 것으로 평가할 수 있는 것은 명제이고, 명제는 개념들로 구성된다. 예컨대 '지구는 둥글다'라는 명제는 지구(the earth)의 개념과 둥긂

(being round)의 개념에 의해 구성된다. 여기서 주목할 점은 이 개념들이 우리의 개념들이라는 사실이다. 따라서 이것들의 옳음 조건들은 부분적으로 우리의 의미론적 규칙들에 의존한다. 예컨대 지구의 개념은 오직 태양계의 세 번째 행성에만 옳게 적용된다. 이런 의미에서 '지구는 둥글다'라는 명제는 우리의 관점과 독립적이지 않다. 그렇다면 객관적 정당화는 무엇인가?

정당화의 평가는 접근 가능한 증거에 상대적이다. 그리고 반대증거는 나중에 알려질 수 있다. 따라서 현재 접근 가능한 증거들에 의해 긍정적 정당화의 위상을 갖고 있는 믿음이 나중에 알려지게 되는 반대증거에 의해 긍정적 정당화의 위상을 잃을 수 있다. 예컨대 뉴턴역학은 한때 정당화되는 것으로 여겨졌지만 지금은 더 이상 정당화되는 이론이 아니다. 따라서 어떤 시점에 우리 모두가 상호주관적으로 정당화되는 것으로 여기는 것도 나중에 적절한 반대증거가 제시되면 논박될 수 있다. 이런 이유에서 정당화되는 것으로 여겨지는 것(being deemed justified)과 실제로 또는 객관적으로 정당화되는 것(being really or objectively justified)을 구분해야 한다.

어떤 믿음이 정당화된다는 것은 정당화에 관한 우리의 사회실천 속에서 긍정적 정당화의 위상을 가진다는 뜻이다. 그렇다면 정당화에 관한 우리의 사회실천에서 우리는 과연 누구인가? 정당화를 요구하고 이에 답하는 우리의 사회실천 속에서 이성적인 존재는 그 어느 누구도 배제되지 않는다는 것은 우리의 인식론적 추구의 규제적 이상(regulative ideal)이다. 다시 말해 현실적으로 어려울 수 있더라도 추구해야 하는 이상이다. 예컨대 우리의 어떤 믿음에 대해 어떤 초지성적(super-intelligent) 존재가 결정적인 반대 증거를 제시하면 우리는 그 믿음을 포기해야 한다. 반대 증거를 제시한 존재가 인간들과 다른 초지성적 존재라는 사실은 그 반대증거를 무시할 만한 정당한 이유가 아니다. 이런 의미에서 어떤 이성적 존재도 정당화에 관한 우리의 사회실천에서 배제되지 않는다. 또한 정당화에 관한 우리의 사회실천은 통시적인 노력이다. 예컨대 현재 상호주관적으로 정당화되는 믿음도 나중에 결정적 반대증거가 제시되면 포기돼야 한다. 이런 이유에서 미래 세대의 이성적 존재들도 정당화에 관한 우리의 사회실천에서 배제되지 않는다.

이제 어떤 믿음이 현재 접근 가능한 증거들에 의해 상호주관적 정당화의 위상을 갖고 있다고 하자. 또한 나중에 이 믿음을 논파할 수 있는 누락된 반대증거가 실제로 없다고 하자. 이런 경우 이 믿음은 단지 정당화되는 것으로 여겨지는 데 불과한 것이 아니라 실제로 (또는 객관적으로) 정당화되는 믿음이다. 예컨대 '지구는 태양 주위를 공전한다'는 우리의 믿음은 현재 접근 가능한 증거들에 의해 상호주관적 정당화의 위상을 갖고 있다. 그리고 이 믿음을 나중에 논파할 수 있는 누락된 반대증거가 실제로 없을 수 있다. 이런 경우 이 믿음은 단지 정당화되는 것으로 여겨지는 데 불과한 것이 아니라 실제로 (또는 객관적으로) 정당화되는 것이다.

진리개연성 문제를 난제로 만드는 가장 중요한 이유는 동등하게 정합적인 상이한 믿음체계들이 존재할 수 있다는 생각이다. 우리는 이러한 생각을 지금까지 소개한 셀라시언 설명적 정합성이론을 진리의 축소주의적 견해와 결합함으로써 부정할 수 있다. 특히 다음 사실들에 주목할 필요가 있다.

첫째, 모든 정당화 요구에 대해서 우리는 정당화를 요구하고 이에 답하는 사회실천 속에서 답할 수밖에 없다. 다시 말해 우리는 무언가를 정당화하기 위해 정당화를 요구하고 이에 답하는 사회실천에 의존할 수밖에 없다.

둘째, 어떤 지성적인 존재도 원리상 영원히 지속되는 정당화의 사회실천에서 배제되지 않는다.

셋째, 내적으로 정합적인, 그러나 서로 양립할 수 없는 복수의 믿음체계들이 주관적으로 또는 일시적으로 존재할 수 있다. 그러나 서로 양립할 수 없는 믿음들은 정당화에 관한 우리의 영원히 계속되는 통시적 사회실천 속에서 합리적 비판의 대상이 될 수 있다. 이 논점에 대해 부연 설명을 하면 다음과 같다.

우리는 우리의 믿음을 논박하는 반대 논거가 제시되는 경우 이성적 인식주체로서 우리의 믿음을 포기해야 한다. 이제 p가 우리의 개념체계 속에서 실제로 정당화되고 또한 동시에 ~p가 어떤 이질적인 개념체계에서 실제로 정당화되는 가능성에 대해 생각해보자. 예컨대 p가 '지구는 태양 주위를 공전한다'는 명제라고 가정해 보자. 그리고 이 명제가 우리의 개념체계 속에서 실제로 정당화된다고 가정해보자. 그러면 가정상 p는 현재 정당화에 관한 우리의 사회실천 속에서 정당화되는 믿음의 위상을 가지고 있을 뿐만 아니라 미래에도 그 위상을 영원히 잃지 않는다. 이 조건하에서 ~p가 어떤 이질적 개념체계에서 또한 실제로 정당화되는 가능성에 대해 생각해보자. 만약 ~p가 그렇게 정당화된다면 그것을 정당화해주는 어떤 이유 R이 있어야 한다. 이 경우 우리가 R을 그러한 이유로 해석할 수 있다면 p에 대한 우리의 믿음이 실제로 정당화된다는 가정과 충돌한다. 왜냐하면 R이 ~p를 실제로 정당화해주는 이유라면 우리의 사회실천 속에서 p를 정당화해준다고 간주했던 기존의 이유를 무력화시킬 것이기 때문이다. 반면 우리가 R을 그러한 이유로 해석할 수 없다면 R이 ~p를 정당화하는 이유라고 생각할 근거가 없다. 어떤 것이 어떤 명제를 정당화해주는 이유이기 위해서는 우리가 그것을 (적어도 원리상) 이유로 해석할 수 있어야 한다. 왜냐하면 원리상 이유로 해석할 수 없는 것은 우리의 인식론적 논의에서 무의미하기 때문이다. 이런 이유에서 데이비드슨(Davidson 1984)이 주장하는 것처럼 우리의 개념체계의 진정한 대안(genuine alternative)은 존재하지 않는다. 그에 따르면 우리가 이해할 수 있는 개념체계는 우리의 개념체계의 진정한 대안이 아니고 우리가 이해할 수 없는 것에 관해서는 그것을 우리의 개념체계를 대체할 만한 대안으로 간주할 수 있는 합리적 근거가 없다.

위와 같은 생각이 옳다면 동등하게 정합적인, 진정한 대안체계는 존재하지 않는다. 우리가 할 수 있는 최선은 현재 우리가 갖고 있는 개념체계가 보다 나은 설명적 정합성을 갖도록 개선하는 것뿐이다. 따라서 동등하게 정합적인 상이한 믿음체계들이 존재할 수 있다는 복수체계반론은 셀라시언 정합성 이론에 큰 문제가 안 된다. 또한 앞서 언급한 것처럼 참은 실질적 개념이 아니다. 따라서 정당화의 규범들과 독립적인, 실질적인 참의 규범들은 존재하지 않는다. 'p'를 정당하게 주장할 수 있는 경우는 마찬가지로 'p는 참이다'를 정당하게 주장할 수 있는 경우이다. 따라서 참은 셀라시언 정합성 이론이 상정하는 정당화의 외적인 특성(external characteristic)이 아니다. 결론적으로 진리개연성 문제는 셀라시언 정합성 이론에 큰 위협이 되지 않는다.

끝으로 객관적 정당화와 객관적 참 사이의 관계와 관련하여 한 가지 더 주목할 점은 다음과 같다.

(12) 'p'는 객관적으로 정당화된다.
(13) 'p는 참이다'는 객관적으로 정당화된다.
(14) 'p'는 객관적으로 참이다.

(12)가 성립하면 (11)에 의해서 (13)도 성립한다. 그리고 'p는 참이다'가 객관적으로 정당화되면 'p는 참이다'를 항상 정당하게 주장할 수 있

다. 또한 (13)과 (14) 사이에 유의미한 인식론적 차이가 없다. 따라서 우리는 (14)를 (13)에 따라 이해할 수 있다. 이런 의미에서 객관적 참을 객관적 정당화로 이해할 수 있다. 그러나 이 사실은 '객관적 정당화'의 의미와 '객관적 참'의 의미가 같다는 말이 아니다. 우리는 'p'를 정당하게 주장할 수 있는 경우에 'p는 참이다'를 또한 정당하게 주장할 수 있다. 그래서 (12)가 성립하면 (13)도 성립한다. 그러나 진리의 축소주의적 견해에 따르면 '참이다'는 실질적 개념을 표현하지 않는다. 따라서 '정당화'는 실질적 개념이지만 '참'은 실질적 개념이 아니다. 이런 이유에서 우리는 '참이다'(is true)의 의미론적 분석과 어떤 조건하에서 이 진리술어를 적용할 수 있는지의 문제를 구분해야 한다. '참이다'의 의미는 축소주의적 견해에 따라 이해할 수 있다. 또한 우리는 'p'를 정당하게 주장할 수 있는 경우에 'p는 참이다'를 또한 정당하게 주장할 수 있다.

3.

정합론에 대한 클라인과 워필드의 비판과
비계량적 의미의 개연성

　이 절에서는 지금까지 논의한 필자의 정합론의 중요한 특성을 좀 더
드러내기 위해 정합론에 대해 제기된 매우 중요한 비판을 다룰 것이다.
　클라인과 워필드(Klein & Warfield 1994, 1996)는 정합성 그 자체는 진리개
연적이지 않다고 주장한다. 그들이 제시하는 이유는 다음과 같다. 기존
이론으로 설명하기 힘든 이상 현상(anomaly)을 포함한 믿음체계 S를 고려
해보자. 그리고 B₁이 그 이상 현상을 해결해주는 믿음이라고 하자. 그러
면 S에 B₁을 추가한 믿음체계 S*는 S보다 좀 더 정합적인 믿음체계라고
말할 수 있다. 그런데 B₁의 확률은 1보다는 적을 것이다. 따라서 S*를 구
성하는 모든 믿음들의 연언이 참일 확률은 S를 구성하는 모든 믿음들의
연언이 참일 확률보다 적을 것이다. 따라서 믿음들의 집합의 정합성이
증가할수록 새로운 믿음 집합은 이전 믿음 집합보다 참일 확률이 적어진
다. 이런 의미에서 믿음체계의 정합성은 진리개연적이지 않다.
　그런데 위와 같은 비판은 필자가 옹호하는 정합성 이론에는 적용되지
않는다. 전통적 형태의 정합성 이론들은 체계적 정합론(the systematic co-
herence theory)에 속한다. 이 견해에 따르면 정합성은 믿음들의 집합의 속
성이다. 따라서 개별 믿음의 정당화는 다음과 같은 방식으로 정의된다.

p는 정당화되는 믿음이다 =df p는 정합적인 믿음체계에 속한다.

　그러므로 어떤 믿음이 정합적으로 정당화되는지 여부는 그 믿음이 속한 믿음체계가 정합성이라는 속성을 지니는지 여부에 의해 결정된다. 반면 셀라시언 정합성 이론에 따르면 어떤 믿음이 정당화의 사회실천 속에서 긍정적 정당화의 위상을 갖기 위해서는 정당화의 사회실천 속에서 그 믿음에 대해 제기될 수 있는 모든 비판들에 답할 수 있어야 한다. 물론 셀라시언 정당화 이론은 인식론적 전체론을 받아들인다. 그렇지만 이 이론이 전체론인 이유는 정당화의 사회실천에서 어떤 명제나 가설을 옹호하거나 논박하기 위해 원리상 어떤 증거 또는 근거도 동원될 수 있고 또한 정당화되는 명제나 가설이 우리의 믿음체계와 부합해야 하기 때문이지, 우리의 믿음체계 전체가 정합성이라는 특별한 속성을 지니고 있기 때문이 아니다. 이 점과 관련하여 우리의 믿음체계 속에 서로 옹호하는 관계에 있지 않은 많은 요소들이 포함되어 있음을 주목할 필요가 있다. 예컨대 통제되지 않는 권력은 장기적으로 국민의 이익을 침해할 개연성이 높다는 정치적 견해와 지구가 서쪽에서 동쪽으로 자전한다는 사실은 우리의 믿음체계의 일부일 수 있지만 서로 옹호하는 관계에 있지 않다. 따라서 셀라시언 정합성 이론은 믿음의 정합성을 믿음체계의 정합성에 의해 정의하는 체계적 정합론의 일종이 아니라 믿음의 정합성을 믿음과 이 믿음을 옹호하는 근거 사이의 추론관계로 보는 관계적 정합론(relational coherentism)의 일종이다. 왜냐하면 정합성을 '비판들에 답함' 또는 '경쟁 주장들을 물리침'의 개념으로 이해하기 때문이다.
　또한 믿음의 진리개연성을 계량적 의미의 확률로 이해해서는 안 된다. 우선 진리의 축소주의적 견해에 따르면 진리는 실질적 개념이 아니다. 따라서 믿음이 참인지 여부를 정당화의 규범들과 독립적인 방식으로 평가할 수 없다. 또한 관점독립적 또는 증거 독립적 의미의 객관적 확률은 인식론적으로 무의미한 개념이다. 우리는 우리 자신의 개념적 판단과 객관적 사실을 우리의 믿음체계에서 벗어나 직접 비교할 수 없다. 또한 인식론적으로 무언가를 평가할 때 우리는 부득이 우리가 인식론적으로 확인할 수 있는 것을 토대로 할 수밖에 없다. 예컨대 속이 보이지 않는 항아리 속에서 공을 한 개 꺼내는 경우를 생각해 보자. 그리고 p는 '내가 꺼내게 될 공은 검은색이다'라는 명제라고 하자. 이 경우 p가 참일 확률은 얼마인가? 항아리 속에 검은색 공들이 어떤 비율로 들어 있는지에 대해 아무런 증거가 없는 경우에 우리는 이 확률을 결정할 수 없다. 따라서 우리는 증거와 독립적인 방식으로 어떤 명제가 참일 확률(또는 개연성)을 평가할 수 없다. 이제 위 항아리 속에 아홉 개의 검은색 공들과 한 개의 흰색 공이 들어 있다는 증거를 우리가 갖게 되었다고 가정해보자. 그러면 우리는 이 증거에 비추어 p가 참일 확률을 0.9라고 말할 수 있다. 이런 경우에 우리는 'p는 진리개연적이다' 또는 'p는 참일 확률이 높다'라고 말할 수 있다. 이처럼 증거와 무관한 '객관적 확률'이 인식적으로 무의미한 개념이라면 'p는 개연적이다' 또는 'p는 참일 확률이 높다'고 말하는 것은 무슨 뜻인가?

셀라스는 비계량적 의미의 개연성(the non-metrical sense of probability)과 계량적 의미의 확률(the metrical sense of probability)을 구분한다. 기본적인 비계량적 개연성의 의미에서 'p는 개연적이다'(it is probable that p)라고 말하는 것은 '(관련된 사실들을 고려해 봤을 때) p를 받아들이는 것이 합리적이다'라고 말하는 것이다.[163] 한 가지 예를 살펴보자.

---

163) Sellars 1974a, §4를 보시오.

(15) 태양은 내일도 동쪽에서 뜰 것이다.

우리는 직관적으로 '(15)는 참일 개연성이 높다'라고 말할 수 있다. 그렇다면 그렇게 말할 수 있는 이유는 무엇인가? 우리는 왜 태양이 항상 동쪽에서 뜨는지를 설명해주는 잘 확립된 이론을 갖고 있다. 이 이론은 지동설과 지구가 서쪽에서 동쪽으로 자전한다는 사실을 포함하는 현대의 천문학 이론이다. 이 천문학 이론에 따르면 갑자기 소행성이 지구에 충돌하여 지구의 자전방향이 바뀌는 것과 같은 종류의 매우 놀라운 이변(異變)이 발생하지 않는 한, 물리법칙에 따라서 태양은 내일도 동쪽에서 뜰 것이다. 그리고 현재 우리는 이러한 종류의 이변이 곧 일어날 것이라고 믿을 만한 적절한 근거를 갖고 있지 않다. 따라서 (관련된 사실들을 고려해 봤을 때) (15)를 받아들이는 것이 합리적이다. 그러므로 비계량적 개연성의 의미에서 '(15)는 진리개연적이다'라고 말할 수 있다.

이제 (15)의 계량적 확률(metrical probability)에 대해 생각해 보자. 이것의 계량적 확률은 무엇인가? 어떤 사람 A는 (15)에 대해 0.999,999의 확률을, 그리고 다른 사람 B는 0.998,000의 확률을 부여했다고 가정해보자. 이 경우 과연 누구의 확률이 옳은가? 과연 이 문제를 어떻게 결정할 수 있는가? 이 확률들은 단지 A와 B 각자가 (15)에 대해 가지는 강력한 확신을 표현하기 위해 각각 부여한 높은 확률값들이다. 우리가 그들에게 자신이 부여한 확률값을 정당화하라고 요구할 경우에 그들은 앞서 언급했던 현대의 천문학 이론과 같은 종류의 인식적 이유에 호소해야 한다. 따라서 그들의 확률들은 이와 같은 인식적 이유에 의해 정당화되는 것이지 그 반대가 아니다. 또한 한 믿음의 계량적 확률은 그 믿음을 받아들이는 것이 인식론적으로 합리적인지를 결정함에 있어서 단지 한 가지 요소에 불과하다. 과학의 목적은 과거와 현재의 사실들을 설명하고 또한 미래의 사실들을 예측할 수 있도록 해주는, 물리세계에 관한 올바른 세계상을 획득하는 것이다. 따라서 과학자들은 보다 많은 물리현상들을 설명해주고 또한 보다 많은 새로운 물리현상들을 예측해 줄 수 있는 이론을 선호한다. 그런데 어떤 이론이 주장하는 내용이 많을수록 거짓된 내용이 포함될 확률이 높아진다. 따라서 많은 내용(great content)과 높은 확률(high probability)은 서로 긴장관계에 있다. 이와 같은 이유들에 의해 비계량적 의미의 개연성이 계량적 의미의 확률보다 더 기본적인 개념이라고 말할 수 있다. 따라서 우리는 정당화의 진리개연성 조건을 일차적으로 비계량적 의미의 개연성으로 이해할 수 있다.

요컨대 정합성에 대한 클라인과 워필드의 비판은 정합성을 체계적 정합성 이론 대신 관계적 정합성 이론에 의해 이해하고 또한 믿음의 진리개연성을 일차적으로 비계량적 의미의 개연성으로 이해하는 필자의 정합성 이론에는 적용되지 않는다.

4.

두 가지 가능한 비판

진리개연성 문제에 관한 필자의 해결책에 대해 제기될 수 있는 두 가지 가능한 비판들에 대해 살펴보자.

먼저 다음과 같은 비판이 제기될 수 있다. 셀라시언 정합성 이론에 의하면 'p는 객관적으로 정당화된다'고 말하는 것은 'p가 정당화의 사회실천 속에서 긍정적 정당화의 위상을 영원히 잃지 않는다'고 말하는 것과 같다. 그러나 우리는 우리의 믿음이 영원히 긍정적 정당화의 위상을 유지할지 여부에 대해 알 수 없다. 따라서 객관적 정당화의 개념은 인식론적으로 무의미하다.

물론 우리는 정당화되는 것으로 여겨지는 것(being deemed justified)과 실제로 또는 객관적으로 정당화되는 것(being really or objectively justified)을 구분해야 한다. 그러나 이 사실은 우리가 어떤 믿음을 가짐에 있어서 실제로 정당화되는지 여부에 대해 결코 알 수 없음을 함축하지 않는다. 예컨대 인식주체 S는 평범한 한국의 대학생이라고 가정해보자. 그래서 S는 당연히 '나는 인간이다'라고 믿는다고 가정해보자. 그러나 이와 같은 믿음조차도 거짓일 가능성을 배제할 수 없다. 다음과 같은 시나리오가 가능하다. S의 아버지는 지구인들을 감시하기 위해 파견된 외계인이고 S

는 인간인 어머니와의 사이에서 태어난 혼혈아이다. 따라서 S의 아버지가 인간이 아닌 탓에 S도 엄밀히 인간종은 아니다. 그런데 S의 아버지는 외계인 스파이로서 지금까지 철저히 자신의 정체를 숨겨왔다. 이와 같은 시나리오를 사전에 완전히 배제할 수 없다는 의미에서 'S는 인간이다'라는 명제는 거짓일 수 있다. 그러나 우리가 이와 같은 가능성을 배제하지 못하지만 가정상 현실세계에서 S는 실제로 인간이다. 그래서 그가 인간이라는 믿음을 논박하는, 누락된 반대증거는 실제로 없다. 그런 경우 '나는 인간이다'라는 S의 믿음은 단지 정당화되는 것으로 여겨지는 데 불과한 것이 아니고 실제로 정당화되는 믿음이다. 여기서 주목할 점은 오류 가능성(fallibility)과 오류(falsity)를 혼동하지 말아야 한다는 점이다. 예컨대 '나는 인간이다'라는 S의 믿음은 오류 가능하지만 실제로는 오류가 아니다. 현재 S는 '나는 인간이다'를 압도적인 증거를 토대로 믿는다. 그리고 이 믿음은 현재 정당화의 사회실천 속에서 긍정적 정당화의 위상을 지닌다. 뿐만 아니라 이 믿음을 나중에 논박할 수 있는, 누락된 반대증거가 실제로 존재하지 않는다. 그러면 이 믿음은 나중에도 긍정적 정당화의 위상을 잃지 않을 것이다. 이 경우 이 믿음은 단지 정당화된다고 여겨지는 데 불과한 것이 아니고 실제로 정당화되는 믿음이다. 이런 이유에서 오류 가능성과 객관적 정당화는 서로 양립한다. 예컨대 S는 '나는 인간이다'라는 자신의 믿음이 비록 오류 가능하지만 그럼에도 여전히 객관적으로 정당화되는 믿음이라고 주장할 수 있다.

이제 필자의 정합성 이론에 대해 제기될 수 있는 또 한 가지 가능한 비판을 살펴보자. 우리의 내재적 인식적 한계 때문에 우리가 적절한 증거를 영원히 획득할 수 없는 명제들이 있을 수 있다. 이제 p가 그러한 명제라고 가정해 보자. 예컨대 p는 골드바흐의 추측(Goldbach's conjecture)일 수 있다. 골드바흐의 추측은 '2보다 큰 모든 짝수는 두 개의 소수(prime number)의 합으로 표시될 수 있다'는 주장이다. 현재 우리는 p가 참임을 증명할 수도 없고 p가 거짓임을 증명할 수도 없다. 또한 우리의 내적인 인식적 한계 때문에 앞으로도 이러한 상황이 바뀌지 않을 수도 있다. 그럼에도 불구하고 'p는 객관적으로 참일 수 있다' 또는 'p는 객관적으로 거짓일 수 있다'라고 말할 수 있는 것처럼 보인다. 그렇다면 p의 참을 앞으로도 계속 증명할 수 없을 수 있음에도 불구하고 어떻게 'p는 객관적으로 참일 수 있다'라고 말할 수 있는가?

위 비판과 관련하여 주목할 점은 정당화의 규범들이 단지 실제 경우들에만 적용되는 것은 아니라는 사실이다. 이러한 규범들은 개념적으로 가능한 경우들에도 적용될 수 있다. 따라서 p에 대해서 우리는 다음과 같은 가능성을 배제할 수 없다. 미래의 어떤 시점에서 어떤 초지성적인 존재가 p가 참임을 보여주는 증명을 우리에게 제시할 수 있다. 또는 ~p가 참임을 보여주는 증명을 제시할 수 있다. 앞서 언급했던 것처럼 정당화를 요구하고 이에 답하는 우리의 사회실천 속에서 이성적인 존재는 그 어느 누구도 배제되지 않는다는 것이 우리의 인식론적 추구의 규제적 이상(regulative ideal)이다. 따라서 어떤 이성적 존재도 정당화에 관한 우리의 사회실천에서 배제되지 않는다. 이런 이유에서 p에 관해서도 앞서 언급한 가능성을 배제할 수 없다. 또한 이런 의미에서 우리는 'p는 객관적으로 참일 수 있다'라고 말할 수 있다.

이제 위와 같은 가능성조차 없는 경우를 생각해 보자. 예컨대 p는 그 어떤 이성적 존재에 의해서도 그것의 참 또는 거짓이 영원히 정당화될 수 없는 명제라고 가정해보자. 과연 초이성적인 존재를 포함하여 그 어떤 이성적 존재에 의해서도 그것의 참 또는 거짓이 영원히 정당화될 수 없는 명제가 과연 있을 수 있는지 그러한 명제가 가능하다 할지라도 과연 그것이 우리가 이해할 수 있는 종류의 진정한 의미의 명제일 수 있을

지 분명치 않다. 더 나아가 설사 그러한 명제가 있다 할지라도 그와 같은 명제에 대해서 그것이 객관적으로 참일 수 있다고 주장하는 것은 인식론적으로 무의미하다. 어떤 명제 p에 대해서 p가 참일 가능성을 논하는 것이 인식론적으로 유의미하기 위해서는 최소한 언젠가, 누군가에 의해서 p가 참임을 보여주는 이유가 제시될 수 있는 가능성이 열려 있어야한다. 그리고 p를 받아들이고, 이에 따라 생각하고, 행동하는 것이 우리에게 인식론적으로 유의미한 차이가 있어야 한다. 오직 그런 경우에만 p의 진위에 대해 논하는 것이 인식론적으로 유의미하다. 따라서 우리의 인식론적 한계 자체는 정당화의 규범과 독립적인 실질적인 참의 규범이 있음을 보여주지 않는다.

지금까지의 논의가 옳다면 우리는 객관적 참을 객관적 정당화에 의해 이해할 수 있다. 그리고 객관적 정당화는 상호주관적 정당화의 한 특성이다. 따라서 셀라시언 설명적 정합성에 의해 이해되는 정합성과 객관적 정당화(또는 객관적 진리)는 서로 내적으로 연결되어 있다. 물론 우리의 내재적 인식적 한계 때문에 우리가 적절한 증거를 영원히 획득할 수 없는 명제들이 있을 수 있다. 그러나 이 사실은 그러한 명제가 참일 가능성(또는 객관적으로 정당화될 가능성)에 대해 생각할 수 없음을 함축하지 않는다. 왜냐하면 우리의 인식적 한계를 벗어난 초지성적인 존재가 언젠가 이에 대한 적절한 증거를 제시할 가능성을 배제할 수 없기 때문이다.

5.

정당화의 사회실천 이론의 장점

셀라시언 정합성 이론은 진리 개연성 문제뿐만 아니라 전통적 정합성 이론들이 직면하는 다른 문제들도 잘 해결할 수 있다.

첫째, 정합성의 전통적 개념에 따르면 정합관계는 대칭적(symmetric)이다. 믿음 p는 정합적인 믿음체계의 원소임에 의해 정합적인 믿음이 되고 또한 믿음체계는 이에 속한 믿음들이 서로 부합하고, 서로 옹호하는 관계에 있어야 정합성을 갖기 때문에 믿음들 사이의 정합관계는 대칭적이다.[164] 그러나 정합관계의 이러한 대칭성은 정당화 이론과 관련하여 결코 바람직한 특성이 아니다. 왜냐하면 정당화의 관계는 일반적으로 대칭적이지 않기 때문이다. 예컨대 '주사위는 2번으로 나올 것이다'는 '주사위는 짝수로 나올 것이다'를 정당화해주지만 그 역(逆)은 성립하지 않는다. 셀라시언 정합성 이론에 따르면 어떤 믿음 p가 정당화되기 위해서는 정당화의 사회실천 속에서 p가 추정적으로 정당화되거나 또는 p를 옹호해주는 적극적인 논증이 제시될 수 있어야 한다. 그런데 타당한 논증에서

---

164) Shogenji 1999, p. 338을 보시오.

전제와 결론 사이의 추론관계는 일반적으로 대칭적이지 않다. 따라서 셀라시언 정합성 이론에 의하면 인식 정당화는 일반적으로 대칭적이지 않다. 다시 말해 대칭성에 관한 문제는 체계적 정합성 이론들이 직면하는 문제이지 정합성을 '비판들에 답함' 또는 '경쟁주장들을 물리침'의 개념으로 이해하는 셀라시언 정합성 이론에는 전혀 문제가 되지 않는다.[165]

둘째, 전통적 정합론은 토대관계 문제에 직면한다. S는 자신의 믿음 p를 정당화해주는 적절한 증거 E를 갖고 있지만 정작 p를 그 증거를 토대로 믿지 않고 부적절한 다른 이유에서 믿을 수 있다. 이 경우 S의 믿음 p는 정당화되지 않는다. 전통적 정합론은 이 문제를 해결하기 어렵다. 그렇지만 셀라시언 정합성 이론에 따르면 정당화의 사회실천 속에서 S가 p를 정당한 근거를 통해 옹호할 수 있는 경우에는 그의 믿음 p가 정당화되지만 그가 부적절한 근거를 토대로 p를 받아들였을 경우에는 그의 믿음 p가 정당화되지 않는다. 믿음 p를 받아들이게 된 근거가 부적절하다는 비판을 S가 물리칠 수 없음에 주목하라.

셋째, 전통적 정합론이 직면하는 고립반론도 셀라시언 정합성 이론에는 큰 문제가 안 된다. 전통적 정합론에 따르면 믿음은 믿음과 세계 사이의 관계가 아니라 믿음들 사이의 내적 관계에 의해 정당화된다. 따라서 믿음의 정당화가 세계와 상관없이 단지 믿음체계의 내적 정합성에 의존하는 것처럼 보인다. 이런 이유에서 전통적 정합론은 믿음체계를 세계로부터 유리시킨다는 비판에 직면한다. 이것이 이른바 고립반론이다. 그런데 이와 같은 고립반론은 복수체계반론과 실질적으로 별 차이가 없

---

165) 필자가 옹호하는 정합성 이론은 상호주관적 정당화 모델을 받아들인다. 따라서 정당화를 믿음과 특정한 인식주체의 평가체계 사이의 관계로 보는 레러의 주관적 정합론과는 구별된다. Lehrer 2003, pp. 340-341을 보시오.

는 반론이다. 이제 우리의 믿음체계와 양립불가능한 근본적인 대안체계가 가능하다고 가정해보자. 그리고 그 대안체계가 세계를 제대로 반영하는 옳은 체계이고 우리의 믿음체계는 그렇지 않다고 가정해보자. 그러면 우리의 믿음체계는 실재 세계와 무관한 체계일 수 있다. 이런 의미에서 믿음의 정당화는 믿음과 세계 사이의 관계가 아니라 믿음들 사이의 내적 관계에 의해 정당화된다.

그러나 앞서 제2절에서 논의한 바대로 필자가 옹호하는 셀라시언 정합성 이론에 따르면 동등하게 정합적인, 진정한 대안체계는 존재하지 않는다. 우리가 할 수 있는 최선은 현재 우리가 갖고 있는 믿음체계가 보다 나은 설명적 정합성을 갖도록 개선하는 것뿐이다. 그렇다면 세계사실에 관한 믿음, 예컨대 '내 앞에 책상이 있다'는 주체 S의 믿음은 어떤 의미에서 실재 세계에 관한 믿음인가? 셀라시언 정합성 이론에 따르면, 우리의 인식목적은 최고의 설명적 정합성을 갖는 세계상을 획득하는 것이다. 그리고 현재 우리의 세계상에 따르면 우리의 감각지각은 우리의 감각기관들이 세계 속에 있는 대상들로부터 인과적으로 전달된 자극들에 반응함으로써 그리고 추론과정의 매개 없이 형성된다. 따라서 '내 앞에 책상이 있다'는 S의 지각믿음은 세계 속에 존재하는 특정한 대상으로부터 감각기관에 야기된 인과적 자극에 대한 반응이다. 따라서 우리의 감각지각이 세계와 인과적으로 연결되어 있다는 것은 현재 우리가 갖고 있는 세계상의 일부이다. 또한 S뿐만 아니라 다른 사람들도 '내 앞에 책상이 있다'는 S의 지각믿음이 참인지를 S 앞에 실제로 책상이 있는지를 관찰함으로써 평가할 수 있다. 다시 말해 셀라시언 정합성 이론에 따르면 정당화는 한 사람의 주관적 믿음체계에 의존하는 것이 아니다. 그 어떤 이성적 존재도 정당화에 관한 우리의 사회실천에서 배제되지 않는다. 그리고 우리는 이러한 세계상을 토대로 세계 속에서 지금까지 우리의 생존을 성공적으로 유지해 왔다. 요컨대 우리의 인식목적은 최고의 설명적 정합성을 갖는 세계상을 획득하는 것이고 또한 진정한 대안체계는 존재하지 않는다. 따라서 우리의 믿음체계가 세계로부터 유리되어 있지 않음은 이에 대한 적극적인 반대증거가 제시되기 전까지 우리의 사회실천 속에서 긍정적 정당화의 위상을 유지한다. 이런 이유에서 우리의 믿음체계가 세계로부터 유리될 가능성은 셀라시언 정합성 이론에 큰 문젯거리가 아니다.

넷째, 전통적 정합론에 따르면 S의 믿음 p의 정당화는 그의 믿음체계 전체와의 관계에 의해 결정되기 때문에, S는 p가 정합적 믿음인지를 파악하기 위해서 자신의 믿음체계 전체를 파악해야 한다. 그러나 그 어느 누구도 실제로 자신의 믿음체계 전체를 파악하기 어렵다. 그렇지만 셀라시언 정합성 이론은 이러한 난점에 직면하지 않는다. 이 이론에 따르면 정당화의 사회실천 속에서 S가 p를 정당한 논증을 통해 옹호할 수 있으면 S의 믿음 p는 정당화된다. 그런데 S는 이러한 정당화 작업과 관련하여 사회적 노동 분업에 참여할 수 있다. 이를 통해 그는 사회 속에서 역사적으로 또는 정당한 권위자에 의해서 이미 긍정적 정당화의 위상을 획득한 근거들을 자신의 믿음을 정당화하는 데 이용할 수 있다. 따라서 S는 정당화의 사회실천 속에서 제시될 수 있는 모든 근거들을 스스로 다 알지 못해도, 정당화와 관련된 이러한 노동 분업을 통해서 정당화되는 믿음들을 가질 수 있다. [166]

---

166) 필자의 셀라시언 설명적 정합성 이론은 관찰 데이터와 이론적 가설 사이의 인식적 비대칭성을 받아들이기 때문에 토대론과 유사한 점이 있다. 그렇지만 필자의 이론은 수잔 학(Haack 1993)이 주장하는 '토대정합론'(foundherentism)과는 매우 다른 이론이다. 수잔 학의 토대정합론은 토대론의 경험적 요소와 정합론의 정합적 관계를 결합한 일종의 혼성이론(hybrid theory)이다. 이 혼성이론에 따르면, 경험은 경험적 믿음의 정당화에 관련되지만 그렇다고 해서 경험적 믿음이 전적으로 경험에 의해 정당화되

결론적으로 진리개연성 문제는 셀라시언 정합성 이론에 큰 문제가 되지 않는다. 또한 전통적인 정합성 이론들이 직면하는 다른 문제들도 셀라시언 정합성 이론에 큰 문제가 되지 않는다. 따라서 셀라시언 정합성 이론은 큰 이론적 난점이 없는 정당화 이론이라고 말할 수 있다. [167]

는 것은 아니다. 경험은 경험적 믿음을 단지 부분적으로 옹호해주는 시초의 추정(initial presumption)의 역할만을 한다. 경험에 의해 부분적으로 옹호된 경험적 믿음은 다른 믿음들과 상호 옹호하는 정합적 관계를 맺음으로써 비로소 입증될 수 있다. 그런데 이 혼성이론은 경험과 정합성이라는 두 이질적 요소들에 동시에 호소할 뿐 두 이질적인 요소들이 어떻게 서로 적절히 결합되는지에 대해서는 적절한 해명을 제시하지 않는다. 예컨대 정합성이 그 자체로 정당화의 독립적 원천이 아니라면 어떻게 경험적 믿음의 정당화를 증대시킬 수 있는가? 또한 경험과 정합성이 경험의 정당화에 둘 다 공헌한다고 할 때 각자가 공헌하는 비율은 얼마인가? 뿐만 아니라 정합성 관계는 통상적인 추론관계가 아니다. 그렇다면 정합성이 경험적 믿음의 정당화를 증대시킨다고 할 때, 경험적 믿음과 이 믿음과 정합적인 다른 믿음들 사이의 인식적 옹호 관계의 본성은 무엇인가? 수잔 학의 토대정합론은 이러한 근본적 질문들에 대해 적절한 답을 제시하지 않는다. 토대정합론과 달리 필자의 설명적 정합론은 기존 토대론과 정합론의 요소들을 단순하게 결합한 혼성이론이 아니다. 필자의 이론에 따르면 정상적인 지각믿음은 단지 부분적으로 정당화되는 믿음이 아니라 이를 의심할 만한 반대증거가 제시되지 않는 한 정당화의 사회실천 속에서 긍정적 정당화의 위상을 가진다. 또한 필자의 이론은 어떤 믿음이 긍정적 정당화의 위상을 가질 때 왜 그러한 위상을 가지는지에 대해 적절한 논증을 제시한다.

167) 제8장의 중심논지는 필자의 2017년 논문 "The Truth-Conduciveness Problem of Coherentism and a Sellarsian Explanatory Coherence Theory"에 기반을 둔 것이다.

제9장

객관적으로 정당화되는
믿음으로서의 지식

현대 인식론에는 정당화에 관해 경쟁하는 두 가지 접근방식이 있다. 내재주의(internalism)에 의하면 인식주체가 어떤 명제를 믿음에 있어서 정당화되기 위해서는 그 인식주체가 정당화의 근거에 인지적으로 접근할 수 있어야 한다. 반면 외재주의(externalism)에 의하면 정당화의 원천은 인식주체에게 외적인 것일 수 있다. 그런데 이 두 접근방식에는 각기 고유한 난점들이 있다. 내재주의 접근의 가장 큰 난점은 다음과 같은 외재주의 직관이다. 믿음의 인식적 위상(epistemic status)은 인식주체의 관점에 내적인 요인들에 의해 전적으로 결정되는 것이 아니다. 게티어 문제의 교훈과 신빙론의 통찰은 이와 같은 직관을 강하게 옹호한다. 반면 외재주의 접근에 따르면 어떤 믿음이 인식적으로 정당화된다는 말은 그 믿음이 참일 객관적 확률이 높음을 함축한다. 예컨대 과정 신빙론에 따르면 어떤 믿음이 신빙성 있는 인지과정에 의해 산출된 믿음이면 그 믿음은 인식적으로 정당화된다. 왜냐하면 신빙성 있는 인지과정은 참인 믿음을 산출해주는 객관적 확률이 높은 인지과정이기 때문이다. 이와 같은 외재주의 접근의 가장 큰 난점은 다음과 같은 내재주의 직관이다. 외재주의가 옹호하는 객관적 확률은 증거에 상대적인 확률이 아니다. 그리고 그와 같은 관점독립적인 확률은 우리의 인식평가에서 이용 불가능한 것이다. 왜냐하면 인식적으로 무언가를 평가할 때 우리는 부득이 우리가 인식적으로 확인할 수 있는 것을 토대로 할 수밖에 없기 때문이다. 따라서 우리의 관점과 독립적인 방식으로 이해된 객관적 확률은 인식적으로 무의미하다.

필자는 믿음의 인식적 위상이 인식주체의 관점에 내적인 요인들에 의해 전적으로 결정되는 것은 아니라는 외재주의 직관에 동의한다. 또한 증거에 상대적이지 않은, 관점독립적인 객관적 확률은 우리의 인식평가에서 이용 불가능하다는 내재주의 직관에도 동의한다. 그런데 이 두 직관들은 서로 양립할 수 없는 것들이 아니라 동시에 정합적으로 수용될 수 있는 것들이다. 필자는 제8장에서 셀라시언 설명적 정합성 이론을 옹호하였다. 필자는 이 이론이 내재주의와 외재주의의 핵심적 통찰들을 정합적으로 수용할 수 있음을 주장할 것이다. 또한 이를 토대로 지식을 객관적으로 정당화되는 믿음으로 이해할 수 있음을 주장할 것이다. 더 나아가 지식에 관한 이러한 견해가 지식에 관련한 현대 인식론의 다양한 문제들을 큰 난점 없이 체계적으로 해결할 수 있음을 주장할 것이다.

1.

게티어 문제의 교훈과 신빙론의 통찰

지식의 전통적 설명에 따르면 지식은 정당화되는 참인 믿음이다. 그러나 제1장에서 언급했던 것처럼 이 전통적 설명은 게티어 문제에 직면한다. 게티어의 반례를 다시 고려해보자. 영수는 그의 사무실 동료인 철수가 현대 그랜저 자동차를 몰고 다니는 것을 여러 번 목격했고 최근 그 차를 얻어 탄 적이 있으며 또한 그 차가 자신의 차라고 말하는 것을 여러 번 들었다. 따라서 영수는 다음 명제 (1)을 믿을 만한 적절한 증거를 갖고 있다.

(1) 철수는 현대 그랜저를 소유하고 있다.

이 경우 영수는 (1)을 근거로 다음 명제 (2)를 정당하게 추론할 수 있다.

(2) 내 사무실에 있는 어떤 사람은 현대 그랜저를 소유하고 있다.

즉 영수의 믿음 (2)는 타당한 추론에 의해 도출된 것이므로 정당화된다. 그런데 영수는 다음 사실을 알지 못한다.

(3) 철수가 최근 몰고 다니는 차는 렌트한 차이다.

다시 말해 (1)은 거짓이다. 반면 영수와 같은 사무실에서 근무하는 다른 어떤 사람이 우연히 현대 그랜저를 소유하고 있고 이로 인해 영수의 믿음 (2)는 참이다. 또한 (2)는 타당한 추론에 의해 도출된 것이므로 정당화되는 믿음이다. 따라서 (2)는 정당화되는 참인 믿음이다. 그러나 (2)는 영수와 같은 사무실에서 근무하는 철수가 아닌 어떤 사람이 우연히 현대 그랜저를 소유하고 있다는 사실에 의해 운 좋게 참이 된 믿음이다.

위의 사례에서 영수는 (2)를 믿음에 있어서 인식적으로 비난받아서는 안 된다. 영수에게 접근 가능한 증거들에 상대적으로 영수의 믿음은 정당화된다. 또한 인식주체의 지적 통제(intellectual control)를 넘어선 것에 대해 인식적 책임을 묻는 것은 적절치 않다. 그럼에도 불구하고 우리는 여전히 영수가 (2)를 안다고 말하기 어렵다. 그의 믿음이 참이 된 것은 순전히 운이 좋아서 그런 것이다. 이처럼 운 좋게 참이 된 믿음은 결코 지식일 수 없다. 따라서 게티어 문제는 믿음의 인식적 위상이 인식주체의 관점에 내적인 요인들에 의해 전적으로 결정되는 것이 아님을 잘 보여준다.

이제 신빙론의 교훈에 대해 살펴보자. 제6장에서 언급했던 예를 다시 살펴보자. 어떤 아이가 앞에 있는 사과를 보고 '내 앞에 사과가 있다'는 믿음을 형성했다고 하자. 또한 그 아이는 아직은 인식론적으로 세련된 상태에 있지 않기 때문에 자신의 믿음을 정당화할 것을 요구받을 때 적절한 근거를 제시하지 못한다고 하자. 이런 경우에도 우리는 그 아이가 자기 앞에 사과가 있다는 것을 안다고 말할 수 있는 것처럼 보인다. 우리의 인식목적은 참을 알고 거짓을 피하는 것이다. 따라서 인식적으로 정당화되는 믿음은 참일 개연성이 높은 믿음이다. 그런데 '내 앞에 사과가 있다'는 아이의 믿음은 신빙성 있는 인지과정을 통해 형성된 것이기 때문에 실제로 참일 개연성이 높다. 그러므로 신빙론의 직관에 따르면 인식주체가 스스로 적절한 정당화를 제시하지 못한다는 의미에서 정당화 조건을 충족하지 못하는 경우에도 인식주체의 믿음이 신빙성이 있는 인지과정에 의해 산출된 것이라면 지식으로 간주될 수 있다. 이것이 신빙론의 통찰이다.

2.

내재주의의 통찰과 외재주의의 통찰의 정합적 수용

셀라시언 정합성 이론은 앞서 언급한 내재주의와 외재주의의 통찰들을 정합적으로 수용할 수 있다.

우선 믿음이 정당화되기 위해선 적절한 근거에 의해 옹호돼야 한다. 다시 말해 인식적으로 정당화된 믿음은 진리개연적이어야 한다. 올스턴은 이 조건에 대해 다음과 같이 말한다.

> 모든 토대화된 믿음이 정당화되는 것이 아니라, 단지 적절한 토대를 가진 것만이 정당화된다. 적절성에 대한 적합한 기준을 얻기 위해서, 한 믿음이 정당화된다는 것이 거짓이 아니라 참을 믿어야 한다는 인식의 기본목적과 관련하여 바람직한 것임에 주목할 필요가 있다. 한 토대가 이 목표와 관련하여 바람직한 위상을 갖기 위해선 진리개연적이어야 한다. 즉 주어진 믿음의 토대가 그 믿음이 참임을 충분히 나타내 줄 수 있어야 한다. 다시 말해 그 토대가 주어졌을 때 그 믿음이 참일 확률이 매우 높아야 한다. 여기서 문제가 되는 확률은 객관적 확률이다. 세계는 우리가 전형적으로 처하게 되는 상황 속에서 믿음의 토대가 믿음의 참을 신빙성 있게 나타내 주는 그런 종류의 것이다. … 나는 확률을 일종의 '

경향성'(tendency)의 관념으로 생각하며, 세계의 법칙적 구조는 한 사태가 다른 사태를 다소간 개연적으로 만들어 주는 그런 종류의 것이다.[168]

올스턴이 염두에 두고 있는 객관적 확률은 증거에 상대적인 확률이 아니다. 다시 말해 관점독립적인 방식(non-perspectival way)으로 해석되는 확률이다. 그는 다음과 같이 말한다.

나는 무엇이 토대의 적절성을 구성하는가에 대해 내재주의적 제약조건을 부가하는 어떠한 시도에도 저항해 왔다. 나는 우리의 세계가 믿음의 토대가 주어진 믿음의 참을 충분히 지시해 주는 그런 종류의 것이란 사실이 그러한 적절성의 필요충분조건이며, 주체가 그러한 사실에 대해 인지적으로 파악하는 것이 필요조건도 충분조건도 아니라고 주장해 왔다.[169]

그렇지만 위와 같이 관점독립적인 방식으로 해석되는 확률은 매우 의심스러운 개념이다. 첫째, 그런 의미의 객관적 확률은 기술적 개념(descriptive concept)이다. 그러나 제2장에서 지적했던 것처럼 정당화는 규범적 개념(normative concept)이다. 어떤 믿음이 정당화된다고 말하는 것은 우리의 인식목적과 관련하여 그 믿음을 긍정적으로 평가하는 것이다. 또한 우리는 정당화되는 믿음은 받아들여야 하고 정당화되지 않는 믿음은 받아들여서는 안 되는 인식의무를 지닌다. 그리고 인과법칙과 달리 규범은 인과적 강제가 아니라 규범적 강제(normative compulsion)를 통해서 유지된

---

168) Alston 1988. p. 269.
169) Alston 1988. p. 281.

다. 셀라스는 다음과 같이 말한다.

한 에피소드 또는 상태를 지식의 경우로 특성화함에 있어서, 우리는 그 에피소
드 또는 상태를 경험적으로 기술하는 것이 아니다. 우리는 그것을 주체가 말하
는 것을 정당화하거나 할 수 있는 이유의 논리적 공간에 위치시키는 것이다.[170]

따라서 셀라스에 의하면 이유의 논리적 공간은 자연과학적 이해의 논
리적 공간에 속하는 용어들로 재구성될 수 없다.

둘째, 제8장에서 지적한 것처럼 정당화 개념은 정당화를 요구하고 이
에 답하는 우리의 사회실천을 배경으로 발전해 온 상호주관적 개념이다.
따라서 정당화 개념은 그와 같은 정당화의 사회실천과 독립적으로 이해
하기 어려운 개념이다. 그런데 정당화의 사회실천 속에서 인식적으로 무
언가를 평가할 때 우리는 부득이 우리가 인식적으로 확인할 수 있는 것
을 토대로 할 수밖에 없다. 따라서 우리의 관점과 독립적인 방식으로 이
해되는 객관적 확률은 인식적으로 무의미한 개념이다. 따라서 셀라시언
정합성 이론은 관점독립적인 객관적 확률 개념 대신에 비계량적 의미의
개연성 개념을 수용함으로써 내재주의의 통찰을 수용한다. 앞절에서 언
급한 바대로, 비계량적 개연성의 의미에서 'p는 개연적이다'(it is probable
that p)라고 말하는 것은 '(관련된 사실들을 고려해 봤을 때) p를 받아들이는
것이 합리적이다'라고 말하는 것이다.

뿐만 아니라 셀라시언 정합성 이론은 상호주관적 정당화 모델을 받아
들이기 때문에 주체에게 접근 가능하지 않은 증거를 고려할 수 있다. 즉

---

170) Sellars 1997, p. 76.

주체가 어떤 것을 믿음에 있어서 정당화되는지를 평가함에 있어서 주체에게는 접근 가능하지 않지만 인식평가자인 우리에게는 접근 가능한 증거들을 고려할 수 있다. 이런 의미에서 셀라시언 정합성 이론은 '믿음의 인식적 위상은 주체의 관점에 내적인 요인들에 의해 전적으로 결정되는 것이 아니다'라는 외재주의의 통찰을 수용할 수 있다. 이 논점에 대해서는 5절에서 자세히 설명할 것이다.

요컨대 셀라시언 정합성 이론은 믿음의 인식적 위상이 주체의 관점에 내적인 요인들에 의해 전적으로 결정되는 것은 아니라는 외재주의의 핵심적 통찰을 주관적 정당화 모델 대신에 상호주관적 정당화 모델을 받아들임으로써 수용한다. 또한 증거에 상대적이지 않은, 관점독립적인 객관적 확률은 우리의 인식평가에서 이용 불가능하다는 내재주의의 핵심적 통찰을 비계량적 의미의 개연성 개념을 받아들임으로써 수용한다. 이런 방식으로 내재주의의 핵심 통찰과 외재주의의 핵심 통찰은 셀라시언 정합성 이론 속에 동시에 정합적으로 수용될 수 있다.

3.

객관적으로 정당화되는 믿음과 지식

앞서 우리는 셀라시언 설명적 정합성 이론과 진리에 관한 축소주의적 견해를 살펴보았다. 우리는 이에 따라 지식을 객관적으로 정당화되는 믿음으로 이해할 수 있다.

우선 브랜덤에 의하면 객관성(objectivity)은 논증적 상호주관성(discursive intersubjectivity)의 한 특색이다.[171] 따라서 우리는 객관적 정당화를 상호주관적 정당화의 한 특색으로 이해할 수 있다. 앞 장에서 언급했던 것처럼 상호주관적 정당화는 객관적 정당화를 보증하지 않는다. 어떤 공동체에 속한 모든 사람이 어떤 명제를 정당화되는 것으로 여긴다고 해서 그 명제가 반드시 객관적으로 정당화되는 것은 아니다. 그렇지만 객관적 정당화가 모든 주체의 태도와 독립적인 것은 아니다. 브랜덤은 '전체 공동체가 객관적 사실에 관해 틀릴 수 있다'는 주장이 무슨 뜻인지를 적절히 설명함으로써 '전체 공동체가 상호주관적으로 참으로 여기는 것'과 '객관적으로 참인 것' 사이를 여전히 유의미하게 구분할 수 있다고 주장한다. 전

---

171) Brandom 1994, pp. 593–608을 보시오.

체 공동체가 어떤 과학이론을 상호주관적으로 정당화되는 것으로 여긴다고 가정해보자. 이처럼 상호주관적으로 정당화되는 믿음도 미래의 과학자가 제시하는 새로운 증거에 의해 잘못된 것으로 철회될 수 있다. 그러나 어떤 주장이 정당화의 사회실천 속에서 상호주관적으로 정당화되는 것으로 여겨질 뿐만 아니라 앞으로도 항상 그렇게 여겨지는 것이라면 그것은 객관적으로 정당화되는 주장으로 간주될 수 있다. 다시 말해 어떤 믿음이 현재 접근 가능한 증거들에 의해 상호주관적 정당화의 위상을 갖고 있을 뿐만 아니라 또한 나중에 이 믿음을 논파할 수 있는 누락된 반대증거가 실제로 없는 경우에 이 믿음은 단지 정당화되는 것으로 여겨지는 데 불과한 것이 아니라 객관적으로 (또는 실제로) 정당화되는 믿음이다. 그리고 이처럼 객관적으로 정당화되는 믿음이 지식이다.

이제 우리는 위 견해를 지식에 관한 전통적 견해와 비교함으로써 좀 더 잘 이해할 수 있다. 지식에 관한 전통적 견해에 따르면 'S는 p를 안다'의 필요충분조건은 다음과 같다.

(i) p는 참이다.
(ii) S는 p를 믿는다.
(iii) S는 p를 믿음에 있어서 정당화된다.

그렇다면 셀라시언 정합성 이론과 진리에 관한 축소주의의 관점에서 위의 세 조건들을 어떻게 이해해야 하는가? 먼저 두 번째 조건을 살펴보자. 이 조건은 지식의 믿음 조건이다. S가 p를 믿지 않는 경우에 우리는 'S는 p를 안다'라고 주장할 수 없다. 따라서 정당화의 사회실천 속에서 'S는 p를 안다'라고 주장하기 위해서는 (ii)를 승인해야 한다. 세 번째 조건은 지식의 정당화 조건이다. 셀라시언 정합성 이론은 정당화의 개념을 상호주관적 정당화 모델을 통해 이해한다. 따라서 S가 p를 믿음에 있어서 정당화되기 위해서는 이 믿음이 정당화를 요구하고 이에 답하는 사회실천 속에서 긍정적 정당화의 위상을 가져야 한다. 예컨대 S가 R이란 이유를 토대로 p를 참으로 여긴다고 가정해보자. R이 p를 정당화하는 적절한 이유이면 S는 R을 토대로 p를 정당하게 주장할 수 있다. 이 경우 인식주체 S 자신은 모르지만 인식 평가자인 우리에게는 접근 가능한, R의 증거력을 무력화시키는 이유 R*가 있을 수 있다. 그런 경우 S는 p를 믿음에 있어서 객관적으로 정당화되지 않는다. 그러면 조건 (iii)이 성립하지 않는다. 또한 우리는 'S는 p를 안다'라고 주장할 수 없다. 반면 그와 같은 R*가 없는 경우 S는 정당화의 사회실천 속에서 p를 정당하게 주장할 수 있다. 그런 경우 우리는 조건 (iii)을 승인할 수 있다.

끝으로 첫 번째 조건인 지식의 진리 조건을 살펴보자. 그런데 진리의 축소주의적 견해에 의하면 참은 실질적 개념이 아니다. 따라서 정당화의 규범들과 독립적인, 실질적인 참의 규범은 존재하지 않는다. 따라서 정당화의 사회실천 속에서 우리가 p를 정당하게 주장할 수 있는 경우이면 우리는 'p는 참이다'를 또한 정당하게 주장할 수 있다. 이런 경우에 우리는 인식 평가자로서 'p는 참이다'라고 말함으로써 S의 믿음(또는 주장)에 동의함을 명시적으로 표현할 수 있다. 따라서 조건 (i)이 하는 역할은 인식 평가자로서 우리가 S의 믿음에 동의함을 명시적으로 표현하는 것이다. 그리고 'p는 참이다'라고 말하기 위해서 정당화의 사회실천 속에서 p를 정당하게 주장할 수 있어야 한다.

4.

게티어 유형의 문제들

  지식을 객관적으로 정당화되는 믿음으로 보는 견해는 다음과 같은 특색들을 가진다. 첫째, 정당화의 개념을 상호주관적 정당화 모델을 통해 이해해야 한다. 둘째, 객관적 정당화는 상호주관적 정당화의 한 특색이다. 셋째, 진리의 축소주의적 견해에 의하면 참은 실질적 개념이 아니다. 따라서 정당화의 규범들과 독립적인, 실질적인 참의 규범들은 존재하지 않는다. 또한 객관적 참은 객관적 정당화에 의해 이해할 수 있다. p가 현 시점에서 상호주관적으로 정당화되는 명제일 뿐만 아니라 미래 시점에도 계속 정당화되는 그런 명제라면 p는 객관적으로 정당화되는 명제이다. 이처럼 지식을 객관적으로 정당화되는 믿음으로 이해하는 견해는 게티어 문제의 교훈과 신빙론의 통찰을 자연스럽게 수용할 수 있다.

  우선 앞서 언급했던 영수의 예를 다시 고려해보자. '내 사무실에 있는 어떤 사람은 현대 그랜저를 소유하고 있다'는 영수의 믿음은 그의 사무실 동료인 철수가 현대 그랜저 자동차를 몰고 다니는 것을 여러 번 목격했고 최근 그 차를 얻어 탄 적이 있으며 또한 그 차가 자신의 차라고 말하는 것을 여러 번 들었다는 사실들에 의해 옹호된다. 다시 말해 이와 같은 근거를 토대로 영수는 다음과 같이 추론할 수 있다.

철수는 현대 그랜저를 소유하고 있다. 철수는 내 사무실에서 근무한다. 따라서 내 사무실에 있는 어떤 사람은 현대 그랜저를 소유하고 있다.

위의 예에서 영수는 '철수는 현대 그랜저를 소유하고 있다'라는 전제를 옹호하는 근거를 갖고 있다. 여기서 그 근거 자체는 사실이므로 우리는 그것을 논박할 수 없다. 그리고 그 근거는 표면상 위 논증의 첫 번째 전제를 정당화하는 것처럼 보인다. 그러나 그 근거가 첫 번째 전제를 논리적으로 함축하지 않는다는 점에 주목할 필요가 있다. 귀납적 결론은 그것이 거짓임을 보여주는 적절한 반대증거가 제시될 경우에 논박될 수 있다. 위 경우에 우리는 철수가 최근 몰고 다니는 차는 렌트한 차라는 반대증거를 제시함으로써 첫 번째 전제를 위한 영수의 증거를 성공적으로 논박할 수 있다. 이 새로운 증거가 제시되면 영수는 '철수는 현대 그랜저를 소유하고 있다'라는 그의 믿음을 철회해야 한다. 다시 말해 '철수는 현대 그랜저를 소유하고 있다'라는 영수의 전제는 철수가 최근 몰고 다니는 차는 렌트한 차라는 반대증거가 제시되면 더 이상 정당화되지 않는다. 따라서 이 전제는 '내 사무실에 있는 어떤 사람은 현대 그랜저를 소유하고 있다'라는 그의 결론을 정당화하지 못한다. 요컨대 '내 사무실에 있는 어떤 사람은 현대 그랜저를 소유하고 있다'라는 영수의 믿음이 지식이 아닌 이유는 이 믿음이 정당화의 사회실천 속에서 객관적으로 정당화되지 않기 때문이다. 그리고 이 믿음이 객관적으로 정당화되지 않는 이유는 영수가 이 믿음을 정당화의 사회실천 속에서 객관적으로 정당화되지 않는 근거를 토대로 받아들이기 때문이다. 다시 말해 영수는 '내 사무실에 있는 어떤 사람은 현대 그랜저를 소유하고 있다'라는 믿음을 부분적으로 '철수는 현대 그랜저를 소유하고 있다'라는 근거에서 받아들인다. 그런데 인식평가자인 우리의 관점에서 S가 '내 사무실에 있는 어떤 사람은 현대 그랜저를 소유하고 있다'라고 믿음에 있어서 놓치고 있는 반대증거가 있다. 그것은 철수가 최근 몰고 다니는 차는 렌트한 차라는 사실이다. 따라서 '내 사무실에 있는 어떤 사람은 현대 그랜저를 소유하고 있다'라는 영수의 믿음은 객관적으로 정당화되는 믿음이 아니다. 다시 말해 지식이 아니다.

위와 같은 설명은 모든 게티어 유형의 반례들에 마찬가지로 적용될 수 있다. 먼저 제1장 4절에서 언급했던 펠드먼의 반례를 고려해보자. 길수는 영수에게 자신이 현대 그랜저를 소유하고 있다고 말했다. 그리고 이를 입증해주는 것처럼 보이는 소유권 증서를 보여주었다. 또한 그는 지금까지 영수에게 늘 정직했고 신뢰할 만한 사람이었다. 이를 근거로 영수는 다음과 같이 추론한다.

우리 사무실에 있는 어떤 사람은 내게 자신이 현대 그랜저를 소유하고 있다고 말했다. 그리고 이를 입증해주는 것처럼 보이는 증서를 보여주었다. 또한 그는 지금까지 내게 늘 정직했고 신뢰할 만한 사람이었다. 따라서 우리 사무실에 있는 어떤 사람은 현대 그랜저를 소유하고 있다.

위 귀납추론에는 거짓 전제가 포함되어 있지 않다. 길수가 영수에게 자신이 현대 그랜저를 소유하고 있다고 말했다는 것도 그리고 이를 입증해주는 것처럼 보이는 소유권 증서를 보여주었다는 것도 사실이다. 또한 위 귀납추론의 전제는 적어도 표면상 위의 결론을 정당화하는 것처럼 보인다. 그렇지만 지식을 객관적으로 정당화되는 믿음으로 보는 견해는 이와 같은 반례도 쉽게 처리할 수 있다.

물론 영수는 위 추론의 전제들을 정당하게 주장할 수 있다. 그러나 앞서 언급했던 것처럼 귀납적 결론은 그것의 전제들에 의해 논리적으로 함축되지 않기 때문에 새로운 반대증거가 제시될 경우에 더 이상 정당화되지 않을 수 있다. 영수는 '우리 사무실에 있는 어떤 사람은 현대 그랜저를 소유하고 있다'라는 믿음을 부분적으로 '길수는 현대 그랜저의 소유권 증서를 내게 보여 주었다'라는 근거에서 받아들인다. 그런데 인식평가자인 우리의 관점에서 영수가 그렇게 믿음에 있어서 놓치고 있는 반대증거가 있다. 그것은 길수가 보여준 증서가 위조된 것이라는 사실이다. 따라서 '내 사무실에 있는 어떤 사람은 현대 그랜저를 소유하고 있다'는 영수의 믿음은 객관적으로 정당화되는 믿음이 아니다. 다시 말해 지식이 아니다.

이제 끝으로 치좀의 반례를 살펴보자.

한 남자가 들판에 있는 한 동물을 보고 다음과 같이 판단한다. 목초지에 양 한 마리가 있다. 그런데 그가 본 것은 양이 아니라, 양과 생김새가 매우 흡사한 털북숭이 개였다. 그리고 들판 한 편에 있는 나무 뒤에 실제로 양 한 마리가 있었다.[172]

위 예에서 비록 '목초지에 양 한 마리가 있다'라는 남자의 믿음은 추론 과정의 매개 없이 지각을 통해 직접적으로 형성된 믿음이다. 제7장과 제8장에서 주장했던 것처럼 이와 같은 일상적 지각판단은 추정적 정당화의 위상을 가진다. 그러나 이처럼 추정적 정당화의 위상을 가진 지각판단도 반대증거에 의해 논박될 수 있다. 위의 남자는 '목초지에 양이 한 마리 있다'라는 믿음을 이를 논박하는 반대증거가 없다는 이유에서 받아

---

172) Chisholm 1977, p. 105.

들인다. 그런데 인식평가자인 우리의 관점에서 위의 남자가 놓치고 있는 반대증거가 있다. 그것은 그 남자가 보고 있는 동물이 실제로는 양과 생김새가 비슷한 털북숭이 개라는 사실이다. 따라서 '목초지에 양이 한 마리 있다'라는 남자의 믿음은 객관적으로 정당화되는 믿음이 아니다. 이런 이유에서 지식이 아니다.

이제 신빙론의 교훈에 대해 살펴보자. 어떤 아이가 앞에 있는 사과를 보고 '내 앞에 사과가 있다'라는 믿음을 형성했다고 하자. 또한 이 아이는 아직은 인식론적으로 세련된 상태에 이르지 못했기 때문에 이 믿음을 정당화하라는 요구에 적절히 대응하지 못한다고 하자. 그렇지만 이런 경우에도 우리는 이 아이가 자기 앞에 사과가 있다는 것을 안다고 말할 수 있는 것처럼 보인다. 정당화의 사회실천이론에 따르면 일상적 지각믿음은 (이를 의심할 만한 아무런 이유가 없는 한) 추정적 정당화의 위상을 가진다. 그렇지만 이러한 믿음도 언제든지 이를 의심할 만한 반대증거가 제시되면 긍정적 정당화의 위상을 잃을 수 있다. 그런데 이 경우에 인식평가자인 우리는 위 아이의 정상적 지각믿음을 의심할 만한 반대증거를 갖고 있지 않다. 따라서 우리는 '내 앞에 사과가 있다'라는 위 아이의 믿음을 정당화의 사회실천 속에서 긍정적 정당화의 위상을 가지는 것으로 여길 수 있다. 우리는 이와 같은 방식으로 신빙론의 통찰을 수용할 수 있다.

5.

그 외의 인식론적 문제들

지식을 객관적으로 정당화되는 믿음으로 보는 견해의 장점을 좀 더 살펴보기 위해 잘 알려진 인식론의 문제들에 이 견해를 적용해보자.

(1) 악령의 예

앞서 언급했던 것처럼 일상적 지각믿음들은 추정적 정당화의 위상을 가진다. 악령의 속임수에 빠져 있는 주체 S는 그의 주관적 관점 하에서 자신의 일상적 지각믿음 p를 의심할 만한 그 어떤 이유도 갖고 있지 않다. 따라서 S가 p를 정당화되는 것으로 여김에 있어서 인식적으로 비난받지 않을 수 있다. 그렇지만 그의 지각믿음 p는 객관적으로 진리개연적이지 않다. 지식을 객관적으로 정당화되는 믿음으로 보는 견해는 이와 같은 직관들을 잘 설명할 수 있다.

악령의 세계 속에 있는 주체 S도 정상적 상황이라면 그의 인식적 능력을 제대로 발휘할 수 있는 이성적 존재이다. 그러나 그는 그의 인식적 능력을 제대로 발휘할 수 없는 인식론적으로 불운한 상황에 놓여 있다. 따라서 S가 그에게 접근 가능한 증거에 비추어 자신의 일상적 지각믿음을 의심할 만한 그 어떠한 이유도 갖고 있지 않는 한 그는 인식적 비난에서 벗어날 수 있다. 그런데 정당화와 관련해 악령의 가설이 애초에 문제가 된 이유는 다음과 같은 직관 때문이다. 믿음의 인식적 위상에 관한 수반론에 따르면 두 믿음 X와 Y를 현상적으로 구별할 수 있는 아무런 차이가 없는 경우에 X와 Y는 인식론적으로 동등하게 취급돼야 한다. 그리고 가정상 정상세계에서의 지각믿음과 악령의 세계에서의 지각믿음 사이에 현상적으로 식별할 수 있는 아무런 차이가 없다. 따라서 정상세계에서의 지각믿음이 정당화되는 것이면 악령의 세계에서의 지각믿음도 마찬가지로 정당화되는 것이어야 한다.

한 인식주체 S만의 심적 상태만을 고려하면 S가 정상세계에서 믿음 p를 가지는 경우와 악령의 세계에서 믿음 p를 가지는 경우 사이에 차이가 없다. 그러나 셀라시언 정합성 이론에 따르면 믿음의 인식적 위상은 정당화를 요구하고 이에 답하는 사회실천 속에서 결정된다. 따라서 S의 믿음의 인식적 위상은 이와 같은 정당화의 사회실천 속에서 단지 S에게 접근 가능한 증거 또는 이유만을 고려함으로써 결정되는 것이 아니다. 또한 그 어떤 이성적 존재도 정당화의 사회실천에서 배제되지 않는다. 따라서 악령의 세계 속에 있는 S가 겪고 있는 인식론적 불운에 대해 알고 있는 외부의 이성적 존재가 있을 수 있다. 그리고 우리가 그러한 외부의 인식 평가자라면 S의 지각믿음들이 상호주관적으로 정당화되지 않다고 말해야 한다. 또한 누군가 S에게 그가 겪고 있는 인식적 곤경에 대해 알려 준다면 S 자신도 자신의 지각믿음들을 더 이상 신뢰해서는 안 된다. 왜냐하면 자신의 인식적 곤경을 아는 한 자신의 지각믿음들이 진리개연적이라고 생각할 수 없기 때문이다. 다시 말해 S 자신도 자신의 지각믿음을 객관적으로 정당화되는 것으로 더 이상 여길 수 없다. 요컨대 S의 지각믿음 p에 관하여 우리는 'S는 p를 안다'라고 말할 수 없다. 그 이유는 S가 p를 믿음에 있어서 객관적으로 정당화되지 않기 때문이다.

(2) 천리안 문제와 새로운 천리안 문제

먼저 제6장 3절에서 언급했던 본주어의 예를 살펴보자. 노먼은 천리안을 갖고 있지만 자신이 그런 능력을 갖고 있다는 사실은 모른다. 어느 날 아침 그는 불현듯 천리안을 통해 대통령이 뉴욕에 있다고 믿게 되었다. 그렇지만 텔레비전 뉴스에서는 대통령이 오늘 아침에 백악관에서 상원위원들을 접견할 예정이라고 보도하고 있다. 그러나 사실은 그 계획이 취소되었고 대통령은 비밀리에 뉴욕에 있다. 이 경우 노먼의 믿음은 신빙성 있는 인지과정인 천리안을 통해 형성되었기 때문에 과정 신빙론에 의하면 정당화된다. 그러나 노먼은 적절한 반대증거가 있음에도 이를 무시하고 이 믿음을 형성했다. 이것은 인식적으로 매우 무책임한 행동이다. 따라서 직관적으로 노먼의 믿음은 정당화되지 않는다.

지식을 객관적으로 정당화되는 믿음으로 보는 견해는 위와 같은 직관을 잘 설명할 수 있다. 천리안에 의한 믿음은 추정적 정당화의 위상을 가진 믿음이 아니다. 따라서 이와 같은 믿음이 정당화되기 위해서는 주체가 이를 정당화하는 적절한 근거를 제시할 수 있어야 한다. 그러나 노먼은 그와 같은 근거를 제시하지 못한다. 따라서 노먼의 믿음은 상호주관적으로 정당화되는 것이 아니다. 이런 이유에서 그는 대통령이 뉴욕에 있다는 사실을 알지 못한다.

이제 제6장 4절에서 다뤘던 새로운 천리안의 문제를 고려해보자. 천리안이 신빙성 있는 인지과정이며 또한 이 사실이 잘 알려진 가능세계가 있다고 가정해보자. 그러한 세계에서 주체 S가 천리안을 통해 어떤 믿음을 가질 경우에 직관적으로 그 믿음은 지식이 될 수 있다. 지식을 객관적으로 정당화되는 믿음으로 보는 견해는 이러한 직관도 잘 설명할 수 있다. S의 세계에서 천리안은 신빙성 있는 인지과정으로 잘 알려져 있다. 따라서 그 세계에서 천리안에 의한 믿음들은 정상적인 상황에서 추정적 정당화의 위상을 지닌다. 또한 우리는 이 사실을 잘 알고 있는 외부의 인식 평가자이다. 따라서 우리도 적절한 반대증거가 없는 한 천리안에 의한 S의 믿음을 정당화되는 것으로 여겨야 한다.

(3) 탐 그래빗(Tom Gravit)의 예

이제 레러와 팍슨의 다음 예를 고려해보자. 어떤 대학교수 S가 도서관에서 한 학생이 책을 훔치는 것을 목격했다. 그는 그 학생이 그의 강의를 들었던 탐 그래빗임을 확신한다. 따라서 그는 '탐 그래빗이 도서관에서 책을 훔쳤다'라고 믿는다. 그런데 이날 탐이 도서관에 없었고 사실 아주 먼 타지에 있었으며, 대신 탐의 일란성 쌍둥이인 잔 그래빗이 도서관에 있었다고 탐의 엄마가 주장했다. 그렇지만 이 대학교수는 탐의 엄마가 이런 주장을 했다는 사실을 전혀 모른다. 또한 탐의 엄마는 다소 정신이 이상한 상습적 거짓말쟁이이며 잔 그래빗은 단지 그녀의 정신이상에서 비롯된 상상일 뿐이다. 따라서 실제로 도서관에서 책을 훔친 것은 탐 그래빗이다.

위 예에서 'S는 탐 그래빗이 도서관에서 책을 훔쳤다는 것을 안다'고 말하는 것이 우리의 자연스러운 직관인 것처럼 보인다. 지식을 객관적으로 정당화되는 믿음으로 보는 견해는 이 직관도 잘 설명할 수 있다. 첫째, S는 그의 믿음을 정당화해주는 적절한 근거를 갖고 있다. 그가 도서관에서 본 사람은 그가 잘 아는 탐 그래빗이었다. 이와 같은 일상적 지각판단은 추정적으로 정당화된다. 그리고 우리는 이와 같은 정당화를 정당하게 논박할 수 없다. 왜냐하면 S의 근거는 실제로 옳은 근거이며 또한 탐 그래빗의 엄마의 증언은 단지 오도적인(misleading) 주장에 불과하기 때문이다. 이와 같은 오도적인 주장은 정당화의 사회실천에서 옳은 근거를 정당하게 논박할 수 없다. 왜냐하면 이와 같은 오도적인 주장은 전혀 근거 없는 것임을 지적하면 무력화되기 때문이다. 따라서 우리는 'S는 탐 그래빗이 도서관에서 책을 훔쳤다는 것을 안다'라고 말할 수 있다.

6.

논파주의와의 비교

끝으로 지식을 객관적으로 정당화되는 믿음으로 보는 견해의 특징을 좀 더 명확히 드러내기 위해 이 견해와 논파주의 설명을 비교해 보자. 논파주의에 의하면 지식은 논파되지 않게 정당화되는 참인 믿음이다. 따라서 'S는 p를 안다'의 필요충분조건은 다음과 같다.

(i) p는 참이다.
(ii) S는 p를 믿는다.
(iii) S는 p를 믿기 위한 적절한 증거 e를 갖고 있다.
(iv) p를 믿기 위한 S의 증거 e를 사실적으로 논파하는 d가 존재하지 않는다.

여기서 d가 p를 위한 주체의 증거 e를 논파한다는 말은 e에 더하여 d가 주어졌을 때 e가 p를 더 이상 정당화하지 못함을 뜻한다. 또한 S가 p를 믿기 위한 증거 e를 갖고 있고 e를 논파하는 어떤 참인 명제 d가 있고 또한 S가 이런 d의 존재를 모를 경우 d는 e를 사실적으로 논파한다고 말한다.

지식을 논파되지 않게 정당화되는 참인 믿음(undefeated justified true

belief)으로 보는 논파주의와 지식을 객관적으로 정당화되는 믿음(objec-tively justified belief)으로 보는 견해 사이에 유사성이 있는 것은 사실이다. 그렇지만 양자 사이에는 여전히 중요한 차이점들이 있다. 전자는 주관적 정당화의 모델을 받아들이지만 후자는 정당화의 사회실천 모델을 받아들인다. 이러한 차이점 때문에 논파주의는 외재주의의 직관과 관련하여 심각한 난점에 직면한다. 이 점에 대해 부연설명을 하면 다음과 같다.

신빙론의 통찰에 대해 다시 살펴보자. 어떤 아이 S가 앞에 있는 사과를 보고 '내 앞에 사과가 있다'라는 믿음을 형성했다고 하자. 또한 S는 아직은 인식론적으로 세련된 상태가 아니기 때문에 이 믿음을 정당화하라는 요구에 대해 적절히 대응하지 못한다고 하자. 그렇지만 그런 경우에도 우리는 'S는 자신 앞에 사과가 있음을 안다'라고 말할 수 있는 것처럼 보인다. 셀라시언 정합성 이론은 이러한 직관을 잘 설명할 수 있다. 이와 관련된 인식원리 EP1을 다시 살펴보자.

EP1: 우리의 지각판단은 (이를 의심할 만한 아무런 이유가 없는 한) 참일 개연성이 높다.

앞서 제7장에서 논의한 바대로 셀라시언 정합성 이론은 EP1을 다음과 같은 방식으로 정당화할 수 있다.

(i) 우리가 아는 한 정당화의 사회실천 속에서 EP1은 정당한 인식원리로서 지금껏 큰 문제없이 사용되어 왔다.

(ii) EP1이 결함이 있는 인식원리라고 생각할 만한 적극적인 이유가 없다.

(iii) 인식목적을 추구함에 있어서 EP1을 받아들이는 것 외에 대안이 없다.

위와 같은 조건들 하에서 EP1은 정당화의 사회실천 속에서 추정적으로 정당화된다. 따라서 '내 앞에 사과가 있다'라는 S의 지각믿음은 정당화의 사회실천 속에서 추정적 정당화의 위상을 지닌다. 그리고 S는 우리 공동체의 일원으로서 인식적 정당화와 관련하여 노동 분업을 할 수 있다. 따라서 S 자신이 EP1을 정당화할 필요가 없다. 이런 이유에서 우리는 '내 앞에 사과가 있다'라는 S의 믿음에 대해 이를 의심할 만한 적극적인 증거 또는 이유가 제시되기 전까지 정당화되는 것으로 여길 수 있다. 다시 말해 우리는 'S는 자신 앞에 사과가 있음을 안다'라고 말할 수 있다. 이런 방식으로 셀라시언 정합성 이론은 신빙론의 통찰을 수용할 수 있다.

반면 레러의 논파주의 설명은 신빙론의 통찰을 수용할 수 없다. 그 이유는 분명하다. 그의 설명에 따르면 S가 자신 앞에 사과가 있음을 알기 위해서는 자신의 평가 체계를 토대로 '내 앞에 사과가 있다'라는 주장에 대해 제기될 수 있는 모든 비판들을 물리칠 수 있어야 한다. 그런데 레러의 이론은 정당화에 대해 주관적 모델을 받아들인다. 따라서 이 주관적 모델 하에서 EP1을 정당화할 수 있어야 한다. 제5장에서 지적한 바대로 레러는 EP1과 같은 인식원리를 신뢰성 원리에 호소하여 옹호한다. 그렇지만 신뢰성 원리에 대한 레러의 정당화는 성공적이지 않다. 또한 신뢰성 원리를 실제로 정당화할 수 있다손 치더라도 S 자신은 아직은 인식론적으로 세련된 상태가 아니기 때문에 자신의 믿음을 정당화해보라는 요구에 답할 수 없다. 그러므로 레러의 설명에 따르면 'S는 자기 앞에 사과가 있음을 안다'라는 주장은 성립하지 않는다.

논파주의 설명은 또한 매우 받아들이기 어려운 함축을 가진다. 이 설명의 중요한 특징은 네 번째 조건이 첫 번째 조건을 잉여적(redundant)으로 만든다는 점이다. 그 이유는 다음과 같다. p가 거짓일 경우 S가 p를 위한 어떤 증거 e를 갖든지 간에 e를 논파하는 명제 d, 즉 ~p가 존재한다. 왜냐하면 e와 ~p의 연언은 p에 대한 증거일 수 없기 때문이다. 따라서 p가 거짓인 경우 믿음 p를 위한 어떤 증거를 S가 갖든지 간에 이 믿음은 궁극적으로 논파된다. 이러한 귀결은 논파주의 설명의 네 번째 조건을 비현실적으로 강한 조건으로 만든다. 왜냐하면 어떤 (우연적) 명제에 대해서도 그 어떤 증거가 주어지든 상관없이 거짓으로 밝혀질 가능성을 배제할 수 없기 때문이다. 따라서 각 인식주체는 자신의 인식적 한계로 인해 네 번째 조건이 객관적으로 성립하는지 여부를 현실적으로 평가하기 어렵다.

반면 이러한 우려는 지식을 객관적으로 정당화되는 믿음으로 보는 견해에 심각한 난점을 제시하지 않는다. 이 견해에 따르면 'S는 p를 안다'의 필요충분조건은 다음과 같다.

(i) p는 참이다.

(ii) S는 p를 믿는다.

(iii) S는 p를 믿음에 있어서 정당화된다.

그리고 위의 세 번째 조건은 상호주관적 정당화 모델을 통해 이해돼야 한다. 따라서 S가 p를 믿음에 있어서 정당화되기 위해서는 이 믿음이 정당화를 요구하고 이에 답하는 사회실천 속에서 긍정적 정당화의 위상을 가져야 한다. 또한 이 조건이 성립하기 위해서는 p에 대한 S의 믿음이 단지 정당화되는 것으로 여겨지는 것에 불과한 것이 아니라 실제로 정당화돼야 한다. 그리고 여기서 정당화는 정적인 모델이 아니라 동적인 모델에 의해 이해돼야 한다. 따라서 어떤 믿음 p가 객관적으로 정당화되는 믿음이기 위해서는 p가 현재뿐만 아니라 미래에도 계속 긍정적 정당화의 위상을 옳게 유지할 수 있어야 한다. 그런데 이 견해가 제시하는 정당화의 평가는 정당화를 요구하고 이에 답하는 사회실천의 맥락 속에서 평가되는 것이다. 따라서 S의 믿음 p가 객관적으로 정당화되는지 여부에 대해 평가하고자 하는 각 시점에서 우리가 이것을 평가하는 데 원리상 큰 어려움이 없다.

물론 'S가 p를 믿음에 있어서 객관적으로 정당화된다' 형태의 인식적 평가는 오류 가능하다. 즉 적절한 반대증거가 제시되면 철회돼야 한다. 그러나 정당화에 관한 이러한 주장이 오류 가능하다는 것과 우리가 이러한 주장을 정당하게 할 수 있다는 것은 양립한다. 다시 말해 우리는 오류가능성을 인정하면서도 여전히 'S는 p를 믿음에 있어서 객관적으로 정당화된다' 형태의 인식적 평가를 정당하게 할 수 있다. 예컨대 현 시점에서 우리는 '지구는 태양 주위를 공전한다'라는 우리의 믿음이 객관적으로 정당화되는 믿음이라고 정당하게 주장할 수 있다. 이런 이유에서 주어진 믿음이 정당화의 사회실천 속에서 긍정적 정당화의 위상을 지니는지 여부에 대해 평가하는 것은 원리상 크게 어려운 일이 아니다.

끝으로 논파주의 설명과 필자의 설명 사이의 중요한 차이에 대해 부연 설명을 하면 다음과 같다. S가 p를 믿는다고 가정해 보자. 정당화에 대한 주관적 모델은 객관성을 설명하기 어렵다. 예컨대 S의 믿음 p가 그의 전 생애를 통해 논파되지 않았다고 가정해보자. 그런 경우에도 p를 논박하는 반대증거가 존재할 가능성은 인식론적으로 유의미하다. 따라서 S의 믿음 p가 그의 전 생애를 통해 논파되지 않았다는 사실은 p가 객관적으로 참임을 함축하지 않는다. 이런 이유에서 정당화에 대한 주관적 모델은 고립반론 또는 복수체계반론에 취약하다. 반면 필자가 제시한 정당화의 사회실천 모델은 이러한 반론을 극복할 수 있다. 이제 우리의 믿음 p가 정당화의 사회실천 속에서 긍정적 정당화의 위상을 영원히 잃지 않는다고 가정해 보자. 그런 경우 이 믿음을 논박하는 반대증거의 가능성은 인식론적으로 무의미하다. 따라서 우리의 믿음 p가 정당화의 사회실천 속에서 긍정적 정당화의 위상을 영원히 잃지 않는다는 사실은 p가 객관적으로 참임을 함축한다. 이런 이유에서 정당화에 대한 사회실천 모델은 고립반론 또는 복수체계반론에 취약하지 않다. [173]

---

173) 지식을 객관적으로 정당화되는 믿음으로 이해할 수 있다는 필자의 견해에 대한 좀 더 자세한 논의를 위해서 필자의 2021년 논문 "Knowledge as Objectively Justified Belief"를 보시오.

제10장

귀납의
문제

우리는 과거의 경험을 토대로 미래를 예측하기 위해서 귀납추론을 사용해 왔다. 또한 자연과학은 귀납추론을 이용해 지금껏 눈부신 성공을 이뤄 왔다. 그러나 흄(Hume 1748)은 귀납추론을 정당화할 수 없다고 주장한다.

그의 주장은 다음과 같은 논증과 관련이 있다.

(1) 지금까지 관찰된 모든 A들은 B였다. 따라서 모든 A들은 B이다.

위 추론이 정당화되는지 여부는 자연의 제일성 원리(齊一性, the Uniformity Principle) 즉 같은 조건에서 같은 현상이 반복하여 발생하도록 하는 원리에 의존한다. 이 원리가 성립하면 우리는 과거를 토대로 미래를

(적어도 일정 범위 내에서) 예측할 수 있다.

그러나 흄에 따르면 우리는 제일성 원리를 합리적으로 정당화할 수 없다. 그의 논증은 대략적으로 다음과 같다. 첫째, 제일성 원리는 선험적으로(a priori) 정당화되지 않는다. 우리는 자연의 진행과정이 변할 가능성을 선험적으로 배제할 수 없다. 다시 말해 제일성 원리가 거짓일 가능성을 선험적으로 배제할 수 없다. 둘째, 제일성 원리는 후험적으로도(a posteriori) 정당화되지 않는다. 그러한 정당화는 다음과 같은 귀납논증에 의존할 것이다.

(2) 자연의 진행과정은 지금껏 법칙적이었다. 따라서 자연의 진행과정은 앞으로도 법칙적일 것이다.

다른 귀납논증과 마찬가지로 (2)도 자연의 제일성을 선제한다. 그리고 이와 같은 순환적 정당화는 정당하지 않다.

위와 같은 귀납의 회의론이 제기된 이후 귀납추론을 정당화하려는 수많은 시도들이 있었다. 그럼에도 불구하고 아직껏 대다수의 철학자들이 동의하는 적절한 정당화가 제시되지 않고 있다. 따라서 브로드(C. D. Broad)는 "귀납은 과학에는 영광이지만 철학에는 스캔들이다"[174]라고 말한다.

여기서 다음 두 물음들을 구분할 필요가 있다.

제일성 원리를 받아들이는 것은 합리적인가?
어떤 귀납추론들을 받아들이는 것이 합리적인가?

---

174) Broad 1952, p. 143.

귀납에 관한 흄의 회의주의는 첫 번째 물음에 관한 것이다. 1절에서 우리는 먼저 이 물음에 대해 답할 것이다. 그 다음 2절에서부터 두 번째 물음에 답할 것이다.

1.

셀라시언 정합성 이론과 흄의 문제에 대한 정합론적 해결책

제7장에서 '우리의 지각판단은 (이를 의심할 만한 아무런 이유가 없는 한) 참일 개연성이 높다'와 같은 인식원리를 셀라시언 정합성 이론을 이용해 정당화하였다. 자연의 제일성 원리도 이와 유사한 방식으로 정당화할 수 있다. 우선 EP1과 같은 인식원리를 정당화하기 위해 이용했던 논점들을 간략히 다시 언급하면 다음과 같다.

첫째, 어떤 것을 (인식론적으로) 정당화하는 것이 (최소한 원리상) 가능함을 받아들이는 것은 인식론적 논의를 위해 필요한 최소한의 추정이다.

둘째, 정당화의 개념은 규범적 개념이다. 즉 우리는 정당화되는 믿음은 받아들여야 하고 정당화되지 않는 믿음은 받아들여서는 안 된다.

셋째, 인식 정당화는 목적 의존적 개념이다. 따라서 우리의 인식목적이 합리적이지 않으면 우리는 정당화되는 믿음은 받아들여야 하고 정당화되지 않는 믿음은 받아들여서는 안 되는 인식의무를 따를 이유가 없다. 따라서 '어떤 것을 (인식론적으로) 정당화하는 것은 (최소한 원리상) 가능하다'가 인식론적 논의를 위해 필요한 최소한의 추정인 것처럼 '인식목적은 합리적이다'도 인식론적 논의를 위해 필요한 최소한의 추정이다.

넷째, 셀라시언 정합성 이론에 따르면 대략적으로 정당화의 사회실천 속에서 p에 대한 모든 경쟁주장들을 물리칠 수 있는 경우에 p는 상호주관적으로 정당화된다.

다섯째, 정당화의 사회실천은 추정과 도전의 정당화 구조를 요구한다.

이제 위 논점들을 토대로 어떻게 제일성 원리를 정당화할 수 있는지에 대해 살펴보자. 앞서 언급한 바대로 모든 정당화 요구에 대해서 우리는 정당화를 요구하고 이에 답하는 사회실천 속에서 우리의 개념체계를 토대로 답할 수밖에 없다. 제일성 원리도 예외가 아니다. 대략적으로 우리는 제일성 원리를 다음과 같이 옹호할 수 있다.

첫째, 우리는 과거를 토대로 미래를 예측하기 위해 지금껏 제일성 원리에 의존해 왔다. 특히 자연과학은 제일성 원리를 토대로 눈부신 성공을 이뤄 왔다.

둘째, 이 원리를 거짓이라고 생각할 만한 적극적인 이유가 없다.

셋째, 미래를 합리적으로 예측하기 위해 제일성 원리가 필수불가결하다. 만약 이 원리가 거짓이라면 우리는 미래를 예측하기 위해 과거에 의존할 수 없고 그렇게 되면 미래를 예측하고자 하는 인식목적을 추구하는 것이 합리적이지 않게 된다.

위 조건들 하에서 우리는 제일성 원리를 정당화의 사회실천 속에서 추정적 정당화의 위상을 지니는 것으로 여길 수 있다. 이 논점에 대해 부연설명을 하면 다음과 같다.

앞서 언급한 바대로 우리의 인식목적이 합리적이라는 것은 인식적 논의를 위한 최소한의 추정이다. 그리고 우리의 인식목적은 최고의 설명적 정합성을 갖는 세계상을 획득하기 위해 우리의 개념체계를 내부에서 점진적으로 개선하는 것이다. 또한 인류공동체는 인식론적 작업에서 노동분업을 하며 과학자 공동체의 주요 임무는 자연현상을 설명하고 예측하는 것이다. 그리고 과학자 공동체의 이러한 인식목적은 우리의 상호주관적 인식목적의 일부이다. 따라서 우리가 과거 사실들을 설명하고 미래 사실들을 예측하고자 하는 인식목적을 추구하는 것이 합리적이라는 것은 최소한의 인식론적 추정이다. 또한 우리는 과거 사실들을 설명하고 미래 사실들을 예측하기 위해 제일성 원리에 의존할 수밖에 없다. 따라서 이러한 인식목적을 추구하는 것이 합리적이면 우리가 제일성 원리를 받아들이는 것도 합리적이다. 그리고 우리는 이에 대한 입증의 부담을 도전자에게 전가할 수 있다. 즉 회의론자가 제일성 원리가 거짓임을 입증하지 못하는 한 제일성 원리는 정당화의 사회실천 속에서 추정적 정당화의 위상을 가진다.

여기서 한 가지 주목할 점이 있다. 제일성 원리를 받아들이는 것이 합리적인 이유는 단지 제일성 원리를 받아들이지 않으면 과학의 목적을 추구할 수 없다는 데 불과한 것이 아니다. 다시 말해 단지 '모 아니면 도'(all or nothing) 식의 이유가 아니다. 셀라시언 정합성 이론에 따르면 정당화의 사회실천 속에서 제일성 원리가 모든 경쟁주장들을 물리칠 수 있는 경우에 긍정적 정당화의 위상을 지닌다. 그런데 앞서 언급한 바대로 제일성 원리는 정당화의 사회실천 속에서 추정적 정당화의 위상을 지닌다. 따라서 우리는 이 원리에 관해 입증의 부담을 도전자에게 전가할 수 있다. 이런 이유에서 도전자가 과학의 목적이 합리적이 아님을 보여주는 적극적 논거를 제시하든가 또는 제일성 원리의 대안을 제시하든가 둘 중 하나를 하지 못하는 한 제일성 원리는 정당화의 사회실천 속에서 긍정적 정당화의 위상을 유지할 수 있다.

2.

우연적 일반화와 법칙적 일반화

우리는 정당화의 사회실천 속에서 제일성 원리를 받아들이는 것이 합리적임을 주장하였다. 물론 이 주장은 모든 귀납추론들이 정당화됨을 함축하지 않는다. 그렇다면 어떤 귀납추론의 결론을 받아들이는 것이 합리적인가?

먼저 보편적 귀납적 일반화(universal inductive generalization)의 두 사례들을 고려해보자.

(2) 지금까지 관찰된 모든 에메랄드들은 초록색이었다. 따라서 (아마도) 모든 에메랄드들은 초록색이다.[175]

(3) 지금까지 내가 거스름돈으로 받은 모든 동전들은 100원짜리였다. 따라서 (아마도) 내가 거스름돈으로 받는 모든 동전들은 100원짜리이다.

---

175) 여기서 '아마도'는 전제와 결론 사이의 추론관계가 연역적 함축 관계가 아니라 그보다 약한 귀납적 옹호의 관계임을 표시해 주는 지시어이다.

적어도 표면적으로 (2)와 (3)의 논리구조는 동일하다. 그럼에도 불구하고, 직관적으로 (2)의 결론을 받아들이는 것은 합리적이지만 (3)의 결론을 받아들이는 것은 그렇지 않다. 앞으로 초록색이 아닌 에메랄드가 발견된다면 그것은 매우 놀라운 일이지만 내가 다음번에 500원짜리 동전을 거스름돈으로 받는다고 해도 그것은 별로 놀라운 일이 아니다. 그렇다면 우리는 이와 같은 차이를 어떻게 설명할 수 있는가?

먼저 (2)와 관련하여 추론 (2')과 이와 관련된 두 가설들 h_1과 h_2를 비교해보자.

(2') 'x는 에메랄드이다' → 'x는 초록색이다'

h_1: (2')의 전건과 후건 사이에 지금까지 항상적 연언 관계가 성립한 것은 법칙적 관계에 의한 것이다.

h_2: (2')의 전건과 후건 사이에 지금까지 항상적 연언 관계가 성립한 것은 단지 우연에 의한 것이다.

우리가 (적어도 어느 정도) 과거 사실들을 설명하고 미래 사실들을 예측할 수 있다는 것은 우리의 인식론적 추정이다. 그리고 과거 사실들을 설명하고 미래 사실들을 예측할 수 있기 위해서는 세계에 법칙적 관계들이 성립해야 한다. 또한 우리가 (2)와 관련하여 아는 사실은 지금까지 관찰된 헤아리기 어려울 정도로 수많은 에메랄드들이 모두 초록색이었다는 사실이다. 이 사실에 비추어 앞으로 관찰될 에메랄드들도 계속 초록색일지에 대해 예측해 보는 것은 인식론적으로 유의미한 일이다.

그런데 지금까지 관찰된 에메랄드들이 항상 초록색이었다는 사실만으로는 h_1이 옳은지 아니면 h_2가 옳은지 여부를 결정하기 어렵다. 그렇지만 보석의 화학적 구성과 색의 관계에 관한 우리의 배경지식을 토대로 판단할 때 지금까지 관찰된 수많은 에메랄드들이 모두 초록색이었다는 사실은 단지 우연에 의한 것이라기보다는 에메랄드의 화학적 구성에 의한 것일 가능성이 높다. 따라서 (2')의 전건과 후건 사이에 지금까지 항상적 연언 관계가 성립한 것은 단지 우연에 의한 것이라는 가설 h_2보다는 법칙적 관계에 의한 것이라는 가설 h_1이 설명력과 예측력에 있어서 훨씬 설득력이 있는 가설이라고 말할 수 있다. 다시 말해 '모든 에메랄드들은 초록색이다'를 우연적 일반화(accidental generalization)의 사례가 아니라 법칙적 일반화(lawful generalization)의 사례로 여기는 것이 합리적이다. 이런 이유에서 정당화의 사회실천 속에서 우리가 (2)의 결론을 받아들이는 것은 합리적이다.

반면 (3)의 경우는 사뭇 다르다.

(3') 'x는 내가 거스름돈으로 받은 동전이다' → 'x는 100원짜리이다'

현재 유통되는 동전들 중에 100원짜리 이외에도 50원짜리, 500원짜리 동전들이 있고 거스름돈을 내줄 때 100원 이외의 동전을 사용해서는 안 되는 그 어떤 사회적 규약도 없다. 또한 다른 사람들의 경우에 100원짜리가 아닌 다른 동전들을 거스름돈으로 받는 사례들이 흔하다. 이와 같은 배경지식을 토대로 판단할 때 (3')의 전건과 후건 사이에 지금까지 항상적 연언 관계가 성립한 것은 법칙적 관계에 의한 것이라고 믿을 만한 좋은 이유가 없다.

요컨대 (2)의 결론을 받아들이는 것은 합리적이지만 (3)의 결론을 받아들이는 것은 합리적이지 않다. 그렇지만 (2)의 전제가 (2)의 결론을 옹호하는 (부분적) 이유를 제공하는 것과 마찬가지로 (3)의 전제도 (3)의 결론을 옹호하는 (부분적) 이유를 제공한다. 따라서 '지금까지 관찰된 모든 A들은 B이다'라는 전제만으로 '모든 A들은 B이다'라는 법칙적 일반화를 추론할 수 없다. 그 대신 그러한 결론을 받아들이는 것이 합리적이기 위해서는 'x는 A이다'와 'x는 B이다' 사이에 법칙적 관계가 성립한다는 가설을 정당화의 사회실천 속에서 옹호할 수 있어야 한다.

여기서 귀납추론과 관련해 세 가지 점에 주목할 필요가 있다.

첫째, '모든 에메랄드들은 초록색이다'라는 (2)의 결론을 받아들이는 것은 정당화의 사회실천 속에서 비판들을 물리칠 수 있는 한해서 긍정적 정당화의 위상을 유지한다. 그런데 이처럼 정당화의 사회실천에서 비판들을 물리치는 것은 한 특정한 추론규칙에 의한 것이 아니다. 따라서 이러한 추론의 결론을 정당화해 주는 특정한 추론규칙은 없다. 이런 의미에서 (2)와 같은 형식의 추론은 귀납적 결론의 수용을 정당화해주는 추론규칙이 아니다. 다시 말해 비연역적 논증을 위한 특정한 승인 규칙(rules of acceptance)은 없다.

둘째, 우선 귀납추론은 전제가 결론이 참임을 보여주는 결정적인 증거를 제시하는 경우가 아니다. 결정적인 증거가 있는 경우엔 '아마도 p' 형태의 개연적 주장(a probability claim) 대신에 'p' 형태의 단언적인 주장을 결론으로 제시해야 한다. 그렇다면 이와 같은 차이를 어떻게 설명할 수 있는가? '아마도 모든 A들은 B이다'라는 개연성 주장은 'x는 A이다'와 'x는 B이다' 사이에 법칙적 관계가 성립할 것이라는 일종의 약속어음(promissory note)이지 그러한 법칙적 관계가 성립함을 보여주는 구체적인 인과적 설명을 제시할 수 있다는 주장이 아니다. 우리가 모든 A들을 B이게 하는 원인을 해명해주는 구체적인 인과적 설명을 제시할 수 있다면 '아마도 모든 A들은 B이다'와 같은 개연성 주장을 하는 대신에 '모든 A들은 B이다'라는 단언적 주장을 해야 한다. 그러나 지금까지 관찰된 A들이 모두 B였다는 사실만을 토대로 'x는 A이다'와 'x는 B이다' 사이에 법칙적 관계가 성립함을 보여주는 구체적 인과적 설명을 제시하기 어렵다. 그래서 '아마도 모든

A들은 B이다'와 같은 개연성 진술을 하는 것이고 또한 이와 같은 개연성 주장을 하기 위해서 반드시 'x는 A이다'와 'x는 B이다' 사이에 법칙적 관계가 성립함을 보여주는 구체적인 인과적 설명을 제시할 필요가 없다.

앞서 언급한 바대로 '아마도 모든 A들은 B이다'라는 개연성 주장은 'x는 A이다'와 'x는 B이다' 사이에 법칙적 관계가 성립할 것이라는 일종의 약속어음이고 이와 같은 약속어음은 원리상 부도가 날 수 있다. 다음 귀납추론을 고려해보자.

(4) 지금까지 관찰된 모든 고니들은 흰색이었다. 따라서 (아마도) 모든 고니들은 흰색이다.

18세기 초 호주에서 검은색 고니(black swan)가 처음 발견되기 전까지 사람들은 '모든 고니들은 흰색이다'라고 믿을 만한 합리적 이유를 갖고 있었다. 왜냐하면 'x는 고니이다'로부터 'x는 흰색이다'로의 추론관계를 받아들임으로써 그때까지 관찰된 모든 고니들이 왜 항상 흰색이었는지를 설명할 수 있었고 또한 지속적으로 관찰되는 고니들이 계속 흰색임을 예측할 수 있었기 때문이다. 이와 같은 이유에서 18세기 초에 처음 검은색 고니가 발견되기 전까지 '모든 고니들은 흰색이다'를 받아들이는 것은 합리적이었다. 즉 그때까지는 'x는 고니이다'와 'x는 흰색이다' 사이에 법칙적 관계가 성립할 것이라는 일종의 약속어음을 제시할 수 있었다. 그렇지만 이와 같은 약속어음은 반례의 발견과 동시에 부도가 났다.

요컨대 비록 'x는 A이다'와 'x는 B이다' 사이에 법칙적 관계가 성립함을 보여주는 구체적인 인과적 설명을 제시하지는 못해도 이와 같은 법칙적 관계가 성립한다는 가설을 받아들임으로써 우리가 원하는 종류의 설명과 예측을 지속적으로 할 수 있다면 관련된 것들을 고려했을 때 'x는 A이다'

와 'x는 B이다' 사이에 법칙적 관계가 성립한다는 것을 받아들일 만한 좋은 이유가 있다고 말할 수 있다. 그리고 그런 조건하에서 우리가 '모든 에메랄드는 초록색이다'라는 법칙적 일반화를 수용하는 것은 정당화될 수 있다. 그러나 'x는 에메랄드이다'와 'x는 초록색이다' 사이에 법칙적 관계가 성립할 것이라는 가설은 여전히 일종의 약속어음이고 이와 같은 약속어음은 원리상 부도가 날 수 있다. 이것이 우리가 '모든 에메랄드들은 초록색이다'를 단언적으로 주장하지 않고 그 대신 조심스럽게 개연적 주장을 하는 이유이다. 다시 말해 'x는 에메랄드이다'와 'x는 초록색이다' 사이에 법칙적 관계가 성립할 것이라는 가설을 옹호해주는 증거가 결정적이지 않기 때문에 우리는 (2)의 결론을 조심스럽게 주장할 수밖에 없다. 또한 우리가 이러한 결론을 이처럼 조심스럽게 주장하기 때문에 우리는 언제든지 반례가 관찰되면 이러한 결론을 큰 저항 없이 포기할 수 있다. 왜냐하면 이런 경우는 'x는 A이다'와 'x는 B이다' 사이에 법칙적 관계가 성립함을 보여주는 구체적인 인과적 설명을 제시한 경우가 아니기 때문에 기존의 개념체계의 수정 없이 결론을 포기할 수 있기 때문이다.

귀납추론과 관련하여 세 번째로 주목할 점은 다음과 같다. 앞서 언급한 것처럼 (2)의 결론을 받아들이는 것은 정당화의 사회실천 속에서 비판들을 물리칠 수 있는 한해서 긍정적 정당화의 위상을 유지한다. 그리고 이와 같은 정당화는 정합론적 정당화이다. 또한 우리는 (2)의 결론을 받아들임에 있어서 인식론적으로 정당화된다. 따라서 지금까지 제시된 정합론적인 설명은 귀납적 결론을 받아들이는 것과 관련된 합리성이 실천적 합리성이 아니라 인식적 합리성이라는 직관을 잘 설명해 준다.

3.

다른 유형의 귀납추론

앞서 어떤 귀납추론의 결론을 받아들이는 것이 합리적인지에 대해 논하였다. 셀라시언 정합성 이론에 따르면 정당화의 사회실천 속에서 주어진 귀납적 결론을 받아들이는 것은 비판들을 물리칠 수 있는 한해서 정당화된다. 그리고 이와 같은 정합론적 정당화를 다른 유형의 귀납추론들에도 마찬가지로 적용할 수 있다. 우선 통계적 귀납적 일반화(statistical generalization)의 경우를 살펴보자.

(5) 적절한 표본집단을 대상으로 실시한 최근 여론조사에 따르면 50%의 한국 유권자들은 대통령의 국정운영을 지지한다. ∴ (아마도) 약 50%의 한국 유권자들은 대통령의 국정운영을 지지한다.

적절한 표본집단을 대상으로 수행된 여론조사의 결과가 '약 50%의 한국 유권자들이 대통령의 국정운영을 지지한다'라는 사실은 '약 50%의 한국 유권자들은 대통령의 국정운영을 지지한다'라는 결론을 옹호해주는 이유이다. 그러나 결정적인 이유(conclusive reason)는 아니다. 따라서 (5)의 전제만으로는 (5)의 결론을 받아들이는 것이 정당화되는지 여부를 결정하기 어렵다. 이것을 결정하기 위해서는 추가 논증이 필요하다.

정당화의 사회실천 속에서 (5)의 결론을 받아들이는 것보다 더 나은 대안이 없으면 (5)의 결론을 받아들이는 것이 정당화될 수 있다. 몇 퍼센트의 한국 유권자들이 대통령의 국정운영을 지지하는지에 관한 정보는 정치적으로 꼭 필요한 정보일 수 있다. 따라서 몇 퍼센트의 한국 유권자들이 대통령의 국정운영을 지지하는지에 관해 알고자 하는 것은 인식적으로 합리적인 목적일 수 있다. 그런데 한국 유권자의 수가 너무 많기 때문에 모든 한국 유권자에게 대통령의 국정운영에 대한 지지 여부를 일일이 묻는 것은 현실적으로 어려울 수 있다. 따라서 적절한 표본집단을 대상으로 한 여론조사 외에 택할 수 있는 현실적인 대안이 없을 수 있다. 그리고 여론조사가 적절한 표본집단을 대상으로 적절히 수행된 경우에 그 여론조사는 신뢰할 만하다. 그런 조건하에서 우리는 정당화의 사회실천 속에서 (5)의 결론을 받아들이는 것보다 더 나은 대안이 없음을 주장할 수 있다. 그런 경우 우리가 (5)의 결론을 받아들이는 것은 정당화될 수 있다.

이제 통계적 삼단논법(statistical syllogism)의 경우를 살펴보자.

(6) 대부분의 대학생들은 16세 이상이다. 영수는 대학생이다. 따라서 (아마도) 영수는 16세 이상이다.

대부분의 대학생들은 16세 이상이다. 따라서 영수가 대학생이라는 사실은 그를 16세 이상이라고 생각할 좋은 이유이다. 그러나 결정적인 이유는 아니다. 일부 영재들의 경우에 16세 이하임에도 불구하고 대학입학이 허가되는 예외적인 사례들이 있기 때문이다. 그러므로 오직 (6)의 전제들만을 토대로 우리는 영수가 16세 이상이라고 단정할 수 없다. 그럼에도 어떤 경우에 우리는 영수가 16세 이상인지 여부에 대해 결정해야 할 필요가 있을 수 있다. 그런 상황에서 우리는 '영수는 16세 이상이다'라는 단언적 판단을 하는 대신에 '아마도 영수는 16세 이상이다'라는 개연적 판단, 다시 말해 조심스러운 판단(a guarded or cautious judgment)을 할 수 있다. 그럼에도 만약 우리가 반대증거, 예컨대 영수가 진정으로 재능 있는 학생이어서 다른 학생들과 비교할 때 매우 어린 나이에 대학에 입학했다는 증거에 접한다면 우리는 더 이상 (6)의 결론을 받아들임에 있어 정당화되지 않는다. 그렇지만 그와 같은 반대증거가 제시되지 않는 한 우리는 (6)의 결론을 정당화의 사회실천 속에서 긍정적 정당화의 위상을 지니는 것으로 여길 수 있다.

끝으로 다음과 같은 종류의 통계적 삼단논법의 경우를 살펴보자.

(7) 속이 보이지 않는 항아리 속에 있는 10개의 공들 중에서 9개는 빨간색이다. B_1은 이 10개의 공들 중에서 임의로 선택된 공이다. 따라서 (아마도) B_1은 빨간색이다.

'B_1은 빨간색이다'가 참일 확률은 0.9이다. 다시 말해 (7)의 결론을 받아들일 때 참인 믿음을 형성할 가능성은 0.9이다. 그렇다면 이 경우에 'B_1은 빨간색이다'를 받아들이는 것은 과연 정당화되는가? (7)과 같은 귀납추론은 계량적 확률(numerical probability)을 사용한다. 앞서 제8장에서 지적했던 바대로 셀라스는 비계량적 의미의 개연성(the non-metrical sense of probability)과 계량적 의미의 확률(the metrical sense of probability)을 구분한다. 여기서 비계량적 의미의 개연성은 '개연적'(probable)의 일상적 의미를 포착하는 것으로 '계량적 의미의 확률'보다 더 기본적인 의미이다. 그리고 기본적인, 비계량적 개연성의 의미에서 'p는 개연적이다'라고 말하는

것은 '(관련된 것들을 고려해 봤을 때) p를 받아들이는 것이 합리적이다'라고 말하는 것이다. [176]

그렇다면 p의 확률이 몇 이상 될 경우에 p를 받아들이는 것이 합리적인가? 'p이면 q'와 'p'가 전제들로 주어지면, 첫 번째 전제의 후건 'q'를 분리하여 결론으로 도출할 수 있다. 이와 같은 규칙을 분리규칙(the rule of detachment)이라고 부른다. 반면 어떤 x 값에 대해서도 'p가 참일 계량적 확률은 x이다'라는 전제로부터 'p를 받아들이는 것은 인식적으로 합리적이다'를 결론으로 이끌어낼 수 있는 분리규칙은 없다. 우리는 그 이유를 복권 역설(the Lottery Paradox)을 통해 잘 이해할 수 있다.

이 역설은 두 개의 가정에 의존한다. 첫 번째 가정은 계량적 의미의 확률과 인식적 합리성 사이의 관계에 관한 단순규칙(the simple rule)이다.

p의 계량적 확률이 충분히 높은 경우에 p를 받아들이는 것은 (인식적으로) 합리적이다.

두 번째 가정은 연언규칙(the conjunction rule)이다.

p를 받아들이는 것이 합리적이고 또한 q를 받아들이는 것이 합리적이면 p와 q를 둘 다 받아들이는 것도 합리적이다.

이제 100장의 복권들 중에서 1장이 당첨되는 복권의 경우를 고려해보자. B₁은 이 100장의 복권들 중에서 임의로 구입한 복권이라고 하자. 그

176) Sellars 1974a, §4.

러면 B_1이 당첨되지 않을 확률은 0.99이다. 다시 말해 B_1이 당첨되지 않을 계량적 확률은 매우 높다. 따라서 위에서 언급한 단순규칙이 성립하면 'B_1은 당첨되지 않는다'를 받아들이는 것이 합리적이다. 그런데 B_1은 100장의 복권들 중에서 임의로 선택된 한 장이기 때문에 임의의 다른 복권 B_i ($1 \le i \le 100$)에 대해서도 마찬가지로 'B_i는 당첨되지 않는다'를 받아들이는 것이 합리적이다. 따라서 다음이 성립한다.

'B_1은 당첨되지 않는다'를 받아들이는 것이 합리적이다.
'B_2는 당첨되지 않는다'를 받아들이는 것이 합리적이다.
…
…
'B_{100}는 당첨되지 않는다'를 받아들이는 것이 합리적이다.

그러면 연언규칙에 의해 '모든 복권들은 당첨되지 않는다'를 받아들이는 것이 합리적이다. 그러나 이 복권들 중에서 1장이 당첨된다는 것을 우리는 이미 알고 있다. 이것이 복권의 역설이다.[177] 복권의 역설은 두 개의 가정, 즉 단순규칙과 연언규칙에 의존한다. 두 개의 가정 중 연언규칙은 부정하기 어려운 가정이다. 따라서 복권의 역설을 해결하기 위해서는 단순규칙을 거부해야 한다.

다음과 같은 통계적 삼단논법을 고려해보자.

(8) 100장의 복권들 중에서 99장은 당첨되지 않는다. B_1은 이 100장의 복권들

---

177) 이것은 Kyburg가 처음 제기한 역설이다. Kyburg 1961, p. 167을 보시오.

중에서 임의로 구입한 복권이다. 따라서 (아마도) B₁은 당첨되지 않는다.

이 경우에 B₁이 당첨되지 않을 확률은 0.99이다. 다시 말해 B₁이 당첨되지 않을 계량적 확률은 매우 높다. 따라서 단순규칙이 성립하면 'B₁은 당첨되지 않는다'를 받아들이는 것이 합리적이다. 만약 이것이 옳다면 복권 역설이 발생한다.

그렇다면 왜 단순규칙은 옳지 않은가? 진술의 확률은 오류의 위험부담(risk of error)에 대해서는 말해주지만 참일 경우에 그것을 받아들임으로써 얻을 수 있는 인식적 이득에 대해서는 말해주지 않는다. 또한 가설이 주장하는 내용이 많을수록 거짓 내용이 포함될 확률도 그만큼 높아지기 때문에 많은 내용(great content)과 높은 확률(high probability)은 서로 긴장관계에 있다. 따라서 계량적 확률은 무엇을 받아들이는 것이 인식적으로 합리적인지를 결정함에 있어서 단지 한 가지 요인에 지나지 않는다. 참일 확률이 몇 % 이상 되는 명제를 받아들이는 것이 정당화되는지에 대해 정언적인 답이 없는 것은 바로 이런 이유 때문이다.

따라서 어떤 명제 p의 확률이 매우 높다는 사실은 p를 받아들이는 것이 인식적으로 합리적임을 보여주는 충분조건이 아니다. 그래서 (8)의 경우처럼 주어진 유일한 정보가 단지 결론의 계량적 확률인 경우에는 비록 이 확률이 매우 높다 할지라도 우리는 단지 이 확률만을 근거로 결론을 받아들이는 것이 합리적이라고 말할 수 없다.

또한 복권 역설과 관련하여 인식적 합리성(epistemic rationality)과 실천적 합리성(practical rationality)의 차이에 대해 주목할 필요가 있다. 복권 1장의 구입비가 1만원이고 당첨금은 90만원이라고 하자. 100장의 복권들 중에서 오직 1장만이 당첨되기 때문에 복권구입의 기댓값(expected value)은 9천원이다. 행위 A의 기댓값은 (확률 × 효용)의 총합이다. 이 경우 행위 A

는 복권구입이고 각 복권이 당첨될 확률은 0.01이고, 이 중 당첨복권의 효용은 90만원이고 나머지 99개의 복권의 효용은 0이다. 따라서 복권구입의 기댓값은 (0.01 × 90만원) + (0.01 × 0) + ⋯ + (0.01 × 0) = 9천원이다. 이 경우 복권구입비 1만원이 복권구입의 기댓값 9천원보다 크기 때문에 복권을 구입하는 것은 실천적으로 합리적이지 않다. 다시 말해 'B₁은 당첨될 것이다'에 1만원을 거는 것은 실천적으로 합리적이지 않다. 반면에 당첨금이 110만원이라면 복권구입의 기댓값은 만천원이다. 이 경우 복권구입비가 복권구입의 기댓값보다 적기 때문에 복권을 구입하는 것이 실천적으로 합리적이다. 다시 말해 'B₁은 당첨될 것이다'에 1만원을 거는 것은 실천적으로 합리적이다. 따라서 복권을 구입하는 것이 실천적으로 합리적인지 여부는 복권의 구입비와 기댓값 사이의 관계에 의해 결정된다.

그런데 여기서 인식적 합리성과 관련하여 주목할 점은 다음과 같다. 비록 'B₁은 당첨된다'에 1만원을 거는 것이 실천적으로 합리적일지라도 이 사실은 'B₁은 당첨된다'를 받아들이는 것이 인식적으로 합리적인지의 문제와는 별개이다. 이 경우 B₁이 당첨될 계량적 확률은 여전히 0.01에 불과하기 때문이다. 그리고 'B₁은 당첨된다'를 받아들이는 것이 인식적으로 합리적인지 여부는 이 명제에 대해 제기될 수 있는 모든 비판들을 정당화의 사회실천 속에서 답할 수 있는지 여부에 의해 결정된다. 그리고 어떤 명제가 인식적으로 정당화되기 위해서는 진리개연적이어야 한다. 그런데 B₁이 당첨될 계량적 확률은 0.01에 불과하다. 따라서 'B₁은 당첨된다'가 진리개연적이지 않다는 비판에 답할 수 없다. 이런 이유에서 이 명제를 받아들이는 것은 인식적으로 정당화되지 않는다. 반면 B₁이 당첨되지 않을 계량적 확률은 0.99이다. 그렇다면 'B₁은 당첨되지 않는다'를 받아들이는 것은 인식적으로 합리적인가?

앞서 언급한 것처럼 이 명제를 받아들이는 것이 인식적으로 합리적인지 여부는 이 명제에 대해 제기될 수 있는 모든 비판들을 정당화의 사회 실천 속에서 답할 수 있는지 여부에 의해 결정된다. 우리는 100장의 복권들 중에서 1장은 당첨된다는 사실을 안다. 따라서 비록 계량적 확률은 적지만 B_1이 당첨될 가능성을 배제할 수 없다. 또한 앞서 언급한 바대로 명제의 계량적 확률은 그 명제를 받아들이는 것이 인식적으로 합리적인지를 결정함에 있어서 단지 한 가지 요인에 지나지 않는다. 따라서 (8)의 결론을 받아들일지 여부를 반드시 결정해야만 하는 인식적 이유가 추가적으로 제시되지 않는 한 우리는 굳이 'B_1은 당첨되지 않는다'를 받아들일 필요가 없다. 그 대신 'B_1이 당첨되지 않을 계량적 확률은 0.99이다'를 받아들이면 된다. 요컨대 (8)만으로는 (8)의 결론을 받아들이는 것을 정당화하기 어렵다.

지금까지 주장을 정리하면 다음과 같다. 첫째, 명제의 계량적 확률은 그 명제를 받아들이는 것이 인식적으로 합리적인지를 결정함에 있어서 단지 한 가지 요인에 지나지 않는다. 그리고 귀납적 결론을 받아들이는 것이 합리적인지 여부는 그 결론에 대해 제기될 수 있는 모든 비판들에 답할 수 있는지에 의해 결정된다. 따라서 계량적 의미의 확률과 인식적 합리성 사이의 관계에 관한 단순규칙은 옳지 않다. 둘째, p를 인식적으로 옹호해주는 이유 R은 강한 이유일 수도 있고 약한 이유일 수도 있다. 그리고 R을 전제로 하는 귀납추론에서 R이 얼마나 강한 이유여야 귀납추론의 결론을 받아들이는 것이 합리적인지에 대한 정언적인 답은 없다. 다시 말해 비연역적 논증을 위한 특정한 승인 규칙은 없다. 왜냐하면 귀납추론의 결론을 받아들이는 것이 합리적인지 여부는 그 결론에 대해 제기될 수 있는 모든 비판들에 답할 수 있는지 여부에 의해 결정되기 때문이다.

끝으로 귀납에 대한 정합적 정당화와 최선의 설명에로의 추론(Inference

to the Best Explanation, 이하 IBE)을 토대로 귀납의 문제를 해결하고자 하는 접근방식을 간략히 비교해 보자. IBE에 따르면 주어진 증거를 가장 잘 설명하는 가설을 참일 개연성이 높은 것으로 추론할 수 있다. 그러나 IBE를 토대로 귀납의 문제를 해결하고자 하는 시도는 성공하기 어렵다. 이 논점에 대해 간략히 설명하면 다음과 같다.

우선, IBE를 귀납추론과 구분되는 추론 형태로 가정할 수 있는 한해서, 우리는 귀납추론을 IBE를 통해 비순환적인 방식으로 정당화할 수 있다. 그러나 이것은 논란이 많은 가정이다. 한편 IBE는 확장추론(ampliative reasoning)이고, 따라서 비연역적 추론이다. 이런 의미에서 우리는 IBE를 귀납추론의 일종으로 여길 수 있다. 다른 한편 하먼(Harman 1965; 1968), 파스터(Foster 1983) 그리고 와인트라우브(Weintraub 2013)는 반대 주장을 옹호한다. 즉 이들에 따르면 귀납추론은 IBE의 일종으로 이해될 수 있다.

이제 논의를 위해 IBE와 귀납추론이 구분된다고 가정해 보자. 그렇다면 왜 IBE는 정당한 추론 형태인가? 와인트라우브(Weintraub 2013, p. 213)에 따르면 귀납에 관한 흄의 논증은 IBE에 관한 논증으로 변환될 수 있다. IBE는 설명가능성 원리(the principle of explicability), 즉 자연이 설명될 수 있다는 원리를 가정한다. 그러나 이 원리는 선험적으로 정당화되지 않는다. 우리는 자연이 설명되지 않을 가능성을 선험적으로 배제할 수 없다. 다시 말해 이 원리가 거짓일 가능성을 선험적인 방식으로 배제할 수 없다. 또한 이 원리는 후험적으로도 정당화되지 않는다. 그러한 정당화는 자연이 지금껏 설명될 수 있었다는 전제에 의존할 것이다. 그렇다면 우리는 이 전제로부터 설명가능성 원리를 추론할 수 있는가?

두 가지 가능한 방법이 있을 수 있다. 첫 번째는 설명가능성 원리를 그 증거, 즉 자연이 지금껏 설명될 수 있었다는 전제를 가장 잘 설명하는 가설로서 추론하는 것이다. 그러나 이 방법은 명확히 순환적이다. 왜냐하면 우리는 자연이 설명될 수 있다는 것을 정당화하기 위해 IBE에 호소해야 하는데 IBE는 설명가능성 원리를 선제하기 때문이다. 두 번째 방법은 다음과 같은 귀납논증에 호소하는 것이다.

자연은 지금까지 설명될 수 있었다. 따라서 자연은 설명될 수 있다.

이 경우 우리는 IBE를 토대로 귀납추론을 정당화할 수 없다. 왜냐하면 IBE는 설명가능성 원리를 선제하고 이것은 또한 귀납추론에 의존하기 때문이다.

그러나 앞서 논의한 필자의 정합론적 설명은 위와 같은 문제들에 직면하지 않는다. 첫째, 이 이론은 애당초 IBE를 정당한 추론 형식으로 받아들이지 않는다. 둘째, 앞서 논의한 셀라시언 사회실천 모델에 따르면 우리는 추정과 도전의 정당화 구조에 호소할 수 있다. 따라서 앞서 언급한 바대로 우리는 자연의 제일성 원리를 정당화의 사회실천 속에서 추정적 정당화의 위상을 가지는 것으로 여길 수 있다.

정합론적 설명과 IBE에 의한 설명 사이의 차이를 좀 더 드러내기 위해 한 가지 문제를 더 논의해 보자. 밴 프라센(van Fraassen 1989, pp. 142-143)의 나쁜 패거리 논증(the bad lot argument)에 따르면 H가 우리가 고려한 가설들 중에서 가장 좋은 설명을 제시한다는 전제로부터 H가 참일 개연성이 높음을 추론할 수 없다. 왜냐하면 참인 가설이 우리가 고려한 가설들 중에 포함되어 있으리라는 보장이 없기 때문이다. 이것을 비특권 가정(the no-privilege assumption)이라고 부르자. 이 가정에 따르면 H는 별 볼일 없는 가설들 중에서 가장 좋은 것일 수 있다. 비슷한 맥락에서 레이(Wray 2008)와 칼리파(Khalifa 2010)도 비특권 가정 때문에 IBE가 정당화되지 않는다고 주장한다.

그러나 귀납에 관한 필자의 정합론적 정당화는 이와 같은 문제에 직면하지 않는다. 우선, 이 이론은 IBE를 정당한 추론 형식으로 받아들임이 없이 IBE와 관련된 중요한 직관을 수용할 수 있다. 문제가 되는 가설 H보다 더 나은 설명을 제시하는 경쟁가설이 있는 경우에 H를 받아들이는 것은 정당화되지 않는다. 우리는 이 점에 관해 동의할 수 있다. 그런 경우는 정당화의 사회실천 속에서 H의 경쟁가설을 물리칠 수 없는 경우이다. 또한 한 특정 가설 H가 어떤 관찰된 규칙성을 가장 잘 설명하는 경우에 이 사실은 정당화의 사회실천 속에서 H를 옹호해 주는 한 중요한 논거일 수 있다. 그러나 앞서 언급한 바대로 IBE의 한 중요한 문제는 비록 그 가설이 우리가 고려한 가설들 중에서 가장 좋은 것일지라도, 그 가설이 별 볼일 없는 가설들 중에서 가장 좋은 것일 수 있다는 사실이다. 우리는 이 문제를 대략 다음과 같이 다룰 수 있다.

앞서 언급한 바대로 셀라시언 사회실천 이론은 동적인 정당화 모델을 받아들인다. 정당화에 관한 우리의 평가는 우리에게 접근 가능한 증거에 상대적이다. 그리고 어떤 반대증거가 오직 미래에서야 알려질 수 있다. 따라서 현재 정당화되는 것으로 여겨지는 가설이 미래에 접근 가능한 증거에 의해 긍정적 정당화의 위상을 잃게 될 수 있다. 또한 모든 이성적 존재가 정당화에 관한 우리의 사회실천에서 배제되지 않는다는 것은 우리의 인식론적 추구의 규제적 이상(regulative ideal)이다. 따라서 이 상호주관적 및 동적인 정당화 모델을 토대로 우리는 다음과 같이 주장할 수 있다. 만약 한 특정한 시점에서 이용 가능한 가장 좋은 가설이 우리의 사회실천 속에서 제기되는 모든 비판들을 물리치지 못하는 경우에 우리는 그 가설을 받아들임에 있어 정당화되지 않는다. 그러나 한 특정 가설을 받아들이기에 충분히 좋은 이유가 있는 경우들도 있다. 이제 H가 정당화의 사회실천 속에서 제기되는 모든 비판들을 물리칠 수 있고, 그 결과 최고의 설명적 정합성을 가진 세계상을 획득하려는 우리의 인식목적을 증진시켜주는 가설이라고 가정해 보자. 그런 경우 우리가 H를 받아들이는 것은 정당화된다. 그렇지 않으면 우리는 우리의 인식목적을 합리적으로 추구할 수 없다. 예컨대 앞서 논의했던 바대로 보석의 화학적 구성과 색의 관계에 관한 우리의 배경지식을 토대로 판단할 때 지금까지 관찰된 수많은 에메랄드들이 모두 초록색이었다는 사실은 모든 에메랄드는 초록색임을 받아들일 좋은 이유를 제시한다. 그런데 이 경우는 우리가 모든 에메랄드는 초록색임을 단언적으로 주장하는 경우가 아니다. 그렇지만 우리는 'x는 에메랄드이다'와 'x는 초록색이다' 사이에 법칙적 관계가 성립한다는 가설을 일종의 약속어음으로 제시할 수 있다. 그리고 그 가설에 대한 반대증거가 제시되지 않는 한 정당화의 사회실천 속에서 그 가설을 받아들이는 것은 합리적이다. 이처럼 셀라시언 정합성 이론은 동적인 정당화 모델을 받아들이기 때문에 나쁜 패거리 논증은 큰 문제가 되지 않는다.

결론적으로 귀납에 대한 정합론적 정당화는 귀납의 문제에 관한 가장 적절한 해결책이다.

첫째, 셀라시언 정합성 이론에 따르면 자연의 제일성 원리는 정당화의 사회실천 속에서 추정적 정당화의 위상을 지닌다. 따라서 이 원리가 옳지 않음을 보여주는 적극적인 이유가 제시되지 않는 한 우리가 이 원리를 받아들이는 것이 합리적이다.

둘째, 이 해결책은 어떤 귀납적 결론을 받아들이는 것이 합리적인지에 대한 적절한 기준을 제시한다. 귀납적 결론 p를 받아들이는 것이 합리적인 경우는 정당화의 사회실천 속에서 p에 대해 제기될 수 있는 모든 비판들에 답할 수 있는 경우이다.

셋째, 한 명제의 계량적 확률은 그 명제를 받아들일지 여부를 결정하는 데 관련된 한 요인에 불과하다. 이 사실은 계량적 확률과 인식적 합리성 사이의 관계에 관한 단순규칙이 왜 성립하지 않는지를 잘 설명해준다. 다시 말해 귀납적 결론을 정당화하는 확률이 정확히 몇 %인지를 정언적으로 말할 수 없는 이유를 잘 설명해준다. [178]

---

178) 제10장의 중심논지는 필자의 2022년 논문 "A Coherentist Justification of Induction" 에 기반을 둔 것이다.

제11장

선험적
지식

    어떤 믿음이 '선험적으로'(a priori) 정당화된다는 것은 무슨 뜻인가? 칸트에 따르면 어떤 믿음이 선험적으로 정당화된다는 것은 '모든 경험과 독립적으로' 정당화된다는 것이다.[179] 그런데 모든 경험과 독립적인 정당화가 과연 가능한가? 콰인(W. V. O. Quine)의 입증 전체론(confirmation holism)에 따르면 진술들의 정당화는 개별진술의 단위가 아니라 전체 개념체계의 단위에서 이루어진다. 이와 같은 콰인의 전체론에 호소

---

179) "우리는 선험적 지식을 이 경험 또는 저 경험에 독립적인 지식이 아니라 모든 경험과 절대적으로 독립적인 지식으로 이해할 것이다. 이것과 반대되는 것은 경험적 지식이다. 경험적 지식은 오직 후험적으로 즉 경험을 통해서만 가능한 지식이다" (Kant 1963, B3)

하여 데빗(Devitt 2005)은 선험적 정당화를 부정한다. 그는 전체론적으로 경험적인 방법과 그렇지 않은 방법을 원리적으로 구분할 수 있는 근거가 없고 또한 통상적으로 선험적으로 정당화되는 것으로 간주되는 논리학, 수학 등의 지식들도 비록 직접적으로 경험적인 방식은 아니지만 간접적으로 경험적인 방식으로 정당화된다고 주장한다.

제11장의 목적은 선험적 정당화를 부정하는 데빗의 주장을 비판하고 선험적 정당화와 후험적 정당화 사이에 원리적 구분이 있음을 보이는 데 있다. 특히 보고시안(Boghossian 1996)이 제시한 '인식적 분석성'(epistemic analyticity)의 개념을 이용하여 '선험성에 대한 분석적 설명'(the analytic explanation of apriority)을 옹호할 것이다.

1.

선험적 정당화와 후험적 정당화의 구분

앞서 언급했던 것처럼 칸트에 따르면 어떤 믿음이 선험적으로 정당화된다는 것은 모든 경험과 독립적으로 정당화된다는 것이다. 다음 예를 살펴보자.

(1) 지구는 둥글다.

(2) 총각은 미혼 남자이다.

분석명제와 종합명제의 전통적 구분에 따르면 (1)은 종합명제이고 (2)는 분석명제이다. 그 이유는 다음과 같다. 세계 속에 존재하는 대상으로서의 지구는 영어로는 'the earth'로 지칭되고 독일어에서는 'Erde'로 지칭되고 우리말로는 '지구'로 지칭된다. 따라서 (1)이 참인 이유에는 '지구'가 우리가 살고 있는 행성인 지구를 지칭하는 표현이라는 언어적 요소가 포함되어 있다. 그렇지만 문장 (1)이 참이기 위해서는 지구가 둥글다는 것이 세계 속에 성립하는 사실이어야 한다. 따라서 (1)이 참인 이유에 또한 이와 같은 사실적 요소가 포함되어 있다. 이처럼 (1)에 사실적 요소가 포함되어 있기 때문에 (1)은 종합명제이다. 또한 (1)의 참을 결정하기 위해서 경험적 조사가 필요하기 때문에 (1)은 후험적(a posteriori) 명제이다. 반면 우리는 단지 문장 (2)에 포함된 '총각', '미혼', '남자'와 같은 개념들을 이해함으로써 (2)가 참임을 알 수 있다. 칸트에 따르면 주어 개념인 '총각' 속에 술어 개념인 '미혼 남자'가 포함되어 있기 때문에 우리는 (2)에 포함된 개념들을 이해함으로써 이것이 참임을 알 수 있다. 이런 의미에서 (2)는 분석명제이다.[180] 또한 (2)는 경험적 조사를 통해 정당화되는 명제가 아니기 때문에 선험적 명제이다.

그러나 콰인(Quine 1961)은 사실적 요소(factual component)가 없다는 의미에서 분석적으로 참인 명제는 없다고 주장한다. 예컨대 다음 문장을 고려해보자.

(3) 모든 개들은 동물이다.

(3)은 전형적인 분석문장이다. 그리고 이 문장이 참임을 알기 위해선 이 문장 속에 포함된 개념들을 이해해야 한다. 그런데 '개'나 '동물'과 같은 개념들은 세계 속에 존재하는 대상들에 적용되는 것이기 때문에 사실적 요소를 가질 수밖에 없다. 또한 이와 같은 개념들을 학습하기 위해서 경험이 필요하다.

더 나아가 콰인은 (3)과 같은 문장에 사실적 요소가 있음을 뒤엠-콰인 논제(the Duhem-Quine thesis)를 통해 옹호한다. 이 논제에 따르면 "외계 사실에 관한 우리의 진술들은 경험의 재판장에 개별적이 아니라 오직 전체

---

180) "술어 B는 주어 개념에 (은밀하게) 포함되어 있는 어떤 것으로 주어 A에 속하거나, 또는 비록 서로 연결이 있지만 B는 A 개념 밖에 있다. 나는 첫 번째 경우의 판단을 분석적이라고 부르고 두 번째 경우의 판단을 종합적이라고 부른다." (Kant 1963, A7/B11)

집단으로 직면한다."[181] 콰인은 이 논제를 실험적 입증에 관한 프랑스의 물리학자 뒤엠(Pierre Duhem)의 이론으로부터 이끌어낸다. 과학이론의 실험적 입증의 소박한 모형에 따르면 과학이론은 그 이론이 함축하는 실험 예측이 관찰결과와 부합하면 입증되고 그렇지 않으면 반증된다. 그렇지만 뒤엠은 과학이론을 테스트하는 논리가 그렇게 단순하지 않음을 지적한다. 우선 과학가설로부터 실험예측을 도출하기 위해서는 보조가정 또는 배경이론이 필요하다. 예컨대 관찰을 하기 위해서 망원경이나 전류계와 같은 도구가 필요할 경우에 그 도구와 관련된 보조가정, 예컨대 광학이론이나 전기이론이 필요하다. 따라서 주어진 실험가설에 '완강하게 반항하는 데이터'(recalcitrant data)가 관측된다 할지라도 그런 상황을 대처하는 데 어느 정도 선택의 여지가 있다. 예컨대 보조가정의 일부를 포기함으로써 그 가설을 계속 유지할 수 있다. 또한 어떤 화학가설이 기존의 승인된 물리이론과 충돌하는 경우에 그 화학가설은 정당화되기 어렵다. 따라서 과학가설은 독립적이 아니라 반드시 다른 과학이론들과 관련하여 테스트될 수 있다. 요컨대 입증은 개별문장 단위가 아니라 전체적으로 이루어진다. 콰인은 이와 같은 입증 전체론을 단지 과학진술에 한정하지 않고 모든 진술로 확대한다. 그에 따르면 분석명제와 종합명제의 차이는 우리의 개념체계 내에서 보다 중심부에 속하는지 아니면 보다 주변부에 속하는지의 차이일 뿐이다.[182] 따라서 중심부에 속하는 명제도 그 명제가

---

181) Quine 1961, p. 41.

182) 콰인의 많은 추종자들이 통상적으로 생각하는 것과 달리, 콰인이 분석명제와 종합명제의 구분 자체를 거부하는 것은 아니다. 콰인은 분석성의 직관적 개념과 대략 비슷한 방식으로 분석성을 정의할 수 있음을 받아들인다. "어떤 문장이 그것의 단어들을 학습함에 의해 참이 된다는 것을 모든 사람이 배운다면 그 문장은 분석적이다." (Quine 1974, p. 79)

속한 개념체계 전체가 경험에 의해 옹호됨으로써 승인되는 것이기 때문에 사실적 요소를 가진다. 이런 이유에서 사실적 요소가 없는 참인 명제는 존재하지 않는다. 다시 말해 '모든 경험과 독립적으로' 정당화되는 믿음은 존재하지 않는다.

2.

선험성을 옹호하는 두 가지 논거

선험성에 대한 콰인의 비판에도 불구하고 선험성을 옹호하는 두 가지 중요한 논거들이 있다. 첫 번째 논거는 필연적 지식에 관한 것이다. '모든 총각은 미혼 남자이다', '5+7=12'와 같은 명제들을 고려해보자. 그러한 명제들은 필연적으로 참이다. 그렇다면 우리는 그와 같은 필연적 지식을 어떻게 갖게 되는가? 본주어(BonJour 2005a)에 따르면, 우리가 감각경험을 통해 파악할 수 있는 것은 단지 우연적 사실들뿐이다. 따라서 우리는 이와 같은 필연적 지식을 감각경험이 아닌 선험적 직관(a priori insight)을 통해 파악할 수밖에 없다.

선험성을 옹호하는 보다 중요한 논거는 경험적 증거를 갖기 위해서 경험적 정당화를 가능케 하는 논리가 선결조건으로 성립해야 한다는 것이다. 즉 경험적 정당화를 가능케 하는 선결조건으로서의 논리 자체는 경험적으로 정당화될 수 없다는 것이다. 이 주장을 좀 더 자세히 살펴보자.

우리는 증거체계(evidential system)를 이용해 세계에 관한 믿음을 획득한다. 이 증거체계를 ES라고 부르자. 그런데 ES를 이용해 획득된 믿음이 정당화되기 위해서는 ES가 좋은 증거체계여야 한다. 왜냐하면 잘못된 증거체계를 통해 형성된 믿음을 진리개연적이라고 보기 어렵기 때문이다. 따라서 ES를 이용해 획득한 세계에 관한 믿음들이 정당화되기 위해서는 다음 명제 T가 성립해야 한다.

T: ES는 좋은 증거체계이다.

그리고 T가 성립하기 위해서는 경험적 증거를 얻기 위해 ES가 사용하는 추론규칙들이 정당한 것이어야 한다. 예컨대 다음과 같은 명제가 성립해야 한다.

MP: 전건긍정추론은 타당한 추론이다.

그런데 이와 같은 명제의 참은 증거체계 ES가 경험적 증거를 얻기 위해서 사전에 충족시켜야 하는 일종의 선결조건이기 때문에 선험적인 방식으로 정당화될 수밖에 없다.

3.

필연적 명제에 대한 데빗의 반론

'모든 총각은 미혼 남자이다', '5+7=12'와 같은 명제들의 필연성은 선험적으로 정당화돼야 한다는 주장에 대해 데빗(Michael Devitt)은 다음과 같은 반론을 제시한다. 다음 두 명제들을 고려해보자.

(1) 샛별은 개밥바라기이다.
(2) 물은 H_2O이다.

이 명제들도 필연적으로 참이다. 그렇지만 이와 같은 명제들은 경험적 조사를 통해 알려진 것들이다. 따라서 데빗은 '5+7=12', '모든 총각은 미혼 남자이다'와 같은 명제들이 필연적으로 참이라고 해서 이러한 필연성이 반드시 선험적으로 정당화돼야 할 이유는 없다고 주장한다. 또한 지금까지 선험적 정당화를 적극적으로 특성화(positively characterize)하려는 시도가 성공한 적이 없기 때문에 이른바 '선험적 지식'으로 알려진 예들에 대해 자연주의적 대안을 제시하는 것이 더 바람직하다고 주장한다.[183]

그렇지만 선험적 정당화를 적극적으로 특성화할 수 있는 방안이 있다. 좀 더 구체적으로 말하면 선험성(apriority)을 분석성(analyticity)의 개념을 이용해 정의할 수 있다.

---

183) Devitt 2005, pp. 111–112를 보시오.

(3) p는 선험적으로 참이다 =df p는 단지 p 속에 포함된 용어들의 의미에 의해서 참이다.

물론 이와 같은 제안이 성공하기 위해서는 중요한 걸림돌이 제거돼야 한다. 이 걸림돌은 분석성에 대한 콰인(Quine 1961)의 유명한 비판이다. 콰인은 분석성에 대해 크게 세 가지 비판을 제시한다.

(i) 우리는 분석성에 대한 비순환적 정의를 제시할 수 없다.
(ii) 사실적 요소가 없다는 의미에서 분석적으로 참인 문장은 없다.
(iii) 영원히 수정 또는 기각에 면역되어 있는 진술은 없다.

먼저 콰인의 두 번째 비판을 고려해보자. 과연 (ii)는 분석적으로 참인 명제가 존재하지 않음을 보여주는가? 콰인이 비판하는 '분석성'은 단일한 개념이 아니다. 보고시안(Boghossian 1996)은 분석성을 형이상학적 분석성(metaphysical analyticity)과 인식적 분석성(epistemic analyticity)으로 구분한다.

(4) p는 형이상학적으로 분석적이다 =df p는 사실적 요소를 갖고 있지 않다.
(5) p는 S에게 인식적으로 분석적이다 =df p의 의미에 대한 S의 지식만으로 p에 대한 S의 정당화가 충분하다.[184]

보고시안에 따르면 콰인의 논증이 보여주는 것은 형이상학적으로 분

---

184) Boghossian 1996, p. 386을 보시오.

석적인 명제가 존재하지 않는다는 것이지, 인식적으로 분석적인 명제가 존재하지 않는다는 것이 아니다. 이 주장에 대해 좀 더 자세히 살펴보자. 다음은 &-제거규칙과 &-도입규칙이다.

A & B // A
A & B // B
A, B // A & B

우리는 '&'를 위 규칙들에 따라 사용해야 한다. 또한 어떤 기호가 위 규칙들에 따라 사용되면 그 기호는 연언기호이다. 따라서 위 규칙들은 '&'의 의미를 구성해주는 규칙들이라고 볼 수 있다. 이제 다음 명제를 고려해보자.

(6) 'p & q'는 'p'를 함축한다.

(6)은 참이다. 그렇다면 우리는 (6)이 참이라는 것을 어떻게 알 수 있는가? 앞서 언급한 것처럼 '&'는 &-제거규칙에 따라 사용돼야 한다. &-제거규칙에 따르면 'p & q'로부터 'p'를 추론할 수 있다. 따라서 (6)에 있는 '&'의 의미를 이해하는 사람은 (6)이 참임을 경험적 조사 없이 알 수 있다. 즉 단지 (6)의 의미를 이해함으로써 이것을 정당화할 수 있기 때문에 (6)은 인식적으로 분석적인 문장이다.

한 가지 예를 더 살펴보자.

(7) 모든 개들은 동물이다.

마찬가지로 '개'의 의미를 이해하는 사람은 경험적 조사 없이 (7)이 참임을 승인할 수 있다. 왜냐하면 '개'란 표현을 동물이 아닌 대상에 적용하는 사람은 이 표현의 의미를 옳게 이해하지 못하는 사람이기 때문이다. 이런 이유에서 (7)도 인식적으로 분석적인 문장이다.

위와 같은 의미의 인식적 분석성은 '사실적 요소가 없는 참인 문장은 없다'는 주장과 양립한다. 예컨대 '개'란 표현은 세계 속에 존재하는 특정한 종류의 동물들에 적용되는 것이기 때문에 '모든 개들은 동물이다'와 같은 문장은 사실적 요소를 갖고 있다. 그렇지만 우리는 여전히 '모든 개들은 동물이다'를 이 문장에 포함된 용어들의 의미에 의해 참인 문장으로 승인할 수 있다. 다시 말해 형이상학적으로 분석적인 문장이 없음을 인정한다 할지라도 우리는 여전히 인식적으로 분석적인 문장이 존재함을 주장할 수 있다.

이제 분석성에 대한 비순환적 정의를 제시할 수 없다는 콰인의 첫 번째 비판에 대해 살펴보자. 다음 정의들을 다시 고려해보자.

(3') p는 S에게 선험적이다 =df p는 S에게 인식적으로 분석적이다.
(5) p는 S에게 인식적으로 분석적이다 =df p의 의미에 대한 S의 지식만으로 p에 대한 S의 정당화가 충분하다.

우리가 (5)의 정의항 속에 나오는 '의미'에 대한 적절한 이론을 제시할 수 있으면 우리는 선험성에 대한 적절한 기준을 순환성 없이 제시할 수 있다. 필자는 추론주의 의미론(inferential semantics)이 그러한 의미론을 제공한다고 생각한다. 필자가 옹호하는 추론주의 의미론은 기본적으로 셀라스(1963a, b, 1980)와 브랜덤(1994, 2000)이 옹호하는 버전의 추론주의 의미론이다. 필자가 옹호하는 추론주의 의미론에 따르면 논리적 표현의 의미는 이 표현이 관련된 형식적으로 타당한 추론들(formally correct infer-ences)에 의해 구성된다. 예컨대 '&'의 의미는 앞서 언급했던 &-제거규칙과 &-도입규칙에 의해 구성된다.

A & B // A

A & B // B

A, B // A & B

그리고 비논리적 표현의 의미는 이 표현이 관련된 실질적으로 타당한 추론들(materially correct inferences)에 의해 구성된다. 비논리적 표현의 의미를 구성해주는 실질적으로 타당한 추론들은 기본적으로 세 가지 종류의 언어규칙들이다. 첫 번째는 언어-진입 규칙(language-entry rule)이다. 예컨대 갑수의 망막이 빨간색 사과로부터 온 빛에 의해 자극을 받을 때 갑수는 '내 앞에 빨간색 사과가 있다'고 발화할 수 있다. 이 경우는 비언어적 자극에 대해 언어적 반응이 발생하는 경우이다. 두 번째는 언어-이탈 규칙(language-departure rule)이다. 예컨대 갑수는 '지금 난 손을 올릴 거야'라고 말하고 그의 손을 올릴 수 있다. 이 경우는 언어적 자극에 대해 비언어적 반응을 하는 경우이다. 세 번째는 언어-언어 규칙(language-language rule)이다. 예컨대 갑수는 '내 앞에 개가 있다'는 진술로부터 '내 앞에 동물이 있다'는 진술을 추론할 수 있다. 이 경우는 언어적 자극에 대해 언어적 반응을 하는 경우이다. [185]

셀라스(1963c)에 따르면 좁은 의미에서 종합적인 문장은 논리적 참도

---

185) 추론주의 의미론에 대한 구체적 논의를 위해서는 필자의 2017년 책 《표상의 언어에서 추론의 언어로》를 보시오.

아니고 또한 논리적 거짓도 아닌 문장이다. 다시 말해 좁은 의미에서 종합적인 문장은 세계에 대해 말해주는 바가 있는 문장이다. '모든 개들은 동물이다'와 같은 문장들은 이런 의미에서 논리적으로 참인 문장이 아니라 세계에 대해 말해주는 바가 있는 문장이다. 그럼에도 불구하고 이와 같은 문장들은 여전히 개념적으로 참인 문장들로 간주될 수 있다. 우리는 세계 속의 대상들을 현재 우리가 갖고 있는 개념들을 사용해 분류할 수밖에 없다. 현재 우리가 갖고 있는 개의 개념에 따르면 개는 동물로 분류된다. 즉 우리는 이와 같은 개념적 규범을 사용해 세계를 파악한다. 따라서 다음과 같은 추론은 개의 개념을 부분적으로 구성해주는 실질적으로 타당한 추론이다.

(8) 'x는 개이다' → 'x는 동물이다'

다시 말하면 (8)은 '개'의 의미를 부분적으로 구성해주는 언어-언어 규칙이다. 즉 우리는 '개'란 표현을 이 언어규칙에 따라 사용해야 한다. 따라서 '개'란 표현을 동물이 아닌 대상에 적용하는 것은 이 표현을 잘못 사용하는 것이다. 이런 의미에서 '모든 개들은 동물이다'와 같은 문장은 인식적으로 분석적인 문장으로 간주될 수 있다. 요컨대 추론주의 의미론을 받아들이는 사람은 '분석성에 대한 비순환적 정의를 제시할 수 없다'는 콰인의 첫 번째 주장을 거부할 수 있다.

이제 콰인의 세 번째 비판을 살펴보자. 콰인(Quine 1961)에 따르면 영원히 수정이나 기각에 면역되어 있는 명제는 존재하지 않는다. 논리학이나 수학의 명제들도 예외가 아니다. 예컨대 배중률은 현대의 다치 논리(many-valued logic)에서 성립하지 않는다. 또한 유클리드 기하학은 아인슈타인의 상대성이론에서 성립하지 않는다. 앞절에서 언급했던 것처럼 콰인에 의하면 직접적인 경험 명제들과 논리학 및 수학 명제들 사이의 차이는 단지 우리의 개념체계의 주변부에 속하는지 아니면 중심부에 속하는지의 차이이다. 물론 주변부에 속하는 믿음들은 새로운 경험적 증거에 의해 쉽게 수정되거나 기각될 수 있는 반면 중심부에 속하는 믿음들은 그렇게 쉽게 수정되거나 기각되기 어렵다. 그러나 이러한 차이는 상대적 차이이지 결코 절대적 차이가 아니다. 따라서 콰인에 의하면 모든 판단들은 원리상 수정될 수 있다.[186] 그러나 이 논점은 인식적 분석성 개념과 양립할 수 있다. 앞서 언급한 것처럼, (8)은 '개'의 의미를 부분적으로 구성해 주는 언어-언어 규칙이다. 즉 우리는 '개'란 표현을 이 언어-언어 규칙에 따라 사용해야 한다. 그러나 우리가 엄청난 음모의 희생자였고 우리가 '개'라고 불러왔던 것들이 사실은 외계인들에 의해 조종되는 스파이 로봇으로 밝혀질 가능성이 있다. 이럴 경우 우리는 (8)을 포기하고 대신 (9)를 '개'의 의미를 (부분적으로) 구성해 주는 새로운 언어-언어 규칙으로 채택해야 한다.

(9) 'x는 개이다' → 'x는 외계인에 의해 조종되는 스파이 로봇이다'

이 경우 '개'의 의미는 변화하게 된다. 그렇지만 우리가 현재의 '개'의 의미를 유지하는 한, 우리는 '모든 개들은 동물이다'를 경험적 조사 없이 의미에 의해 참인 문장으로 승인할 수 있다. 이런 의미에서 인식적 분석성은 '영원히 수정 또는 기각에 면역되어 있는 진술은 없다'는 콰인의 주장과 양립할 수 있다.

---

186) Quine 1961, p. 43을 보시오.

끝으로 경험적으로 정당화되는 필연성 진술들을 다시 고려해보자.

(1) 샛별은 개밥바라기이다.
(2) 물은 H_2O이다.

이러한 진술들은 후험적 진술인가 아니면 선험적 진술인가? 필자의 견해에 따르면 이와 같은 동일성 진술은 경험적으로 알려지지만 일단 알려진 이후에는 인식적으로 분석적인 진술로 간주될 수 있다. 그 이유는 다음과 같다.

앞서 언급했던 것처럼 형식적으로 타당한 추론들 이외에도 실질적으로 타당한 추론들이 있다. 한 가지 예는 다음과 같다.

(10) x는 샛별이다. 따라서 x는 개밥바라기이다.

형식주의자(formalist)의 견해에 따르면 (10)은 축약삼단논법(enthymeme)이다. 즉 (10)은 다음과 같이 명시적으로 표현될 수 있다.

(10') x가 샛별이면 x는 개밥바라기이다. (암묵적 전제)
　　　 x는 샛별이다. 따라서 x는 개밥바라기이다.

형식주의자에 따르면 (10)은 단순히 논리형식에 의해 타당하며, 따라서 이것의 타당성은 이것의 전제와 결론의 개념내용(conceptual content) 또는 언어적 의미(linguistic meaning)와 하등관계가 없다. 그러나 셀라스에 의하면 (10)과 같은 추론들은 축약삼단논법이 아니다. (10')의 결론이 어떻게 도출되는지 살펴보자. 첫 번째 전제 'x가 샛별이면 x는 개밥바라기이다'가 참이고 또한 두 번째 전제 'x는 샛별이다'가 참이면 전건긍정추론에 의해 'x는 개밥바라기이다'를 결론으로 도출할 수 있다. 그런데 첫 번째 전제가 참이라는 것을 어떻게 알 수 있는가? 이 전제는 조건문이기 때문에 'x는 샛별이다'라는 전건으로부터 'x는 개밥바라기이다'라는 후건을 추론할 수 있으면 참이다. 즉 (10')의 첫 번째 전제는 (10)의 타당성에 의해서 참이다. 따라서 (10)이 (10')이 성립하기 때문에 옳은 추론인 것이 아니라 반대로 (10)이 성립하기 때문에 (10')이 옳은 추론이다. 그런데 이처럼 (10)이 'x가 샛별이면 x는 개밥바라기이다'라는 암묵적 전제에 의존함이 없이 그 자체로 타당한 추론이라면 이 타당성의 원천은 무엇인가? 다음 추론관계를 고려해보자.

(10") '이것은 샛별이다' → '이것은 개밥바라기이다'

샛별과 개밥바라기가 동일한 행성이라는 사실은 경험이론에 의해 정당화된다. 그러나 일단 샛별이 개밥바라기와 동일한 것으로 개념분류가 되면 개밥바라기가 아닌 것은 샛별과 동일한 것이 아니므로 결코 샛별로 분류될 수 없다. 모든 가능세계에서 개밥바라기가 아닌 것은 그 어떤 것도 샛별이 될 수 없는 이유는 바로 이 때문이다. 또한 이런 이유에서 우리는 (10")을 '샛별'의 의미를 (부분적으로) 구성하는 언어-언어 규칙으로 받아들일 수 있다. 즉 '샛별'이란 표현을 개밥바라기에 적용하는 것은 항상 옳고 개밥바라기가 아닌 것에 적용하는 것은 항상 옳지 않다. 따라서 (10")가 '샛별'의 의미를 (부분적으로) 구성하는 언어-언어 규칙으로 받아들여진 이후에는 '샛별은 개밥바라기이다'는 인식적으로 분석적인 문장으로 간주될 수 있다.

'물은 H_2O이다'의 경우도 마찬가지이다. 다음 추론관계를 고려해보자.

(11) '이것은 물이다' → '이것은 H$_2$O이다'

'물은 H$_2$O이다'는 이론적 동일화(theoretical identification)이다. 이러한 이론적 동일화는 경험이론에 의해 정당화된다. 그러나 일단 물이 H$_2$O와 동일한 것으로 개념분류가 되면 H$_2$O가 아닌 것은 물과 동일한 것이 아니므로 결코 물로 분류될 수 없다. 모든 가능세계에서 H$_2$O가 아닌 것은 그 어떤 것도 물이 될 수 없는 이유는 바로 이 때문이다. 이런 이유에서 우리는 (11)을 '물'의 의미를 (부분적으로) 구성하는 언어-언어 규칙으로 받아들일 수 있다. 즉 '물'을 H$_2$O에 적용하는 것은 항상 옳고, H$_2$O가 아닌 것에 적용하는 것은 항상 옳지 않다. 그리고 (11)이 '물'의 의미를 (부분적으로) 구성하는 언어-언어 규칙으로 받아들여진 이후에는 '물은 H$_2$O이다'는 인식적으로 분석적인 문장으로 간주될 수 있다.

한 가지 예를 더 살펴보자.

(12) 행성은 태양을 중심으로 공전한다.

태양을 중심으로 공전하는 것은 행성이 되기 위한 필요조건의 하나이다. 따라서 (12)는 '행성'의 의미에 의해 참이다. 달리 표현하면 (12)는 개념적으로 참인 문장이다. 그러므로 'x는 행성이다'로부터 'x는 태양을 중심으로 공전한다'로의 추론을 우리는 '행성'의 의미를 부분적으로 구성하는 언어-언어 규칙으로 간주할 수 있다. 이제 다음 문장을 고려해보자.

(13) 행성은 주변 궤도상의 미(微)행성체들(planetesimals)을 쓸어버리는 물리적 과정을 완료했다. (A planet has cleared the neighborhood of its orbit.)

이 문장은 참인가? 참이면 어떤 근거에서 참인가? 2006년에 열린 제 26차 국제천문연맹(International Astronomical Union) 총회에서 '행성'의 의미가 수정되었다. (13)은 이때 채택된 '행성'의 정의의 일부이다. 따라서 (13)은 '행성'의 정의에 의해 참인 문장, 즉 '행성'의 의미에 의해 참인 문장이다. 다시 말해 다음 추론은 '행성'의 의미를 부분적으로 구성하는 언어언어 규칙이다.

(13') 'x는 행성이다' → 'x는 주변 궤도상의 미행성체들을 쓸어버리는 물리적 과정을 완료했다'

그렇다면 다음 두 문장들 중에서 어느 것이 참인가?

(14) 명왕성은 행성이다.
(15) 명왕성은 왜소행성(dwarf planet)이다.

위에서 언급한 2006년 국제천문연맹 총회에서 명왕성은 행성의 지위를 상실하고 왜소행성으로 재분류되었다. 그 이유는 명왕성이 그것의 궤도 가까이에 있는 카이퍼 벨트(Kuiper Belt)[187]를 끌어들일 만큼 충분한 중력을 갖고 있지 않기 때문이다. 따라서 2006년 국제천문연맹 총회 이전까지 (14)는 참인 문장으로 여겨졌었지만 총회 이후에는 거짓으로 여겨지게 되었다. 그런데 어떻게 참으로 여겨졌던 문장이 거짓인 것으로 여겨지게 되었는가? 그 이유는 '행성'의 의미가 수정되었기 때문이다. 다시

---

187) 해왕성 바깥쪽에서 태양의 주위를 도는 얼음덩어리와 미행성체들의 집합체

말해 (13')은 2006년 총회 이전에는 '행성'의 의미를 부분적으로 구성하는 언어-언어 규칙이 아니었지만, 총회 이후에는 '행성'의 의미를 부분적으로 구성하는 언어-언어 규칙이 되었기 때문이다.

그렇다면 (13')이 언어-언어 규칙으로 채택되게 된 이유는 무엇인가? 1970년 후반에 토성과 천왕성 사이에서 소행성 카이론(Chiron)이 발견되었고, 또한 그 후 2005년에 명왕성보다 더 멀리 떨어진 태양계 궤도에서 명왕성보다 큰 천체인 에리스(Eris)가 발견됐다. 더 나아가 명왕성의 위성 카론(Charon)은 명왕성과 거의 비슷한 크기를 갖고 있기 때문에 서로 궤도에 영향을 주어서 카론이 명왕성을 도는 것이 아니라 서로 마주 돌고 있는 것으로 밝혀졌다. 이와 같은 발견들로 인해 '행성'에 대한 기존 정의가 태양계의 천체들을 분류하기에 더 이상 적합하지 않다는 사실이 알려지게 되었고 이런 이유에서 태양계의 천체들에 대한 기존 개념분류를 수정할 필요가 생겼다. 좀 더 구체적으로 말하면 행성(planets)과 태양계 소천체(small solar system bodies) 사이에 왜소행성(dwarf planets)이라는 중간 범주를 도입하여 태양계의 천체들을 재분류할 필요가 생겼다. 바로 이런 이유에서 행성과 왜소행성을 구분하기 위한 기준으로 (13')을 도입하게 된 것이다. 즉 (13')이 '행성'의 의미를 부분적으로 구성하는 언어-언어 규칙으로 추가된 것이다.

위 예가 시사하듯이 언어표현의 의미를 부분적으로 구성하는 언어-언어 규칙들은 대상들을 개념적으로 분류하기 위해 필요한 추론들을 언어규칙들로 받아들인 것이다. 따라서 어떤 것을 언어규칙으로 받아들일지 여부는 완전히 임의적인 것이 아니다. 그러한 언어규칙은 개념적 진리를 구성하는 것이고, 따라서 모든 가능세계에 성립해야 하기 때문에 전제가 성립하면서 결론이 성립하지 않는 가능성이 있어서는 안 된다. 만약 그러한 가능성이 존재한다면 언어규칙으로 채택되기에 적합하지 않다. 그렇지만 어떤 것을 의미를 구성하는 언어규칙으로 받아들일지 여부를 결정하는 것은 궁극적으로 우리 자신이다. 예컨대 '명왕성은 행성이다'는 진술은 2006년 국제천문연맹 총회의 결정 이전에는 참으로 여겨졌었지만 총회의 결정 이후에는 거짓으로 여겨지게 되었다. 그 이유는 국제천문연맹 총회에서 '행성'의 의미를 수정했기 때문이다. 즉 '명왕성은 행성이다'가 거짓으로 여겨지게 된 것은 국제천문연맹 총회에서 (13')을 '행성'의 의미의 일부로 받아들였기 때문이다.

요컨대 (10''), (11), (13')과 같은 추론들은 '샛별', '물', '행성'과 같은 표현들의 의미를 (부분적으로) 구성해주는 언어-언어 규칙들이다. 따라서 이런 언어규칙을 파악하지 못하는 사람은 이와 같은 표현들의 의미를 온전히 파악하지 못하는 사람이다. 따라서 비록 (10''), (11), (13')과 같은 추론들이 세계 속의 대상들을 분류하는 언어-언어 규칙으로 채택되는 것은 부분적으로 경험적인 이유에 의한 것이지만 일단 이러한 추론들이 세계 속의 대상들을 분류하는 언어-언어 규칙으로 채택되면 '샛별은 개밥바라기이다', '물은 H_2O이다', '행성은 주변 궤도상의 미행성체들을 쓸어버리는 물리적 과정을 완료했다'와 같은 문장들은 인식적으로 분석적인 문장들이 된다. [188] 그리고 앞서 필자가 제안한 것처럼 선험성을 인식

---

188) 'x는 개이다'로부터 'x는 동물이다'로의 추론을 '개'의 의미를 구성하는 언어-언어 규칙으로 받아들이는 것은 우리 자신이다. 이러한 언어규칙의 채택은 경험에 의해 옹호될 수도 있고 논박될 수도 있다. 현재 이러한 규칙은 우리가 세계 속의 대상들로서의 개들을 파악하는데 유용하기 때문에 계속 채택되는 것이다. 그러나 앞서 언급했던 것처럼 우리가 엄청난 음모의 희생자였고 우리가 '개'라고 불러왔던 것들이 사실은 외계인에 의해 조종되는 스파이 로봇으로 밝혀진다면 우리는 'x는 개이다'로부터 'x는 외계인에 의해 조종되는 스파이 로봇이다'로의 추론을 '개'의 의미를 구성하는 새로운 언어-언어 규칙으로 채택할 수 있다. 그러나 이처럼 언어규칙의 채택이 경험에 의해 옹호될 수도 있고 논박될 수도 있다고 해서 규범과 사실의 구분이 사라지는 것은 아니다. 이에 대한 좀

적 분석성을 통해 이해하게 되면 우리는 이것들을 선험적 문장들로 간주할 수 있다.

더 자세한 논의를 위해서는 5절을 보시오.

4.

논리적 함축에 대한 데빗의 반론

2절에서 언급했던 것처럼 우리는 우리의 증거체계를 이용해 세계에 관한 믿음을 형성한다. 이 증거체계를 ES라고 부르자. 그런데 ES를 이용해 획득된 믿음이 정당화되기 위해서는 그것이 좋은 증거체계여야 한다.

T: ES는 좋은 증거체계이다.

그렇다면 T가 참이라는 것을 어떻게 알 수 있는가? 데빗에 따르면 ES는 세계에 대한 정보를 획득하기 위해서 확장추론을 포함할 수밖에 없다. 이러한 확장추론의 정당성은 ES의 경험적 성공에 의해 옹호된다. 또한 연역추론규칙들과 확장추론규칙들은 모두 ES의 추론규칙들이고 ES의 경험적 성공 여부에 따라 모두 원리상 수정 가능하다. 따라서 연역적 추론규칙들과 확장적 추론규칙들이 원리상 다른 방식으로 정당화된다고 볼 필요가 없다. 그러므로 데빗에 의하면 ES가 좋은 체계라는 것은 ES의 경험적 성공에 의해 옹호될 수밖에 없다. 이런 이유에서 T가 선험적

으로 알려진다는 주장은 별로 설득력이 없다. [189]

그런데 이와 같은 반론은 다음과 같은 비판에 직면할 수 있다.

물론 T는 ES의 경험적 성공에 의해 옹호된다. 그렇지만 ES가 경험적으로 성공적인지 여부는 어떻게 알 수 있는가? 결국 이것은 ES의 추론규칙을 통해 판단될 수밖에 없다. 따라서 T를 ES의 경험적 성공을 통해 옹호하고자 하는 데빗의 시도는 순환적일 수밖에 없다.

데빗은 T에 대한 그의 논증이 순환적임을 인정한다. 그러나 그는 브레이쓰웨이트(Braithwaite 1953)와 밴 클리브(van Cleve 1984)의 전제순환성(premise-circularity)과 규칙순환성(rule-circularity)의 구분을 이용하여 자신의 논증이 전제순환적이 아니라 규칙순환적이라고 주장한다. 또한 이러한 규칙순환성은 악순환(vicious circularity)이 아니라고 주장한다. [190]

그렇다면 전제순환성과 규칙순환성은 어떻게 다른가? 전제순환적 논증의 대표적인 예는 다음과 같다.

코란에 따르면 알라는 마호메트에게 직접 말을 걸었다. 코란은 알라의 말씀을 기록한 것이다. 따라서 코란에 기록된 것은 모두 참이다. 그러므로 알라는 존재한다.

위 논증의 결론은 '알라는 존재한다'이다. 이 결론을 확립하기 위해 위

---

189) Devitt 2005, pp. 109–110을 보시오.
190) Devitt 2005, p. 110을 보시오.

논증은 '코란은 알라의 말씀을 기록한 것이다'라는 전제를 이용한다. 그런데 이 전제가 참이기 위해서는 알라가 존재해야 한다. 따라서 위 논증은 전제가 이미 참인 것으로 가정하고 있는 것을 결론으로 확립하고자 하는 시도이기 때문에 전제순환적이다. 그렇다면 규칙순환성은 무엇인가? 규칙순환적 논증의 대표적 예는 다음과 같다.

> 귀납추론은 지금까지 신뢰할 만한 것이었다.
> ∴ (아마도) 귀납추론은 신뢰할 만한 것이다.

위 논증은 '귀납추론은 지금까지 신뢰할 만한 것이었다'는 과거 사실을 전제로 하여 '귀납추론은 앞으로도 신뢰할 만한 것이다'라는 미래 사실을 결론으로 추론하는 확장추론이다. 따라서 위 논증의 전제는 '귀납추론은 신뢰할 만한 것이다'라는 확장적 결론을 가정하지 않는다. 이런 의미에서 위 논증은 전제순환적이지 않다.[191] 그렇지만 위 논증은 그 자체로 귀납논증이다. 따라서 이 논증은 이것이 결론으로서 확립하고자 하는 귀납원리를 이용한다. 이처럼 어떤 규칙 R의 정당성을 결론으로서 확립하고자 하는 어떤 논증이 바로 그 규칙 R을 사용하여 결론을 옹호하는 경우에 그 논증은 규칙순환적이다. 브레이쓰웨이트와 밴 클리브는 전제순환성은 허용될 수 없지만 이와 같은 규칙순환성은 허용될 수 있다고 주장한다.

그렇다면 위와 같은 규칙순환성은 어떤 경우에 허용될 수 있는가? 인식 외재주의에 따르면 어떤 인식원리 R이 객관적으로 신빙성이 있는 원리라면 인식주체가 이 사실을 아는지와 상관없이 이 원리에 의거해 형성

---

191) Braithwaite 1953, pp. 275–276을 보시오.

한 믿음들은 실제로 진리개연적이다. 따라서 귀납원리가 우리 세계에서 실제로 신빙성 있는 인식원리라면, 비록 인식주체가 귀납원리 자체를 정당화하지 못한다 할지라도 정당화되는 전제들로부터 이 원리에 의해 이끌어낸 귀납적 결론은 실제로 진리개연적이다. 요컨대 "귀납논증이 실제로 진리개연적인 세계에서 귀납논증을 사용하는 사람은 귀납논증의 개연성을 아는지와 상관없이 정당화되는 믿음을 형성할 수 있다."[192]

데빗은 앞서 자신의 견해에 대해 제기된 순환성 비판을 마찬가지 방식으로 피할 수 있다고 주장한다. 앞서 언급했던 것처럼 T 즉 'ES는 좋은 증거체계이다'가 옹호되기 위해서 ES는 지금껏 경험적으로 성공적이어야 한다. 그렇다면 ES가 지금껏 경험적으로 성공적이었다는 사실은 어떻게 T를 옹호하는가? 이것은 ES가 포함하고 있는 확장추론에 의해 옹호될 수밖에 없다. 그렇지만 여기서 발생하는 순환성은 규칙순환성이기 때문에 허용될 수 있다는 것이다.

그러나 규칙순환성은 전제순환성만큼이나 정당화되기 어렵다. 우선 브레이쓰웨이트와 밴 클리브가 규칙순환성 개념을 도입하게 된 경우인 귀납추론의 경우를 다시 살펴보자.

(#) 귀납추론은 지금까지 신뢰할 만한 것이었다.
∴ (아마도) 귀납추론은 신뢰할 만한 것이다.

(#)의 전제의 참은 (#)의 결론의 참을 가정하지 않는다. 이런 의미에서 (#)는 물론 전제순환적이지 않다. 그러나 (#)의 전제가 주어졌을 때 왜

---

192) van Cleve 1984, pp. 558–559.

(#)의 결론을 받아들이는 것이 (인식적으로) 합리적인가? (#)는 그 자체로 귀납추론이다. 따라서 귀납추론이 신뢰할 만한 추론임을 알지 못하면 (#)의 전제로부터 (#)의 결론을 받아들이는 것이 합리적인지를 알 수 없다. 귀납추론이 신뢰할 만한 추론이라는 것은 바로 (#)의 결론이기 때문에 (#)가 확립하고자 하는 결론을 미리 알지 못하면 (#)의 전제로부터 (#)의 결론을 받아들이는 것이 합리적인지를 알 수 없다. 따라서 규칙순환성도 전제순환성만큼이나 설득력이 없다. [193]

물론 브레이쓰웨이트와 밴 클리브가 주장하는 것처럼 귀납원리가 우리세계에서 실제로 신빙성 있는 인식원리라면 우리는 이 원리에 의거해 진리개연적인 믿음을 형성할 수 있다. 그러나 문제는 귀납원리가 우리

---

193) 파피노(Papineau 1992)도 브레이쓰웨이트와 밴 클리브와 마찬가지로 귀납추론을 규칙순환성에 호소함으로써 옹호하고자 한다. 그러나 이들과 다소 다르게 파피노는 다음과 같은 방식으로 귀납추론을 옹호한다. 우선 신빙론이 옳다고 가정해보자. 그렇다면 귀납추론은 신빙성이 있으면 정당화된다. 앞서 언급된 귀납추론 (#)는 귀납추론을 의심하는 사람을 설득할 수 없다. 그렇지만 (#)는 귀납추론을 의심하지 않는 사람에게는 '귀납추론은 신뢰할 만한 것이다'라는 결론을 옹호해주는 전제 즉 '귀납추론은 지금까지 신뢰할 만한 것이었다'라는 경험적 증거를 제시한다. 따라서 귀납추론이 실제로 문제가 없다는 조건하에서 (#)는 '귀납추론은 신뢰할 만한 것이다'라는 결론을 지식으로 산출하는 데 아무런 장애가 없다. 그러나 이와 같은 파피노 논증에는 크게 두 가지 문제가 있다. 첫째, 이 논증은 신빙론이 옳은 이론임을 전제하는데 이것은 의심스러운 전제이다. 둘째, 귀납의 문제는 실제로 귀납논증이 옳지 않을 수도 있다는 데 있기보다는 이에 대해 정당화해보라는 회의론자의 도전에 성공적으로 답하기 어렵다는 데 있다. 파피노는 회의론자의 도전에 답하는 대신에 그러한 도전에 답해야 한다는 것이 지나친 요구라고 말한다. 그렇지만 이것은 만족스러운 답변이 아니다. 본주어도 비슷한 비판을 한다. "전체론적 경험적 접근이 승인하는 방식대로 규칙들을 따르는 것이 참인 결과를 산출할 것이라고 생각할 이유를 우리에게 제공하는지 여부가 쟁점이라면 그 결과가 참일 개연성이 높다(또는 결과가 좋게 나올 것이다)라는 주장이 진리개연성이 의심되는 바로 그 규칙들을 사용해서 얻어진 결과임을 듣는 것은 전혀 도움이 되지 않는다. 그러한 논증은 전제순환적 논증과 같은 의미에서 선결문제 가정의 오류를 범하는 것은 아니지만 쟁점이 되는 문제에 관하여 마찬가지로 만족스럽지 않다." (BonJour 2005b, p. 115)

세계에서 실제로 신빙성 있는 인식원리라는 것을 어떻게 알 수 있느냐이다. 정당화는 평가적 개념이다. 어떤 믿음을 정당화된다고 말하는 것은 인식목적과 관련하여 그 믿음을 긍정적으로 평가하는 것이고 또한 어떤 믿음을 정당화되지 않는다고 말하는 것은 인식목적과 관련하여 그 믿음을 부정적으로 평가하는 것이다. 정당화는 이처럼 평가적 개념이기 때문에 우리 세계에서 귀납원리가 실제로 신빙성이 있는지 여부에 의존하는 요행수의 문제가 되어서는 안 된다. 이렇게 되면 정당화는 우리가 평가할 수 없는 개념이 되기 때문이다. 또한 귀납추론의 경우에 전제가 참일지라도 결론이 거짓일 수 있다. 더 나아가 정당화되지 않는 귀납추론들이 존재한다. 따라서 우리는 왜 주어진 귀납추론을 신뢰해야 하는지에 대해 물을 수 있다. 이러한 물음은 정당한 물음이다.[194] 따라서 '귀납원리가 우리 세계에서 실제로 신빙성 있는 인식원리라면 비록 우리가 귀납원리 자체를 정당화하지 못한다고 할지라도 정당화되는 전제들로부터 이 원리에 의해 이끌어낸 귀납적 결론은 실제로 정당화될 수 있다'라는 신빙론자의 주장은 결코 우리의 의문을 풀어주는 설득력 있는 답이 아니다. 왜냐하면 우리의 의문은 정당한 귀납추론의 가능성 여부에 있는 것이 아니라 주어진 귀납추론이 정당한 추론이라는 것을 어떻게 철학적으로 정당화할 수 있는지에 있기 때문이다.

위와 같은 문제점에도 불구하고 브레이쓰웨이트, 밴 클리브, 파피노, 데빗과 같은 철학자들이 규칙순환성을 받아들이는 것이 불가피하다고 생각하는 이유는 근본적인 추론규칙에 대해서는 순환적 정당화가 불가피하다고 생각하기 때문이다.

---

194) 하우슨도 비슷한 이유에서 규칙순환성을 비판한다. Howson 2000, p. 28을 보시오.

우선 브레이쓰웨이트에 따르면 귀납이 귀납적이지 않은 방식으로 정당화돼야 한다고 요구하는 것은 귀납을 연역적으로 정당화하라고 요구하는 것과 다를 바 없고 이것은 귀납을 귀납이 아닌 연역으로 오해하는 것이다.[195] 그러나 제10장 "귀납의 문제"에서 지적한 것처럼 귀납추론에 대해 비순환적 정당화를 제시할 수 없다는 주장은 옳지 않다.

또한 데빗은 연역추론이 왜 정당화되는지에 대한 만족할 만한 비경험적 설명이 제시된 적이 없다고 주장한다.[196] 왜냐하면 근본적인 연역추론에 대해 비순환적 정당화를 요구하면 정당화의 무한퇴행에 빠지기 때문이다. 예컨대 전건긍정추론(MP)은 왜 타당한 추론인가? 이 물음에 답하기 위해 메타논증 M을 제시한다고 하자. 그렇다면 M은 왜 정당한가? 이 물음에 답하기 위해 메타-메타 논증 M'을 제시한다고 하자. 그렇다면 M'은 왜 정당한가? 결국 이와 같은 정당화의 요구는 무한퇴행에 빠진다.

그러나 데빗의 주장과 달리 우리는 MP와 같은 연역추론에 대한 정당화 요구에 대해 무한퇴행에 빠짐이 없이 답할 수 있다. 우선 앞절에서 논의했던 &-제거규칙과 &-도입규칙을 다시 살펴보자.

A & B // A

A & B // B

---

195) "비판자가 귀납적 방식의 유효성을 확립해주는 방법을 귀납적 방법을 따름으로써 얻을 수 없는 방식으로 요구한다면 그가 요구하는 것은 귀납적 방법의 유효성이 경험적인 명제가 아닌 방식으로 확립돼야 한다는 것과 다를 바 없다. 그런데 만약 그렇다면 귀납은 연역이 될 것이고 우리의 머리를 당혹스럽게 하는 귀납의 문제는 없게 된다." (Braithwaite 1953, p. 292)

196) Devitt 2005, p. 112를 보시오.

A, B // A & B

우리는 '&'를 위 추론규칙들에 따라 사용해야 한다. 따라서 위 추론규칙들은 '&'의 의미를 구성해주는 형식적으로 타당한 언어규칙들이라고 말할 수 있다. 그리고 우리는 인식적으로 유한한 존재들이기 때문에 위 규칙들이 나중에 보다 나은 연언규칙들로 수정될 가능성을 사전에 완전히 배제할 수 없다. 그렇지만 그와 같은 가능성이 실제로 실현되기 전까지는 위 추론규칙들은 우리의 정당화의 사회실천 속에서 추정적 정당화의 위상을 지닌다. 다시 말해 위 추론규칙들을 수정해야 할 적극적인 근거가 제시되지 않는 한 우리는 '&'를 위 추론규칙들에 따라 사용해야 하고 또한 '&'의 의미는 위 추론규칙들에 의해 구성된다. 전건긍정추론 (MP) 규칙의 경우도 마찬가지이다.

A이면 B이다. A. 따라서 B. (A → B, A, ∴ B.)

이 논증은 왜 타당한가? 우리는 MP를 다음과 같은 방식으로 정당화할 수 있다. 우리가 아는 한 정당화의 사회실천 속에서 MP는 정당한 추론규칙으로서 지금껏 큰 문제없이 사용되어 왔다. 또한 MP를 부당한 추론규칙이라고 생각할 만한 적극적인 이유가 없다. 따라서 MP를 부당한 추론규칙으로서 거부해야 할 만한 적극적인 근거가 제시되지 않는 한 MP는 우리의 정당화의 사회실천 속에서 추정적 정당화의 위상을 지닌다. 따라서 MP를 부당한 추론규칙으로서 거부해야 할 만한 적극적인 근거가 제시되지 않는 한 우리는 '…이면 —이다'라는 논리적 연결사를 위 추론규칙에 따라 사용해야 하고 또한 이 조건언의 의미는 위 추론규칙에 의해 (부분적으로) 구성된다. 요컨대 위와 같은 방식으로 우리는 MP와 같은 연역추론에 대한 정당화 요구에 대해 무한퇴행에 빠짐이 없이 답할 수 있다. 결론적으로 규칙순환성에 호소하는 데빗의 논증은 설득력이 없다.

5.

개념적 참과 사실적 참의 구분

데빗에 따르면 전체론적으로 경험적인 방법과 그렇지 않은 방법을 원리적으로 구분할 수 있는 방법이 없다. 따라서 근본적으로 단지 한 가지 유형의 정당화, 즉 전체론적으로 경험적인 정당화만이 존재한다. 그러나 이것은 옳지 않은 주장이다. 다음 예를 살펴보자.

⑴ 지금 내 앞에 개 한 마리가 있다.
⑵ 모든 개들은 동물이다.

(1)은 오직 내 앞에 개 한 마리가 실제로 있는 경우에만 사실을 있는 그대로 옳게 기술해주는 문장이다. 따라서 내 앞에 개 한 마리가 실제로 있는지 여부를 확인하기 전에는 (1)이 참인지 여부를 알 수 없다. 반면에 우리는 (2)가 참인지 여부를 실제로 모든 개들이 동물인지 여부를 일일이 확인하지 않고서도 알 수 있다. 그 이유는 앞서 3절에서 언급했던 것처럼 다음 추론규칙이 '개'의 의미를 부분적으로 구성해 주는 언어-언어 규칙이기 때문이다.

(3) 'x는 개이다' → 'x는 동물이다'

즉 우리는 '개'란 표현을 이 언어규칙에 따라 사용해야 한다. 따라서 아무리 개와 비슷하게 생겨도 동물이 아닌 것은 결코 개로 분류되면 안 된다. 이런 이유에서 (2)는 기술적 참(descriptive truth)이 아니라 일종의 규범적 참(normative truth)이다. 왜냐하면 (2)는 우리가 채택한 언어규범인 (3)에 의해서 참이기 때문이다.

이제 다음 두 문장을 비교해 보자.

(1) 지금 내 앞에 개 한 마리가 있다.

(4) 지금 내 앞에 개 한 마리가 있는 비언어적 상황에서 '지금 내 앞에 개 한 마리가 있다'라고 발화할 수 있다.

(1)은 우연적 사실을 기술하는 대상언어 진술이다. 그리고 이것은 후험적 진술이다. 반면 (4)는 3절에서 언급했던 언어-진입 규칙을 규정하는 메타언어 문장이다. 다시 말해 (4)는 언제 대상언어 진술 (1)을 발화하는 것이 허용되는지를 규정해 주는 메타언어 진술이다. 우리 각자는 자신 앞에 개 한 마리가 있는 비언어적 상황에서 '지금 내 앞에 개 한 마리가 있다'라고 정당하게 발화할 수 있다. 따라서 지금 내 앞에 개 한 마리가 있는지 여부와 상관없이 (4)는 성립한다. 이런 의미에서 (4)는 선험적 진술이다.[197] 요컨대 단지 사실을 기술하는 대상언어 진술과 문장을

---

197) (4)는 기술적 진술(descriptive sentence)이 아니라 규범적 진술(normative sentence)이다. 따라서 (4)는 다음과 같은 기술적 진술과 구분된다.
　　(4') (4)는 한국어에서 성립하는 언어규칙이다.

어떻게 사용해야 하는지를 규정해 주는 메타언어 진술은 범주적으로 다르다. 따라서 우리는 후험적 정당화와 선험적 정당화를 원리적으로 구분할 수 있다. [198]

결론적으로 선험적으로 정당화되는 문장들이 존재한다. 예컨대 '모든 개들은 동물이다'는 선험적으로 참이다. 이 명제가 선험적으로 정당화되는 이유는 이 명제가 사실적 요소를 갖고 있지 않아서가 아니다. 그 이유는 우리가 'x는 개이다'로부터 'x는 동물이다'로의 추론이 '개'의 의미를 부분적으로 구성해 주는 언어-언어 규칙임을 알면 이 명제를 정당화할 수 있기 때문이다. 따라서 선험적 정당화와 후험적 정당화를 원리적으로 구분할 근거가 없다는 데빗의 주장은 옳지 않다. [199]

(4')은 한국어의 언어규칙에 관한 경험적 진술이다. (4')의 규범이 유지되기 위해서는 이 규범에 부합하는 언어행위는 긍정적으로 보상하고, 이에 어긋나는 언어행위는 부정적으로 제재해야 한다. 예컨대 말을 배우는 어린 아이가 앞에 고양이가 있는 상황에서 '내 앞에 개가 한 마리 있다'라고 발화한다면 이러한 발화를 더 이상 하지 않도록 교정해주어야 하고 '내 앞에 고양이가 한 마리 있다'라고 발화한다면 칭찬을 해주어야 한다. 이와 같은 긍정적 보상과 부정적 제재를 통해 (4')의 규범이 한국어 언어공동체에서 잘 유지된다면 (4')은 사실적으로 참인 문장이다.

198) 물론 (2)와 같은 규범적 참도 경험적 내용을 갖고 있고 따라서 적절한 반대증거에 의해 수정될 수 있다. 이에 대한 자세한 논의를 위해서는 필자의 2017년 책 《표상의 언어에서 추론의 언어로》의 제18장을 보시오.

199) 제11장의 중심논지는 필자의 2010년 논문 "인식적 분석성에 의한 선험적 정당화"에 기반을 둔 것이다.

제12장

자연주의 인식론과
항구적 오류가능성

콰인(W. V. O. Quine)은 그의 1969년 논문 "인식론 자연화하기"(Episte-
mology Naturalized)에서 규범적 정당화(normative justification)에 중심을 두
는 전통적 인식론을 포기하고 그 대신 인간이 감각증거로부터 어떻게
세계에 관한 지식에 갖게 되는지를 순수하게 기술해주는 심리학을 추
구할 것을 역설한다.

감각기관의 자극은 인식주체가 세계상(世界像)을 획득하기 위해 궁극적으로
계속 받아들일 수밖에 없는 증거의 전부이다. 그렇다면 심리학을 차선으로
택하지 못할 이유가 무엇인가? 과거시대에는 인식론적 부담을 심리학에 양
도하는 것이 순환적이라고 해서 허용되지 않았다. 인식론의 목적이 경험과학
의 근거를 정당화하는 것이면 심리학이나 그 밖의 다른 경험과학에 호소하

여 그러한 정당화를 하고자 하는 것은 분명히 목적에 어긋난다. 그러나 순환성에 관한 그러한 거리낌은 관찰로부터 과학을 연역하겠다는 꿈을 포기하고 나면 무의미한 것이다. 우리가 관찰과 과학 사이의 관계를 진정 이해하고자 한다면 우리가 이해하고자 추구하는 것의 관계항인 과학이 제공하는 정보를 포함하여 이용할 수 있는 모든 정보를 활용하는 것이 현명하다.[200]

쾌인에 따르면 모든 지식의 토대가 되는 감각경험으로부터 경험과학을 정당화하고자 했던 데카르트 이래의 모든 인식론적 시도들은 실패하였다. 따라서 그는 규범적 정당화에 중심을 두는 '규범적 인식론'(normative epistemology)을 포기하고 감각경험과 인식 사이에 성립하는 인과법칙을 기술하는 '기술적 심리학'(descriptive psychology)을 추구하는 것이 더 바람직하다고 주장한다.

제12장에서 우리는 이른바 '인식론적 자연주의'(epistemological natural-ism)가 옹호될 수 있는지에 대해 논할 것이다.

---

200) Quine 1969, pp. 75-76.

1.

대체 논제와 인식적 수반 논제

앞서 언급한 바대로 콰인은 그의 1969년 논문 "인식론 자연화하기"에서 규범적 정당화에 중심을 두는 전통적 인식론을 포기하고 그 대신 인간이 감각증거로부터 어떻게 세계에 관한 지식을 갖게 되는지를 순수하게 기술해주는 심리학을 추구할 것을 역설한다. 콘블리스는 전통적 인식론을 심리학과 같은 경험과학에 의해 대체해야 한다는 콰인의 제안을 '대체 논제'(the replacement thesis)라고 부른다. [20]

그러나 김재권은 그의 1988년 논문 "무엇이 자연화된 인식론인가?"에서 콰인의 대체 논제를 다음과 같이 비판한다. 우선 우리는 대략적으로 지식을 정당화된 참인 믿음으로 이해할 수 있다. 따라서 지식은 정당화와 불가분의 관계에 있다. 그래서 정당화를 인식론에서 제거하면 지식도 인식론에서 같이 제거되는 결과가 초래된다. 그런데 정당화는 기술적 심리학에 의해 완전히 설명될 수 없는 규범성을 본래적으로 가진다. 그는 다음과 같이 말한다.

---

210) Kornblith 1985, p. 3.

정당화는 명백히 규범적이다. 어떤 믿음이 정당화되는 경우에 그 믿음을 수용하는 것은 인식적 관점에서 허용될 뿐만 아니라 합리적이다. 또한 그것과 모순되는 믿음을 받아들이는 것은 인식적으로 무책임하다.[202]

뿐만 아니라 우리가 인식론적 의미에서 증거에 관해 말하는 것은 정당화에 관해 말하는 것이다. 왜냐하면 E가 어떤 믿음 p의 증거이기 위해서 E는 반드시 p의 합리성이나 정당화를 강화하는 것이어야 하기 때문이다. 그런데 합리성이나 정당화는 감각경험과 인식 사이에 성립하는 인과관계에 의해서 기술될 수 없는 규범적인 것이다. 따라서 인식론을 대체할 것이라고 콰인이 주장하는 심리학이 규범적 개념으로서의 증거를 다루지 못하면 심리학과 인식론은 중요한 관심사를 공유하지 않게 된다. 이런 경우에 전자가 후자를 '대체'한다고 말하는 것은 부적절하다. 펠드먼도 유사한 비판을 제시한다.[203] 그에 따르면 전통적 인식론은 정당화, 합리성 그리고 지식과 같은 규범적 또는 평가적 개념들을 다룬다. 따라서 믿음이 어떻게 인과적으로 산출되는지에 관한 논의를 인식론이라고 부르는 것은 적절치 않다.

특히 인식론의 중요 개념들에 대한 적절한 분석은 인식론적 논의에서 결코 배제될 수 없는 것이다. 그런데 인식론의 가장 핵심적인 개념인 '정당화'는 규범적 개념이다. 그리고 이 규범적 개념을 이해하는 상반된 두 견해가 있다. 의무론적 견해에 따르면 정당화되는 믿음은 받아들여야 하고, 정당화되지 않는 믿음은 받아들여서는 안 된다. 그리고 여기에 관련

---

202) Kim 1988. p. 383.
203) Feldman 2003. p. 68.

된 규범성은 의무론적 규범성이다. 규범을 따라 행동하거나 또는 믿거나 등을 하는 데 실패하는 경우 나무람이나 비난을 받을 수 있음이 함축되면 그 규범성은 의무론적 규범성이다. 반면 비의무론적 견해에 따르면 어떤 믿음이 정당화되는지 아닌지를 평가할 때 그 믿음이 진리개연적인지 아닌지를 평가하는 것으로 충분하지, 그 믿음이 인식의무를 어겼는지를 평가할 필요가 없다. 이와 같은 의무주의와 비의무주의 사이의 논쟁은 인식론의 매우 중요한 쟁점들 중의 하나이다.[204] 그러나 우리는 그와 같은 철학적 쟁점을 심리학과 같은 경험과학에 의해 해결할 수 없다. 따라서 콰인의 대체 논제를 받아들이는 철학자들은 오늘날 거의 없다.

위의 논의가 옳다면 다음과 같은 의미의 인식론적 자연주의는 옹호되기 어렵다.

인식적 사실들은 자연적 사실들이다. 따라서 인식적 사실들은 비규범적 용어들에 의해 기술될 수 있다.

그렇지만 소사는 다음과 같이 지적한다.

비록 규범적인 것은 비규범적인 것에 의해 정의되지 않지만 그럼에도 불구하고 전자가 후자에 수반한다고 널리 믿어진다.[205]

그리고 인식적 수반 논제는 일반적으로 다음과 같이 이해된다.

---

204) 이 논쟁에 대한 자세한 논의를 위해서는 제2장을 보시오.
205) Sosa 2003, p. 23.

인식적 속성(또는 사실) E는 형이상학적으로 필연적인 방식으로 자연적 속성(또는 사실) N에 수반한다. 따라서 N이 성립하면 필연적으로 E도 성립한다.

인식적 속성의 예들은 정당화됨(being justified), 합리적임(being reasonable), 다른 믿음보다 더 합리적임(being more reasonable than another belief) 등등이다. 그리고 인식적 수반 논제는 다음을 함축한다. 두 믿음 B_1과 B_2가 모든 자연적 또는 기술적 속성들을 공유하면, B_1과 B_2는 동일한 인식적 위상을 가진다. 예컨대 B_1이 정당화되는 믿음이면, B_2도 정당화되는 믿음이어야 한다.

위와 같은 인식적 수반 논제가 옳다면, 비록 '정당화'와 같은 규범적 개념을 비규범적 개념으로 정의할 수 없지만, 그럼에도 불구하고 그러한 규범적 개념의 적용 여부를 결정해주는 자연적 또는 기술적 기준을 제시할 수 있다. 예컨대 믿음의 정당화됨의 위상이 자연적 속성 N에 수반한다고 가정해 보자. 그러면 인식주체 S의 믿음 p가 정당화되는지 여부를 자연적 속성 N이 성립하는지 여부에 의해 결정할 수 있다. 다시 말해 자연적 속성 N은 '정당화'와 같은 인식론적 개념의 적용 여부를 결정해주는 비규범적 기준의 역할을 할 수 있다. 이런 이유에서 김재권은 정당화의 자연주의적 제약조건을 다음과 같이 제시한다.

정당화되는 믿음의 기준은 인식적이든 또는 그렇지 않든 간에, 평가적 또는 규범적 용어를 사용함이 없이, 오직 기술적 또는 자연주의적 용어들에 의해 제시돼야 한다.[206]

---

206) Kim 1988, p. 382.

위 조건에 따르면 어떤 믿음이 정당화되는 경우에 그것을 결정해주는 자연적 또는 기술적 기준이 있어야 한다. 그리고 두 믿음들이 그와 같은 비규범적 기준에서 아무런 차이가 없다면 그것들의 인식적 위상도 동일해야 한다. 즉 하나가 정당화되는 믿음이라면 다른 하나도 정당화되는 믿음이어야 한다. 요컨대 비록 '정당화'와 같은 인식론적 개념을 비규범적 개념으로 정의할 수 없다고 할지라도 인식론적 개념을 적용하기 위한 기준만은 기술적 또는 자연적 개념들에 의해 제시할 수 있어야 한다는 주장이다. 골드먼(Alvin Goldman), 밴 클리브(James van Cleve), 김재권, 소사(Ernest Sosa) 등등의 많은 철학자들이 이런 의미의 인식적 수반을 받아들인다. [207]

앞서 언급한 바대로 인식론의 중요 개념들에 대한 개념적 분석은 경험과학에 의해 대체될 수 있는 종류의 것이 아니다. 예컨대 정당화 개념의 규범성을 의무론적 규범성으로 이해해야 하는지 여부를 경험과학에 의해 결정할 수 없다. 따라서 콰인의 대체주의를 받아들이는 철학자들은 오늘날 거의 없다. 이런 이유에서 보다 흥미로운 자연주의 논제는 인식적 수반(epistemic supervenience) 논제이다. 이에 따르면 인식적 속성들은 형이상학적으로 필연적인 방식으로 자연적 또는 기술적 속성들에 수반한다.

그런데 매피(James Maffie)에 의하면 우리는 자연주의를 두 가지 방식으로 해석할 수 있다. [208] 첫 번째는 자연주의를 오직 한 가지 종류의 사실들, 즉 자연적 또는 기술적 사실들만을 받아들이는 존재론적 일원론(ontological monism)으로 해석하는 것이다. 두 번째는 오직 한 가지 종류의

---

207) Goldman 1979; 1986. van Cleve 1985; 1999. Kim 1988. Sosa 1980; 1991; 2003.
208) Maffie 1990, p. 289.

인지적 방법, 즉 과학적 방법만을 정당한 것으로 받아들이는 방법론적 일원론(methodological monism)으로 해석하는 것이다. 인식적 수반 논제는 첫 번째 의미의 자연주의라기보다는 두 번째 의미의 자연주의이다. 다시 말해 이 논제에 따르면 인식적 속성들은 그 자체로 자연적 또는 기술적 속성들이 아니지만 그럼에도 불구하고 자연적 또는 기술적 속성들에 의해 결정될 수 있다. 그렇다면 과연 이런 의미의 인식론적 자연주의는 옳은가?

2.

인식론적 수반 논제에 관한 레러의 비판

인식적 수반을 부정하는 가장 대표적인 철학자는 레러이다. 따라서 인식적 수반을 비판하는 그의 중요한 논변들을 살펴볼 필요가 있다.

우선 제5장에서 살펴본 바대로 정당화에 관한 레러의 이론은 주관적 정합론이다. 이에 따르면 정당화는 두 단계로 구성된다. 첫 번째 단계는 개인적 정당화이고, 두 번째 단계는 논파되지 않는 정당화이다. 믿음은 논파되지 않게 정당화되는 경우에 지식이 될 수 있다. 그리고 S의 믿음 p가 개인적으로 정당화되기 위해서는 다음 조건을 충족해야 한다. S는 그의 평가체계를 토대로 그의 믿음 p에 대한 모든 비판들에 답할 수 있다. 그런데 p에 대한 비판 o를 물리치기 위해서는 S의 평가체계의 관점에서 p를 받아들이는 것이 o를 받아들이는 것보다 더 합리적이어야 하며 또한 이것을 평가하기 위해서 p와 o 사이의 상대적 합리성을 평가할 수 있어야 한다. 그리고 이와 같은 평가를 통해 p가 이에 대한 모든 비판들보다 더 합리적이면 p는 S의 평가체계와 정합적이라고 말할 수 있다. 따라서 레러는 정합성을 비판들에 답함 또는 경쟁주장들을 물리침의 개념으로 이해한다. 다시 말해 정합성을 상대적 합리성의 개념을 통해 해명한다.

이제 인식적 수반을 부정하는 레러의 첫 번째 논변을 살펴보자. 앞서 언급한 바대로 S가 p를 받아들임에 있어서 정당화되기 위해서는 p에 대해 제기되는 모든 비판들을 그의 평가체계를 토대로 물리칠 수 있어야 한다. 또한 그렇게 하기 위해서 p와 이것의 비판 사이의 상대적 합리성을 평가할 수 있어야 한다. 그런데 S가 그와 같은 평가를 함에 있어 스스로를 신뢰할 수 없다면 상대적 합리성에 대한 그의 판단을 토대로 비판들을 성공적으로 물리칠 수 없다. 따라서 S는 다음과 같은 신뢰성 원리를 받아들여야 한다.

(T) 인식목적에 따라 내가 받아들이는 것에 대해 나는 스스로 신뢰할 만하다.

그런데 레러는 이와 같은 신뢰성 조건이 자연적 속성에 수반하지 않는다고 주장한다.

내가 받아들이는 것에 대해 스스로 신뢰할 만하다는 것을 제외하고, 내가 받아들이는 것에 대해 스스로를 신뢰할 수 있음을 필연적으로 함축하는 나에 관한 그 어떤 사실도 존재하지 않는다.[209]

위와 같은 주장에 대해 밴 클리브는 다음과 같이 비판한다.[210] 어떤 시점에 어떤 근거 G를 토대로 S가 스스로에 대한 신뢰성을 획득한다고 가정해 보자. 이 경우 G는 전적으로 자연주의적인 것일 수 없다. 왜냐하면

---

209) Lehrer 1997, p. 72.
210) van Cleve 1999, pp. 1054-1055.

레러의 견해에 의하면 S의 신뢰성은 자연주의적 조건에 수반하지 않기 때문이다. 그런데 이 견해가 옳다면 S와 관련된 자연주의적 조건들에 전혀 변화가 없다고 할지라도 S가 이후에도 계속 스스로에 대한 신뢰성을 유지한다는 보장이 없다. 그러나 신뢰성과 자연주의적 조건들이 그와 같이 서로 독립적일 수 있다는 것은 매우 반직관적이다.

위와 같은 비판에 대해 레러는 다음과 같이 답한다.[211] 신뢰성을 필연적으로 수반하는 자연주의적 조건은 없다. 그렇지만 이것은 나의 신뢰성과 자연주의적 조건들이 서로 무관함을 함축하는 것은 아니다. 내가 주장하는 것은 단지 그와 같은 자연주의적 조건들과 나의 신뢰성 사이의 관계가 형이상학적으로 우연적이라는 것이다. 따라서 어떤 자연주의적 조건이 나의 신뢰성을 보장할 수 있지만 그와 같은 보장은 우연적이다.

위와 같은 이유에서 인식적 수반에 대한 레러와 밴 클리브 사이의 논쟁은 더 이상 진전이 없는 팽팽한 대립상태에 있다. 그렇지만 레러의 논변에는 다른 중요한 문제가 있다. 그 문제는 신뢰성 원리의 정당화에 관한 것이다. 정당화의 적절성 조건에 따르면 어떤 믿음이 정당화되기 위해서는 진리개연적이어야 한다. 그런데 자신의 믿음이 객관적으로 진리개연적이라는 사실은 주관적 관점에서 파악하기 어려운 것이다. 따라서 개인적 정당화와 객관적 진리 개연성이 서로 적절히 연결되기 위해서 신뢰성 원리가 실제로 옳아야 한다. 그렇다면 레러는 신뢰성 원리를 어떻게 옹호하는가? 그에 따르면 정당화는 신뢰성 원리에 의존한다. 주장과 비판 사이의 상대적 합리성을 평가함에 있어서 자신을 신뢰할 수 있어야 이를 토대로 비판을 물리칠 수 있기 때문이다. 따라서 신뢰성 원리를 통

---

211) Lehrer 1999, p. 1069.

상적인 방식으로 정당화할 수 없다. 이런 이유에서 레러는 자기 정당화에 호소한다.[212] 빛이 조명된 대상을 비추면서 동시에 자신을 비추는 것처럼 신뢰성 원리는 스스로에게 적용된다는 것이다. 그러나 자기 정당화에 호소함으로써 신뢰성 원리를 정당화하려는 레러의 시도는 성공적이지 않다.[213]

인식적 수반을 부정하는 레러의 두 번째 논변은 다음과 같다. 앞절에서 지적한 바대로 인식적 수반은 일반적으로 다음과 같이 이해된다.

> 인식적 속성(또는 사실) E는 형이상학적으로 필연적인 방식으로 자연적 속성(또는 사실) N에 수반한다. 따라서 N이 성립하면 필연적으로 E도 성립한다.

그리고 이와 같은 수반 관계가 성립하면 인식적 속성 E가 성립하는지 여부를 자연적 속성 N이 성립하는지 여부에 의해 결정할 수 있다. 다시 말해 자연적 속성 N은 '정당화'와 같은 인식론적 개념의 적용 여부를 결정해주는 비규범적 기준의 역할을 할 수 있다. 그러나 레러는 형이상학적 필연성의 관계로 해석되는 수반 관계를 부정한다. 그에 따르면 자연적 조건 N과 인식적 위상 E 사이의 관계는 단지 우연적일 뿐이다. 그는 다음과 같이 말한다.

> 가능세계와 필연성에 관한 논의는 일관성을 추적(tracking)한다. p를 승인하고 q를 부인하는 것이 일관적이면, p는 q를 필연적으로 수반하지 않고 p가 참이고

---

212) Lehrer 2000, p. 143.
213) 이에 대한 자세한 논의를 위해서는 제5장을 보시오.

q가 거짓인 세계가 가능하다. … 동일한 자연주의적 조건하에서 같은 문장들에 대해 상이한 진리조건들을 산출하는 진리 이론들이 있다. 가능세계와 필연성이 일관성을 추적한다면, 진리는 자연주의적 조건에 수반하지 않는다고 말해야 한다. … 내적으로 일관적이지만 자연주의적 조건 N 하에서 우리가 p를 받아들임에 있어서 정당화되는지 여부에 관해 전혀 다른 판정을 내리는 두 정당화 이론들이 있다고 가정해 보자. 그러면 그 두 이론들의 내적 일관성의 결과로서 수반이 성립하지 않는다.[214]

가능성은 일관성을 추적해야 한다. x가 F를 예시하지만 G를 예시하지는 않는다는 주장이 일관적이라면 x가 F를 예시하지만 G를 예시하지 않는 것이 가능하고, 따라서 'x가 F를 예시하면 x는 G를 예시한다'는 필연적 참이 아니다. … 진리는 자연적 조건들에 수반하지 않는다. 진리조건에 관해 일관적이면서 대안적인 이론들이 존재하기 때문이다. 마찬가지로 정당화에 관해 일관적이면서 대안적인 이론들이 존재한다.[215]

　인식적 수반 논제에 따르면 S의 믿음 p가 자연적 조건 N을 만족하면 S의 믿음 p는 정당화됨과 같은 인식적 위상 E를 갖는다. 그런데 S의 믿음 p가 자연적 조건 N을 만족하지만 인식적 위상 E를 결여한다는 주장은 모순이 아니다. 즉 일관적이다. 따라서 S의 믿음 p가 N을 만족하지만 그럼에도 불구하고 E를 결여하는 것이 형이상학적으로 가능하다. 예컨대 우리의 믿음 p가 어떤 자연적 조건 N을 만족한다고 가정해 보자.

214) Lehrer 1999, p. 1070.
215) Lehrer 2003, p. 318.

그리고 우리와 회의론자는 이와 같은 가정에 대해 서로 동의할 수 있다. 그런데 이 경우에 우리는 믿음 p가 정당화된다고 주장하는 데 반해 회의론자는 정당화되지 않는다고 주장할 수 있다. 이런 이유에서 동일한 자연적 조건이 반회의론과 양립할 뿐만 아니라 회의론과도 마찬가지로 양립한다. 다시 말해 자연적 조건 N과 인식적 위상 E도 일관적이지만 동일한 자연적 조건 N과 E의 결여도 마찬가지로 일관적이다. 따라서 자연적 조건 N과 인식적 위상 E 사이의 관계는 단지 우연적일 뿐이다. 이처럼 N과 E 사이의 관계가 단지 우연적이라면, 인식적 위상 E는 형이상학적으로 필연적인 방식으로 자연적 조건 N에 수반하지 않는다. 다시 말해 인식적 수반 논제는 옳지 않다.

그러나 위 주장에 대해 투리(John Turri)는 다음과 같이 비판한다.

> 위 논변이 성공하려면 일관성에 대한 적절한 규정이 필요하다. 일관성이 단지 논리적 일관성을 의미한다면 일관성은 형이상학적 가능성을 함축하지 않는다. '물은 화학 원소이다' 또는 '나는 포유류가 아닌 범고래를 귀여워한다'고 말하는 것은 논리적으로 일관적이지만 이것들은 형이상학적으로 가능하지 않다. 일관성이 형이상학적 가능성을 의미한다면 위 논변은 선결문제를 가정(begging the question)하는 것이다.[216]

투리가 지적하는 것처럼 일관성이 단지 논리적 일관성을 의미한다면 일관성은 형이상학적 가능성을 함축하지 않는다. 예컨대 '물은 화학 원소이다'라고 말하는 것은 논리적 모순이 아니지만 물의 본성은 H_2O라는

---

216) Turri 2010, p. 342.

화합물이기 때문에 물이 화학 원소인 것은 형이상학적으로 불가능하다. 반면 일관성이 논리적 일관성을 의미하지 않는다면 N과 E 사이의 관계가 단지 우연적 관계인지 분명치 않다. 그 이유는 다음과 같다. 자연적 조건 N은 인식적 위상 E와 논리적으로 일관적이다. 마찬가지로 N은 E의 결여와도 논리적으로 일관적이다. 그러나 N이 성립할 때 E가 성립하는 것이 형이상학적으로 가능하다고 해서 N이 성립할 때 E가 성립하지 않는 것이 또한 형이상학적으로 가능한지는 분명치 않다.

요컨대 인식적 수반을 부정하는 레러의 논변들은 충분히 성공적이지 않다. 따라서 인식론적 자연주의를 성공적으로 부정하기 위해서는 다른 방식의 논변이 필요하다.

3.

이유의 논리적 공간과 항구적 오류가능성

이 절에서 필자는 믿음의 인식적 위상이 자연적 또는 기술적 속성에 수반하지 않음을 주장할 것이다. 그리고 이를 위해 두 가지 논거를 제시할 것이다.

첫째, 셀라스가 주장한 바대로 정당화 관계는 이유의 논리적 공간에 속하지만 인과 관계는 자연법칙의 영역에 속한다.[217] 그리고 이유의 논리적 공간에 속하는 것은 개념적으로 자연법칙의 영역에 속하는 것으로 환원되지 않는다. 따라서 예컨대 정당화됨의 인식적 위상은 자연적 또는 기술적 속성에 수반하지 않는다. 이에 대해 부연설명을 하면 다음과 같다.

어떤 믿음이 정당화되는지 여부는 적어도 많은 경우 그 믿음이 기반하고 있는 인식적 근거들이 정당화되는지 여부뿐만 아니라 그 인식적 근거들로부터 그 믿음이 추론되는지에 의존한다. 예컨대 S가 'p이면 q'와 'q'라는 두 전제들로부터 'p'라는 결론을 추론함으로써 'p'라는 믿음을 갖게 되었다고 가정해 보자. 이 경우 'p이면 q'와 'q'라는 두 전제들이 참일지

---

217) Sellars 1963a, §36.

라도 S의 믿음 'p'는 정당화되지 않는다. 왜냐하면 그가 사용한 추론이 타당하지 않기 때문이다. 여기서 한 가지 주목할 점은 S가 부적절한 인식적 근거에서 어떤 것을 믿는 것은 인식적으로 무책임하다는 비판에 직면할 수 있다는 사실이다. 그리고 '적절한 근거 없이 믿음' 또는 '인식적으로 무책임함'은 자연주의적 속성이 아니다. 또 한 가지 주목할 점은 참은 명제의 속성이지만 타당성은 추론의 속성이라는 점이다. 따라서 S의 추론에서 그 전제들 각각은 현실세계를 기술하는 참인 명제일 수 있지만 그 추론의 타당성 여부는 전제들과 결론 사이의 논리적 관계이기 때문에 현실세계의 우연적 사실들에 의존하지 않는다. 따라서 정당화됨의 인식적 위상은 비규범적 조건으로 환원되지 않는 본래적 규범성을 지닌다.

둘째, 우리의 인식적 평가에는 항구적 오류가능성(the permanent possibility of mistakes)이 있다. 예컨대 우리가 현재 승인하는 어떤 인식규범에 대해서 미래의 어떤 시점에 그것을 포기하고 보다 더 적절한 규범을 채택하게 될 가능성을 완전히 배제할 수 없다. 인식적 평가에 관한 이와 같은 항구적인 오류 가능성 때문에 현재 정당화되는 것으로 여겨지는 것과 실제로 정당화되는 것 사이의 구분을 제거할 수 없다. 그리고 제거할 수 없는 그러한 구분 때문에 정당화됨과 같은 인식적 위상은 자연적 또는 기술적 속성에 수반하지 않는다.

두 번째 논점에 대해 부연설명을 하면 다음과 같다. 셀라시언 정합성 이론에 따르면 우리의 믿음 p가 정당화되기 위해서는 정당화의 사회실천 속에서 이에 대해 제기될 수 있는 모든 비판들에 답할 수 있어야 한다. 그리고 이와 같은 상호주관적 정당화에는 두 가지 중요한 특성이 있다.

첫째, S의 믿음 p가 정당화되는지 여부를 평가함에 있어서 S에게는 접근 가능하지 않지만 인식평가자인 우리에게는 접근 가능한 증거들을 고려할 수 있다. 따라서 S의 믿음 p는 S에게 접근 가능한 증거들에 비추어 주관적으로 정당화되지만 우리에게 접근 가능한 반대증거에 의해 상호 주관적으로 정당화되지 않을 수 있다.

둘째, S의 믿음 p가 현재 그에게 접근 가능한 증거들에 비추어 정당화되는 것으로 여겨진다고 하더라도 나중에 p가 거짓임을 보여주는 반대증거가 제시될 수 있다. 그런 경우 S의 믿음은 더 이상 정당화되는 것으로 간주될 수 없다. 이런 이유에서 정당화의 사회실천을 정적인 모델이 아니라 동적인 모델에 의해 이해해야 한다. 그리고 이 점은 상호주관적 믿음의 경우에도 마찬가지다. 예컨대 뉴턴역학은 한때 정당화되는 것으로 여겨졌지만 지금은 더 이상 정당화되는 이론이 아니다. 따라서 어떤 시점에 우리 모두가 상호주관적으로 정당화되는 것으로 여기는 것도 나중에 적절한 반대증거가 제시되면 논박될 수 있다. 따라서 현재 정당화되는 것으로 여겨지는 것은 실제로 또는 객관적으로 정당화되는 것과 구분돼야 한다.

이제 어떤 믿음이 현재 접근 가능한 증거들에 의해 상호주관적 정당화의 위상을 가진다고 가정해 보자. 또한 나중에 그 믿음을 논파할 수 있는 누락된 반대증거가 실제로 없다고 가정해 보자. 뿐만 아니라 그 믿음의 정당화와 관련된 우리의 인식규범들과 관련하여 나중에 그 믿음의 인식적 위상을 뒤엎을 만한 결함도 없다고 가정해 보자. 그런 경우 그 믿음은 단지 정당화되는 것으로 여겨지는 데 불과한 것이 아니라 실제로 정당화되는 믿음이다. 예컨대 '지구는 태양 주위를 공전한다'는 우리의 믿음은 현재 접근 가능한 증거들에 의해 상호주관적 정당화의 위상을 가진다. 그리고 이 믿음을 나중에 논파할 수 있는 누락된 반대증거가 실제로 없을 수 있다. 뿐만 아니라 이 믿음의 정당화와 관련된 우리의 인식규범들에 심각한 결함이 없을 수 있다. 그런 경우 이 믿음은 단지 정당화되는 것으로 여겨지는 데 불과한 것이 아니라 실제로 정당화되는 것이다. 다시 말해 우리의 믿음이 단지 정당화되는 것으로 여겨지는 것에 불과한 것이 아니라 실제로 정당화되는 것이기 위해서는 이 믿음이 현재뿐만 아니라 미래에도 정당화의 사회실천 속에서 정당화됨의 위상을 계속 유지할 수 있어야 한다.

이제 인식적 수반과 관련하여 주목해야 할 점이 있다. 규범과 인과법칙은 서로 범주가 다르다. 인과법칙은 우리가 정한 것이 아니라 우리에게 인과적으로 강제되는 것이다. 반면 규범은 우리가 정한 것이며 따라서 인과적 강제가 아니라 긍정적 보상과 부정적 제재를 통해서 강제된다. 그런데 우리가 보상과 제재를 통해 유지하는 기존 규범에 대한 우리의 평가는 원칙적으로 오류가능하다. 예컨대 우리가 현재 승인하는 어떤 인식규범에 대해서 미래의 어떤 시점에 그것을 포기하고 그 대신 보다 더 적절한 규범을 채택하게 될 가능성을 완전히 배제할 수 없다. 규범의 평가에 관한 이와 같은 항구적인 오류가능성 때문에 현재 옳은 것으로 여겨지는 것과 실제로 또는 객관적으로 옳은 것 사이의 구분을 제거할 수 없다. 그리고 제거할 수 없는 그러한 구분 때문에 규범의 적절성은 규칙성과 같은 기술적 사실로 환원되지 않는다. 이 점과 관련해 브랜덤은 다음과 같이 지적한다.

실제로 행해진 것(what is in fact done)과 행해져야만 하는 것(what ought to be done)을 구분해야 한다. 그리고 항구적인 오류가능성을 허용해야만 한다. 왜냐하면 행해진 것 또는 옳다고 여겨진 것은 어떤 규칙이나 실천에 의해서 옳지 않거나 적절하지 않은 것으로 밝혀질 수 있기 때문이다. 이 가능성이 내용이 있는 상태와 연관된 힘 또는 유의미성의 진정한 규범적 성격에 대해 갖는 중요성은 비트겐슈타인의 후기 저작의 중심적이고 두드러진 테마이다. 옳거나 적절한 것, 의무적이거나 허용되는 것, 무언가를 하기로 커미트먼트를 하거나 그럴 권리가 있는 것은 규범적인 문제들이다. 행해지는 것과 행해져야만 하는 것을 구분하지 않으면 이 통찰을 잃게 된다.[218]

평가, 제재는 그 자체로 옳게 또는 옳지 않게 행해질 수 있는 것이다. 옳지 않음의 규범적 위상을 처벌을 통해 옳지 않은 것으로 여기는 규범적 태도로 이해해야 한다면 전자를 실제로 처벌됨이 아니라 처벌돼야 마땅함, 즉 옳게 처벌됨으로 이해해야 한다.[219]

위와 같은 구분 때문에 규범적 위상들은 "처음부터 끝까지 규범적"(norms all the way down)이다.[220]

또한 브랜덤은 다음과 같은 의미의 총체적 수반(global supervenience)을 거부한다. 규범적 속성들은 비규범적 속성들에 총체적으로 수반한다 =df 비규범적 속성들에서 차이가 없음에도 규범적 속성들에서는 차이가 있는 그런 두 세계는 없다. 이에 대해 그는 다음과 같이 말한다.

만약 규범적 위상들을 그것들을 승인하고 귀속하는 실제 태도들에 의해 구성되는 것으로 이해할 수 있다면 적절성, 커미트먼트, 권리를 상술하는 규범적 용어들의 사용은 수행, 수행적 성향 및 규칙성을 상술하는 비규범적 용어들의 사용에 곧바로 수반할 것이다. 그러나 지금까지 주장해온 바대로 담론의 의무론적 위상이 그러한 점수기록(scorekeeping)을 규제하는 암묵적 실천적 적절성에 의해서, 즉 점수가 실제로 어떻게 기록되는지가 아니라 그것이 어떻게 기록돼

---

218) Brandom 1994, p. 27.
219) Brandom 1994, p. 36.
220) Brandom 1994, p. 44; p. 625.

야만 하는지 … 점수기록자들이 실제로 어떻게 하는지가 아니라 그들이 어떻게 해야만 하는지에 의해 구성된다면 점수기록 실천들의 그러한 규범구성적 적절성들의 원천과 위상은 따져봐야만 한다.[221]

브랜덤이 총체적 수반을 거부하는 이유는 어떤 태도가 옳은지와 관련된 규범들의 적절성이 자연주의적 사실들에 의해 결정되지 않기 때문이다. 인식적 평가의 경우도 크게 다를 바 없다.

앞서 지적한 바대로 정당화의 사회실천 속에서 S의 믿음 p가 정당화되기 위해서는 이에 대해 제기될 수 있는 모든 비판들에 답할 수 있어야 한다. 그리고 이처럼 모든 비판들에 답할 수 있기 위해서는 이 믿음이 위반하는 인식규범이 없어야 한다. 그런데 이와 같은 규범들에 대한 우리의 평가는 원칙적으로 오류가능하다. 예컨대 우리가 현재 승인하는 어떤 인식규범에 대해서 미래의 어떤 시점에 그것을 포기하고 그 대신 보다 더 적절한 규범을 채택하게 될 가능성을 완전히 배제할 수 없다. 인식적 평가에 관한 이와 같은 항구적인 오류가능성 때문에 현재 정당화되는 것으로 여겨지는 것과 실제로 정당화되는 것 사이의 구분을 제거할 수 없다. 이 점에 대해 좀 더 부연설명을 하면 다음과 같다.

앞서 언급한 바대로 인식적 수반 논제에 따르면 두 믿음 B_1과 B_2가 모든 자연적 또는 기술적 속성들을 공유하면, B_1과 B_2는 동일한 인식적 위상을 가진다. 예컨대 B_1이 정당화되는 믿음이면, B_2도 정당화되는 믿음이어야 한다. 이제 S가 지각믿음 p를 정상적 조건하에서 가지는 경우와 S가 미친 과학자에 의해 통 속의 뇌 상태가 되어 슈퍼컴퓨터에 의해 조

---

221) Brandom 1994, p. 628.

작된 정보에 따라 지각믿음 p를 가지는 경우를 비교해 보자. 우리의 일상적 지각믿음은 정상적 조건하에서 정당화되는 믿음이다. 그렇다면 통속의 뇌 시나리오 상황에서 S가 가지는 일상적 지각믿음도 정당화되는 믿음인가? S는 주관적 관점에서 자신의 일상적 지각믿음 p를 의심할 만한 그 어떤 이유도 갖고 있지 않다. 또한 그는 정상적 상황이라면 그의 인식적 능력을 제대로 발휘할 수 있는 이성적 존재이다. 다만 현재 그는 자신의 인식적 능력을 제대로 발휘할 수 없는 인식적으로 불운한 상황에 놓여 있다. 따라서 S는 p를 정당화되는 것으로 여김에 있어서 인식적으로 비난받지 않을 수 있다. 그러나 앞서 언급한 바대로 S의 믿음은 정당화의 사회실천 속에서 이에 관해 제기될 수 있는 모든 비판들에 답할 수 있는 경우에 실제로 정당화된다. 그리고 S의 믿음의 인식적 위상은 이와 같은 정당화의 사회실천 속에서 단지 S에게 접근 가능한 증거 또는 이유만을 고려함으로써 결정되는 것이 아니다. 그리고 통 속의 뇌 상황에 있는 S가 겪고 있는 인식적 불운에 대해 잘 알고 있는 이성적 존재가 있을 수 있다. 만약 우리가 그러한 인식 평가자라면, 우리는 S의 지각믿음이 실제로 정당화되는 것은 아니라고 말해야 한다. 또한 누군가 S에게 그가 겪고 있는 인식적 곤경에 대해 알려 준다면, S 자신도 자신의 지각믿음을 더 이상 신뢰해서는 안 된다. 왜냐하면 자신의 인식적 곤경을 아는 한, 자신의 지각믿음이 더 이상 진리개연적이라고 생각할 수 없기 때문이다. 따라서 S 자신도 자신의 지각믿음을 실제로 정당화되는 것으로 더 이상 여길 수 없다.

그런데 S의 두뇌 상태만을 고려하면 S가 정상적 조건하에서 p를 믿는 경우와 통 속의 뇌 시나리오 상황에서 p를 믿는 경우 사이에 차이가 없다. 이런 경우에 S의 믿음의 인식적 위상도 동일하다면, 자연적 또는 기술적 속성을 통해 인식적 속성을 결정할 수 있다는 인식적 수반 논제는 설득력을 가질 수 있다. 왜냐하면 S의 두뇌 상태는 원리상 과학적으로 조사할 수 있는 것이기 때문이다. 그러나 앞서 지적한 바대로 S가 정상적 조건하에서 p를 믿는 경우에는 정당화됨의 인식적 위상을 가지지만 그가 통 속의 뇌 상황에서 p를 믿는 경우에는 그렇지 않다. 그 이유는 믿음의 인식적 위상이 정당화의 사회실천 속에서 결정되고 또한 그와 같은 결정에 다른 사람에게 접근 가능한 증거뿐만 아니라 미래에 제시될 수 있는 증거도 무관하지 않기 때문이다. 따라서 이 경우 S가 정당화되는 것으로 여기는 것과 실제로 정당화되는 것 사이에 중요한 간극이 있다.

또한 우리가 현재 정당화되는 것으로 여기는 것과 실제로 정당화되는 것 사이의 간극은 공동체 전체에도 성립할 수 있다. 앞서 언급한 바대로 어떤 믿음이 정당화된다고 말하는 것은 인식목적과 관련하여 그 믿음을 긍정적으로 평가하는 것이고, 어떤 믿음이 정당화되지 않는다고 말하는 것은 인식목적과 관련하여 그 믿음을 부정적으로 평가하는 것이다. 또한 우리의 인식목적은 최고의 설명적 정합성을 갖는 개념체계를 획득하는 것이고 이를 위해 우리의 개념체계를 점진적으로 내부로부터 개선하는 것이다. 따라서 우리가 명제 p를 믿는 것은 이러한 인식목적에 부합하는 경우에만 정당화된다. 이 점은 인식규범의 경우도 마찬가지다. 따라서 인식규범 N_1 대신 N_2를 받아들였을 때 개념체계의 설명적 정합성이 최대화된다면 N_1에 대한 승인을 철회하고 N_2를 받아들이는 것이 정당화된다. 예를 들면 다음과 같다. T_1 시점에 우리는 배중률이나 최선의 설명에로의 추론과 같은 것을 옳은 추론규칙으로 여긴다. 따라서 그러한 추론규칙에 의해 어떤 믿음 p를 정당화되는 것으로 여길 수 있다. 그런데 T_2 시점에 그러한 추론규칙을 대체할 때 우리의 개념체계의 설명적 정합성이 최대화되는 새로운 추론규칙을 알게 될 수 있다. 또한 이 새로운 추론규칙에 따르면 p가 정당화되지 않을 수 있다. 인식적 평가에 관한 이와 같은 항구적인 오류가능성 때문에 현재 정당화되는 것으로 여겨지는 것과 실제로 정당화되는 것 사이의 구분을 제거할 수 없다.

그리고 제거할 수 없는 위와 같은 구분 때문에 정당화됨의 인식적 위상은 자연적 또는 기술적 속성에 수반하지 않는다. 이제 S가 인식규범 N_1에 따라 p를 믿는다고 가정해 보자. 그리고 우리가 현재 시점 T_1에서 어떻게 해서든지 S의 믿음 p와 관련된 모든 자연주의적 속성들을 알게 된다고 가정해 보자. 그런 경우에도 우리는 그 자연주의적 속성들을 토대로 이 믿음이 실제로 정당화되지 않음을 알 수 없다. S의 믿음 p가 실제로 정당화되기 위해서는 정당화의 사회실천 속에서 이에 대해 제기될 수 있는 모든 비판들에 답할 수 있어야 한다. 그리고 이 인식적 조건이 성립하기 위해서는 S의 믿음 p가 예컨대 실제로 부당한 추론에 의존하는 믿음이라는 비판을 물리칠 수 있어야 한다. 그러나 우리는 아직 N_1 대신 N_2를 받아들였을 때 개념체계의 설명적 정합성이 최대화된다는 사실을 알지 못한다. 또한 우리 개념체계의 설명적 정합성이 증가한다는 것은 자연주의적 속성이 아니다. 뿐만 아니라 앞서 언급했던 바대로 추론규칙이 가지는 타당함 또는 정당화됨의 위상은 전제들과 결론 사이의 논리적 관계에 의존하기 때문에 T_1 시점에 성립하는 세계의 우연적 사실들에 의존하지 않는다. 따라서 '정당화의 사회실천 속에서 주어진 믿음과 관련하여 제기될 수 있는 모든 비판들에 답할 수 있음'과 같은 인식적 조건에 수반하는 자연적 또는 기술적 속성은 없다.

끝으로 언급할 점이 있다. 인식적 수반을 부정하는 것은 초자연주의 (supernaturalism)를 받아들이는 것이 결코 아니다. 브랜덤에 따르면 규범들은 초자연적인 것들이 아니다. 또한 자신의 견해가 넓은 의미의 자연주의와 양립한다고 말한다.

(규범적 위상의 의미에서) 규범들은 인과적 질서 속에 있는 대상들이 아니다. …
그렇다고 해서 이것들이 그 자체로 초자연적이거나 신비한 것들은 아니다.[222]

규범적 화용론(normative pragmatics)을 받아들이는 것이 프래그매틱 이론 및 의
미론을 자연주의적 태도로 추구하는 것과 양립하지 않는다고 결코 가정해서는
안 된다.[223]

마찬가지로 필자는 우리가 사는 세계 속에 초자연적인 것이 있음을 받
아들이지 않는다. 또한 세계 W_1과 W_2가 모든 자연적 또는 기술적 속성
들에서 동일하면 W_1에 존재하는 인식주체들의 실제 인식적 태도들과
W_1에 존재하는 인식주체들의 실제 인식적 태도들이 동일할 것이라는 점
에 대해서도 부정하지 않는다. 그러나 이러한 매우 약한 의미의 인식적
수반은 3절에서 논의했던 의미의 인식적 수반이 아니다. 후자에 따르면
인식적 속성들은 형이상학적으로 필연적인 방식으로 자연적 또는 기술
적 속성들에 수반한다. 그리고 자연적 속성은 '정당화'와 같은 인식론적
개념의 적용 여부를 결정해주는 비규범적 기준의 역할을 할 수 있어야
한다. 다시 말해 자연주의적 제약조건을 충족하는 인식적 수반관계여야
한다. 필자가 부정하는 것은 바로 그러한 의미의 인식적 수반이다. 앞서
주장한 바대로 '정당화의 사회실천 속에서 주어진 믿음과 관련하여 제기
될 수 있는 모든 비판들에 답할 수 있음'과 같은 인식적 조건에 수반하는
자연적 또는 기술적 속성은 없다.[224]

---

222) Brandom 1994, p. 626.
223) Brandom 2011, p. 70.
224) 레러의 정합론과 달리 필자가 옹호하는 셀라시언 정합론은 신뢰성 원리에 의존하지 않

우리는 인식적 논의에서 '정당화'와 같은 중요한 인식론적 개념들에 대한 분석을 결코 배제할 수 없다. 그리고 그와 같은 개념적 분석은 심리학과 같은 경험과학에 의해 결코 대체될 수 없다. 또한 믿음의 인식적 위상은 자연적 또는 기술적 속성에 수반하지 않는다. 그 이유는 크게 두 가지이다.

첫째, 정당화 관계는 이유의 논리적 공간에 속하지만 인과 관계는 자연법칙의 영역에 속한다. 그리고 이유의 논리적 공간에 속하는 것은 개념적으로 자연법칙의 영역에 속하는 것으로 환원되지 않는다. 따라서 믿음의 인식적 위상은 자연적 또는 기술적 속성에 수반하지 않는다. 우리의 믿음이 정당화되는지 여부는 적어도 많은 경우에 그 믿음이 기반하고 있는 인식적 근거들로부터 그 믿음이 추론되는지에 의존한다. 그런데 그와 같은 추론의 타당성 여부는 전제와 결론 사이의 논리적 관계이기 때문에 세계의 우연적 사실들에 의존하지 않는다.

둘째, 우리의 인식적 평가에는 항구적 오류가능성이 있다. 예컨대 우리가 현재 승인하는 어떤 인식규범에 대해서 미래의 어떤 시점에 그것을 포기하고 그 대신 보다 더 적절한 규범을 채택하게 될 가능성을 완전히 배제할 수 없다. 규범 평가에 관한 이와 같은 항구적인 오류가능성 때문에 현재 정당화되는 것으로 여겨지는 것과 실제로 정당화되는 것 사이의 구분을 제거할 수 없다. 그리고 제거할 수 없는 그러한 구분 때문에 정당화됨과 같은 인식적 위상은 자연적 또는 기술적 속성에 수반하지 않는다.

끝으로 한 가지 덧붙이면 다음과 같다. 인식론이 과학의 도움을 필요

___

는다. 그 대신 정당화의 사회실천은 추정과 도전의 정당화 구조를 요구한다. 그리고 우리가 지금까지 성공적으로 유지해 온 인식규범들은 추정적 정당화의 위상을 지닌다. 이에 대한 자세한 논의를 위해서는 Lee 2017과 Lee 2021a를 보시오.

로 한다는 것은 부인할 수 없는 사실이다. 그러나 이 사실이 인식론적 자연주의를 정당화하는 것은 아니다. 과학적 믿음들도 정당화의 사회실천 속에서 제기될 수 있는 모든 비판들에 답할 수 있는 한 정당화된다. 따라서 과학적 믿음들도 인식적 평가에서 자유롭지 않다. 또한 정당화의 자연주의적 제약 조건이 성립하지 않는 한 과학의 도움은 제한적일 수밖에 없다.[225]

---

225) 제12장의 중심논지는 필자의 2019년 논문 "인식론적 자연주의와 항구적 오류가능성"에 기반을 둔 것이다.

제13장

회의주의

1.

데카르트의 방법론적 회의주의

　인식론의 역사상 가장 강력한 회의론 논증을 제시한 철학자는 근대철학의 아버지라고 불리는 르네 데카르트(René Descartes)이다. 그는 인간지식의 토대를 반석 위에 올려놓기 위해 확실한 지식을 발견하고자 했다. 그리고 확실한 진리를 발견하기 위해 그가 사용한 방법이 이른바 '방법론적 회의'(methodological doubt)였다.

　데카르트가 그의 《제일철학에 관한 성찰》(Meditations on First Philosophy, 1641)에서 제시하는 방법론적 회의는 세 단계로 이루어져 있다. 첫 번째 단계는 '단순한 회의주의'(straightforward skepticism)이다. 감각은 때때로 우리를 속인다. 우리는 때때로 신기루를 보거나 착시현상을 겪는다. 따라서 감각들이 전달해주는 정보가 항상 옳다고 말할 수 없다. 그러나 단순한 회의주의로부터 감각을 통해 전달되는 모든 정보가 의심스럽다는 결론이 도출되지는 않는다. 비록 감각을 통해 알려지기는 하지만 여전히 의심하기 어려운 것들이 있는 것처럼 보이기 때문이다. 예를 들면, 당신이 지금 회의주의에 관한 글을 읽고 있다는 것은 의심하기 어려운 사실이다. 두 번째 단계는 '보다 심각한 회의주의'(more serious skepticism)이다. 우리는 꿈속에서 여러 가지 경험을 할 수 있다. 데카르트는 그의 《제일

철학에 관한 성찰》에서 잠옷을 입고 난롯가에 앉아 불을 쬐는 생생한 경험을 한 사실에 대해 언급한다. 그런데 그것은 꿈속의 경험이었고 사실은 침대 속에서 잠을 자고 있었다. 이처럼 꿈과 현실을 구별해주는 확실한 징표가 없다면 우리가 현재 경험한다고 생각하는 것이 꿈인지 현실인지를 어떻게 알 수 있는가? 이것이 데카르트의 이른바 '꿈 논증'(the dream argument)이다. 그렇지만 감각이 완전히 우리를 속이고 있다고 해도 수학적 지식처럼 감각에 의존하지 않는 지식이 있다. 비록 우리가 꿈을 꾸고 있다고 해도 '2+2=4', '사각형은 네 개의 각으로 이루어져 있다'와 같은 수학적 사실은 변하지 않는다. 데카르트의 방법론적 회의의 세 번째 단계는 '전면적 회의주의'(sweeping skepticism)이다. 이 단계에서 데카르트는 그의 유명한 '악령의 가설'(the evil demon hypothesis)을 도입한다. 나에게 주어지는 모든 경험을 조작할 수 있는 전능한 악령이 나를 속이는 경우를 상상할수 있다. 이 경우 우리가 참이라고 생각하는 모든 것, 예컨대 '2+2=4'와 같이 확실해 보이는 수학적 지식조차도 전능한 악령이 우리를 속이기위해 만들어낸 환상일 수 있다. 그렇다면 전면적 회의주의의 단계에서 확실한 것이 아무 것도 없게 되는가? 데카르트의 대답은 '아니오'이다. 여기서 그는 유명한 '나는 생각한다. 고로 존재한다'는 코기토(cogito) 명제를 제시한다. 비록 전능한 악령이 존재하여 우리를 속이려 한다고 해도 적어도 속임의 대상은 존재해야 한다. 다시 말해 우리가 방법론적 회의를 통해 지식의 확실성을 의심하고 있다고 해도 우리는 의심의 주체로서 반드시 존재해야 한다. 그러므로 '나는 존재한다'는 명제는 내가 그것을 진술하거나 생각할 때마다 반드시 참이다. 즉 '나는 생각한다. 고로

존재한다'는 의심의 여지가 없는 확실한 명제이다. [226]

데카르트의 코기토 명제가 의심의 여지가 없는 확실한 명제임을 받아들인다 하더라도 이 명제는 그 내용 면에서 극히 제한적이다. 따라서 이것을 기반으로 지식의 체계를 구성할 수 없다. 악령의 논증에 따르면 당신이 경험하는 모든 것은 여전히 강력한 악령의 속임수일 수 있다. 그렇다면 당신이 현재 안다고 믿는 대부분의 것들이 당신이 실제로 아는 것들인지를 어떻게 알 수 있는가? 다시 말해 지금 강력한 악령의 속임수에 빠져 있지 않다는 것을 어떻게 알 수 있는가?

'악령의 논증'의 현대적 버전은 이른바 '통 속의 뇌 시나리오'(the brain-in-a-vat scenario)이다. 이 시나리오에 따르면 당신은 미친 과학자에 의해 납치되어 뇌가 신체에서 분리된 상태로 통 속에 넣어진 신세일 수 있다. 당신의 두뇌는 통 속에 있는 자양분에 의해 영양이 공급되며 뇌의 신경세포들은 슈퍼컴퓨터에 연결되어 있어서 현실세계에서 정상생활을 하는 것과 동일한 종류의 신경신호들을 제공받는다. 따라서 당신은 현실세계 속에서 정상적인 활동을 하고 있는 것처럼 느낀다. 이런 시나리오가 가능하면 어떻게 당신은 정상적으로 손발을 갖고 있음을 알 수 있는가?

---

226) 코기토 명제도 논란의 여지가 아주 없는 것은 아니다. 데카르트는 생각이 발생하면 그 생각을 하는 주체가 존재함을 가정한다. 비록 우리가 이 가정을 받아들인다 하더라도 통시적으로 발생하는 각 생각들이 동일한 주체에 속한다는 것은 보장되지 않는다.

2.

회의론 논증

우선 무제약적으로 강한 회의주의 주장을 고려해보자.

(#) 정당화될 수 있는 주장은 아무 것도 없다.

회의론자는 (#)를 주장할 수 없다. 만약 이 주장이 옳다면 정당화될 수 있는 주장은 아무 것도 없게 되고, 따라서 (#)도 정당화될 수 없기 때문이다. 따라서 (#)와 같이 무제약적으로 강한 회의주의는 자기논박적이다. 따라서 회의론 논제는 (#)와 같이 무제약적인 것이어서는 안 된다.

그런데 회의론자가 굳이 (#)와 같이 자기논박적인 주장을 할 필요는 없다. 다음과 같은 논증으로도 충분히 강력한 회의주의를 주장할 수 있기 때문이다. '나는 두 손을 갖고 있다'는 명제를 p라고 하고 '나는 통 속의 뇌이다'라는 회의주의 가설을 h라고 하자. 이 경우에 표준적인 회의론 논증은 다음과 같이 표현될 수 있다.

(α) (1) 나는 h가 거짓임을 알지 못한다.
    (2) 내가 h가 거짓임을 알지 못하면 나는 p가 참임을 알지 못한다.

(3) ∴ 나는 p가 참임을 알지 못한다.

   이 논증은 전건긍정논증이므로 타당하다. 따라서 두 전제들이 참이라면 결론도 참이어야 한다. '나는 두 손을 갖고 있다' 이외에도 우리가 일상적으로 확실한 지식으로 간주하는 대부분의 명제가 p 자리에 대체될 수 있다. 따라서 위 논증이 옳으면 우리가 안다고 주장할 수 있는 것은 거의 없게 된다.

   그렇다면 위 논증은 옳은가? 먼저 전제 (2)를 살펴보자. 내가 두 손을 갖고 있으면 나는 통 속의 뇌일 수 없다. 즉 'p → ~h'는 참이다. 따라서 내가 p가 참임을 알면 나는 h가 거짓임을 알 수 있다. (2)는 이것의 대우명제이다. 따라서 (2)는 매우 설득력이 있는 전제이다. 이제 전제 (1)을 살펴보자. 회의론자는 (1)을 다음과 같은 '미확정성 원리'(Underdetermination Principle)를 기반으로 옹호한다.

   q가 p의 경쟁가설이면 우리는 q를 임의적이지 않은 방식으로 배제할 수 있는 경우에 한해 p를 알 수 있다.[227]

   그런데 나는 내가 정상 상태에 있는지 아니면 통 속의 뇌 상태에 있는지를 주관적 관점에서 구별할 수 없다. 즉 p가 참인지 아니면 h가 참인지를 주관적 관점에서 구별할 수 없다. 따라서 회의론자에 의하면 나는 h를 임의적이지 않은 방식으로 배제할 수 없다. 따라서 나는 h가 거짓임을 알지 못한다. 즉 나는 통 속의 뇌의 시나리오가 거짓임을 알지 못한다.

---

227) Vogel 2005, p. 73.

위의 논의를 통해 알 수 있듯이 회의론 논증의 두 전제들은 매우 설득력이 있다. 따라서 회의론 논증은 매우 오래 전에 제기됐던 논증임에도 불구하고 쉽게 논박하기 어려운 논증이다.

3.

무어의 반회의론 논증

무어(G. E. Moore)는 그의 1959년 논문 "상식의 변호"(A Defense of Common Sense)에서 다음과 같은 반회의론 논증을 제시한다.

(β) (1) 나는 p가 참임을 안다.
   (2) 내가 p가 참임을 알면 나는 h가 거짓임을 안다.
   (3) ∴ 나는 h가 거짓임을 안다.

위 논증도 회의론 논증과 마찬가지로 전건긍정논증이므로 타당하다. 따라서 두 전제들이 참이라면 결론도 참이어야 한다. 이제 각 전제를 살펴보자. 먼저 전제 (2)를 살펴보자. 내가 손을 갖고 있으면 나는 통 속의 뇌일 수 없다. 즉 'p → ~h'는 참이다. 따라서 내가 이 조건문의 전건이 참임을 알면 나는 이 조건문의 후건이 참임을 알 수 있다. 이것은 앞절에서 언급했던 회의론 논증 (α)의 두 번째 전제의 대우명제이다. 따라서 우리는 (β)의 두 번째 전제를 마찬가지 방식으로 옹호할 수 있다.

이제 (β)의 전제 (1)을 살펴보자. 이것은 오류가능한 주장이다. 예컨대 내 손은 의수(義手, artificial hand)일 수 있다. 그렇지만 나는 지각을 통해서 내 손이 정상적인 손인지 아니면 의수인지를 확인할 수 있다. 따라서 내가 지각증거를 토대로 (1)을 주장하면 (1)은 진리개연적일 것이다. 그리고 이처럼 진리개연적인 주장은 정당화될 수 있다. 따라서 무어에 의하면 '안다'(know)의 일상적 의미에서 나는 내가 손을 갖고 있음을 알 수 있다.

위 논의를 통해 알 수 있듯이 "한 사람의 전건긍정추론(modus ponens)은 다른 사람의 후건부정추론(modus tollens)이다."[228] 회의론자는 h가 거짓임을 알지 못하므로 p가 참임을 알지 못한다고 주장하는데 반하여 무어는 p가 참임을 알 수 있으므로 h가 거짓임을 알 수 있다고 주장한다. 그렇다면 과연 누구의 견해가 옳은가?

228) Putnam 1990, p. 302 그리고 Dretske 1995, p. 129를 보시오.

4.

회의론자의 반론

    회의론자는 두 손을 갖고 있다는 믿음이 참임을 보여주는 적절한 증거를 제시할 것을 요구한다. 이 요구에 답하기 위해 무어가 호소하는 것은 바로 지각증거이다. 즉 지각을 통해 내가 두 손을 갖고 있음을 알 수 있다는 것이다. 그렇지만 회의론자는 다음과 같이 반박한다. 지각증거에 호소해서 믿음을 정당화하기 위해서는 지각이 일반적으로 참인 믿음을 산출하는 신빙성 있는 인지과정이라는 것을 알 수 있어야 한다. 그러나 우리는 이것을 알 수 없다. 지각증거는 정상적인 시나리오와 통 속의 뇌 시나리오에서 아무런 차이가 없다. 통 속의 뇌도 자신의 지각이 신빙성 있는 인지과정이라고 판단할 것이다. 따라서 지각증거에 호소하여 전제 (1)을 옹호하는 것은 선결문제 가정의 오류이다.

    회의론자의 주장대로 지각이 일반적으로 참인 믿음을 산출하는 신빙성 있는 인지과정이라는 것을 알 수 있어야 지각에 호소해서 '나는 두 손을 갖고 있다'와 같은 믿음을 정당화할 수 있다. 그렇다면 지각이 일반적으로 참인 믿음을 산출하는 신빙성 있는 인지과정이라는 것을 어떻게 알 수 있는가? 통 속의 뇌 시나리오에 따르면 지각은 신빙성 있는 인지과정이 아니다. 따라서 무어는 지각의 신빙성에 호소함이 없이 통 속의 뇌 시나리오를 임의적이지 않은 방식으로 배제할 수 있어야 한다. 무어는 지각의 신빙성에 호소하는 것 이외의 다른 근거를 제시하지 않는다. 따라서 무어와 회의론자 사이의 논쟁에서 회의론자가 논쟁의 우위에 있다고 말할 수 있다.

5.

보겔의 반회의론 논증

보겔(Vogel 1990, 2005)은 최선의 설명에로의 추론(IBE)에 호소해서 회의론을 피할 수 있다고 주장한다. IBE에 따르면 주어진 관찰현상에 대해서 서로 경쟁하는 가설 A와 B 중에서 A가 B보다 나은 설명을 제시하면 B 대신에 A를 받아들이는 것이 인식적으로 합리적이다. 보겔에 따르면 회의론 가설은 정상세계 가설(the real world hypothesis)보다 관련된 사실들을 설명함에 있어서 덜 성공적이다. 따라서 그는 회의론 가설 대신에 정상세계 가설을 받아들이는 것이 인식적으로 합리적이라고 주장한다.

보겔은 두 가지 회의론 가설을 구분한다. 첫 번째는 '최소 회의론 가설'(the minimal skeptical hypothesis)이다. 이 가설은 단지 우리의 경험이 기만적인 방식으로 야기됨을 주장한다. 예컨대 앞에 고양이 한 마리가 있는 것처럼 보이는 경험을 어떤 인식주체가 갖는다면 이것은 무언가 다른 것이 그 주체에게 그렇게 보이게끔 야기한 때문이다. 그런데 이러한 설명은 당신이 잠들게 된 이유가 당신을 잠들게 하는 최면력이 있는 어떤 것의 작용이라고 설명하는 것과 다를 바 없다. 따라서 보겔에 의하면 이 최소 회의론 가설은 실질적으로 설명해주는 것이 없다. 두 번째는 '동형 회의론 가설'(the isomorphic skeptical hypothesis)이다. 회의론자는 정상세계 가설의 인과설명적 구조는 받아들이지만 이 구조 속에서 원인과 결과의 자리에 위치하는 대상들과 속성들을 다른 대상들과 속성들로 대체할 수 있다. 이 경우에 동형 회의론 가설에 따른 원인과 결과 사이의 관계는 정상세계 가설과 동등한 인과설명적 구조를 갖기 때문에 정상세계 가설과 동등한 설명력을 갖는다. 따라서 동형 회의론 가설과 정상세계 가설은 설명력에 있어서 서로 경쟁하는 가설들이다.

그렇지만 보겔은 정상세계 가설이 동형 회의론 가설에 비해 설명적 이점(explanatory advantage)이 있다고 주장한다.[229] 보겔이 주장하는 설명적 이점은 다음과 같다. 영희가 장소 X에서 서쪽으로 100미터를 걷고, 그 다음 북쪽으로 100미터를 걸은 후 그곳에서 대상 Z와 마주쳤다고 하자. 또한 동일한 시간에 철수는 장소 X에서 북쪽으로 100미터를 걷고, 그 다음 서쪽으로 100미터를 걸은 후 그곳에서 같은 대상 Z와 부닥치게 되었다고 하자. 정상세계 가설은 이 사실을 다음과 같이 설명할 수 있다. 두 개의 구별되는 대상은 같은 시간에 같은 장소를 차지할 수 없다. 따라서 같은 시간에 같은 장소를 차지한 대상은 같은 대상이다. 그런데 철수가 통 속의 뇌라면 철수가 경험하는 '장소'와 '대상'은 정상세계 가설에서의 장소와 대상과 다를 것이다. 철수가 경험하는 '장소'는 철수의 경험을 조작하는 슈퍼컴퓨터 파일에서 (x, y, z)의 좌표로 표시될 것이다. 그리고 철수가 부닥친 '대상'도 실제 물리세계 속에 존재하는 대상이 아니라 슈퍼컴퓨터의 특정한 파일 형태로 존재할 것이다. 이것들을 각각 '가상장소'(pseudo-location)와 '가상대상'(pseudo-object)이라고 부르자. 동형 회의론 가설은 위의 상황을 설명하기 위해 두 가상대상들은 같은 시간에 같은

---

229) Vogel 2005, p. 77을 보시오.

장소를 차지할 수 없다고 말해야 한다. 그런데 구별되는 두 가상대상들이 같은 시간에 같은 가상장소를 차지하는 것이 형이상학적으로 가능하다. 예컨대 슈퍼컴퓨터는 두 개의 구별되는 가상대상들에게 동일한 좌표 (x, y, z)를 부여할 수 있다. 그러므로 위 상황을 설명하기 위하여 동형 회의론자는 두 가상대상들이 같은 시간에 같은 가상장소를 차지하지 않는다는 규칙성을 추가로 가정해야 한다.[230] 다시 말해 두 개의 구별되는 가상대상들에 동일한 좌표 (x, y, z)를 부여하는 것을 허용하지 않는 규칙을 추가로 가정해야 한다. 이것은 동형 회의론 가설이 정상세계 가설에 비해 같은 것을 설명하기 위해 보다 복잡한 것을 가정해야 함을 뜻한다. 이런 이유에서 보겔은 정상세계 가설이 동형 회의론 가설보다 더 단순한 설명을 제시한다고 주장한다. 이처럼 정상세계 가설은 동형 회의론 가설에 비해 설명력은 동등하지만 더 단순한 가설이기 때문에 우리는 IBE에 호소하여 동형 회의론 가설을 임의적이지 않은 방식으로 배제할 수 있다는 것이다.

---

230) Vogel 1990, p. 664 그리고 Vogel 2005, p. 77을 참조하시오.

6.

퍼머턴의 비판

IBE에 호소하는 보겔 논증의 가장 근본적인 난점은 IBE의 위상에 관한 것이다. IBE의 추론 형식은 대략적으로 다음과 같다.

(i) O (어떤 관찰된 현상)

(ii) 우리가 이용할 수 있는 O에 대한 설명들 E_1, E_2, E_3, ⋯ , E_n 중에서 E_1이 최선의 설명이다.

(iii) ∴ (아마도) E_1은 참이다.

우선 퍼머턴(Richard Fumerton)은 우리가 어떤 명제 p를 어떤 근거 G를 토대로 정당화하기 위해서는 G가 성립할 때 p가 참일 개연성이 높음을 보일 수 있어야 한다고 주장한다.[231] 따라서 IBE에 호소하여 회의론을 물리치기 위해서는 위의 두 전제 (i), (ii)가 성립할 때 왜 결론 (iii)이 성립하는지를 보일 수 있어야 한다. 다시 말해 IBE에 의해 정당화되는 믿음

---

231) Fumerton 2005, p. 88을 보시오.

이 인식적으로 정당화된다고 주장하기 위해서는 왜 그런 믿음이 참일 개연성이 높은지를 보여야 한다.[232] 그런데 우리가 이용할 수 있는 현상 O에 대한 설명들 중 E_1이 다른 설명들보다 나은 설명이라는 사실로부터 우리는 E_1이 참일 개연성이 높다는 결론을 도출할 수 없다. 퍼머턴에 따르면, 이러한 결론을 도출하기 위해서는 우선 현상 O에 대한 옳은 설명이 존재한다는 추정(presumption)이 필요하다.[233] 또한 현상 O에 대한 옳은 설명이 있는 경우에도 이 옳은 설명이 주어진 설명들 E_1, E_2, E_3, …, E_n 속에 포함되어 있다는 추가 가정이 필요하다.[234] 따라서 E_1이 현 상황에서 최선의 설명이라는 사실로부터 E_1이 참일 개연성이 높다는 것을 추론할 수 없다.

물론 O의 설명을 토대로 어떤 계획을 불가피하게 세워야만 하는 상황에서 E_1을 선택하는 것은 합리적인 행동일 수 있다. 그러나 O에 대한 설명을 토대로 계획을 세울 수밖에 없는 상황에서 E_1을 선택하는 것이 불가피할지라도 퍼머턴은 이러한 실천적 합리성과 E_1이 참일 개연성이 높다는 인식적 결론은 구분된다고 주장한다.[235]

더 나아가 퍼머턴은 비록 우리가 IBE를 정당한 추론 형태로 가정한다 할지라도 이것을 이용해 회의론 가설을 임의적이지 않은 방식으로 배제

---

232) Fumerton 2005, p. 89를 보시오.

233) "이 형태의 논증이 정당하기 위해서는 설명하고자 하는 현상이 설명될 수 있음을 옹호해주는 추정이 있어야만 한다." (Fumerton 1992, p. 162)

234) "상황이 우리에게 열려진 최선의 대안을 택할 것을 강요할 수 있다. 그렇다고 그 사실에 의해 그 대안이 좋은 대안이라는 결론이 도출되는 것은 아니다." (van Fraassen 1989, pp. 144–145)

235) "행동할 때 따라야 하는 합리적 설명(the rational explanation to act on)과 믿어야 하는 합리적 설명(the rational explanation to believe)은 동일하지 않다." (Fumerton 1992, p. 164)

할 수 없다고 주장한다. [236] 예컨대 버클리(George Berkeley)는 우리가 여러 감각들을 예측할 수 있는 방식으로 갖게끔 하는 원인이 신(神)이라는 그의 가설이 외부 물체들이 그러한 인과적 역할을 한다는 정상세계 가설보다 더 단순하다고 주장한다. 왜냐하면 정상세계 가설은 정신들, 감각들, 그리고 물체들이라는 세 가지 종류의 것들을 가정하지만 그의 가설은 단지 정신들과 감각들이라는 두 가지 종류의 것들만을 가정하기 때문이다. 이런 의미에서 우리가 여러 감각들을 예측할 수 있는 방식으로 갖게끔 하는 원인이 신(神)이라는 버클리 가설은 외부 물체들이 그러한 인과적 역할을 한다는 정상세계 가설보다 더 단순할 수 있다. 그렇다고 버클리 가설이 정상세계 가설보다 더 참일 개연성이 높다고 말하기 어렵다. 따라서 IBE를 토대로 버클리 가설이 정상세계 가설보다 왜 열등한지를 보이는 것은 그리 쉬운 일이 아니다. 이런 이유에서 퍼머턴은 정상세계 가설을 옹호하기 위해 IBE를 성공적으로 이용할 수 있는지가 분명치 않다고 주장한다.

---

236) "비록 우리가 최선의 설명에로의 추론이 독립적이고 정당한 추론 형식임을 가정한다고 하더라도 우리가 이것을 이용해 상식적 진리들을 도출할 수 있는지는 분명치 않다." (Fumerton 2005, p. 95)

7.

온건한 회의론과 과격한 회의론

앞서 2절에서 언급했던 회의론 논증은 '지식은 논리적 함축에 닫혀 있다'는 인식적 폐쇄원리(epistemic closure principle)와 'q가 p의 경쟁가설일 경우에 우리는 q를 임의적이지 않은 방식으로 배제할 수 있는 한해서 p를 알 수 있다'는 미확정성 원리를 사용한다. 보겔은 회의론을 온건한 회의론(domestic skepticism)과 과격한 회의론(exotic skepticism)으로 구분한다. 온건한 회의론은 인식원리들의 정당성에 대해서는 문제 삼지 않으면서 회의론을 이끌어내고자 한다. 반면 과격한 회의론은 우리가 사용하는 인식원리들에 대해서도 정당화를 요구한다. 보겔에 따르면 귀납의 정당성을 의심하는 회의론은 과격한 회의론이다. 그리고 이러한 과격한 회의론을 옹호하는 다양한 동기들은 정당화에 관한 우리의 일상적 이해를 은밀하게 왜곡하거나 또는 이러한 이해에서 벗어난 것들이다.[237] 따라서 이와

---

237) "스트로슨은 귀납적 회의론을 옹호하는 여러 가지 동기들이 인식 정당화를 위해 요구되는 것에 관한 우리의 이해를 어떻게 은밀하게 왜곡하거나 또는 이런 이해에서 벗어나는지를 어느 정도 자세하게 보여주고자 한다. 이러한 노력은 귀납에 관한 회의론이 항상 과격한 특성을 갖고 있다는 판단을 지지해준다." (Vogel 2005, p. 83)

같은 과격한 회의론을 무시할 수 있다고 주장한다. 마찬가지로 보겔은 IBE의 정당성을 의심하는 회의론도 무시해야 하는 과격한 회의론이라고 주장한다. 그는 다음과 같이 말한다.

회의론의 요점은 다음과 같다. 당신이 거대한 감각적 기만의 희생자라는 가설이 정상세계 가설보다 더 복잡하다면 전자는 (더 번거롭고, 세련되지 못하고, 등등에서) 실용적으로 불리할 것이다. 그럼에도 불구하고 이 사실은 그 가설을 거부하기 위해 충분한 인식적 이유가 되지 못한다. 따라서 기만자 논증은 여전히 유효하다. 그리고 이 종류의 논증에 의해 제기되는 쟁점은 다양하고 난해하다. 여기서 나는 이들을 제대로 다룰 수 없다. 그러나 나는 다음 의견을 개진하고자 한다. 종국적으로 IBE는 다른 종류의 귀납적 입증보다 더 의심스럽지 않다. 모든 종류의 귀납적 입증이 그런 것처럼 IBE도 옹호하는 증거에 의해 논리적으로 함축되지 않는 가설들을 수용할 것을 인가한다. … IBE에 관해 방금 고려된 비판에 따르면 단순성을 근거로 어떤 가설을 받아들이는 것은 단순성이 우리를 진리로 인도한다고 가정하는 것이고 그러한 가정은 세계가 매우 정돈된(nice and neat) 곳이라는 일종의 희망적 생각에 불과하다. 마찬가지로 우리는 열거적 귀납이야말로 관찰된 진리가 우리를 아직 관찰되지 않은 진리로 인도한다고 가정하는 것이고 그러한 가정은 세계가 매우 정돈된 곳이라는 일종의 희망적 생각에 불과하다고 말할 수 있다. 이만큼 IBE는 귀납적 입증의 다른 형태들과 동등한 것으로 보인다. … 당신이 IBE에 관한 회의론자가 아니면 당신은 외부 세계에 관한 회의론을 거부할 수 있다. 그러나 당신이 IBE에 관한 회의론자이면 당신은 또한 모든 종류의 귀납에 관한 회의론자여야 한다.[238]

---

238) Vogel 2005, pp. 78–79.

과연 위 답변은 IBE의 위상에 대해 제기된 비판들을 물리치기에 적절한가? 만약 우리가 IBE의 정당성을 받아들이지 않으면 과연 모든 종류의 귀납에 대해 회의론자가 돼야 하는가?

8.

IBE와 귀납추론

인간은 신(神)이 아니기 때문에 우리가 세계를 이해하기 위해 사용하는 인식원리들에 오류가 있을 수 있다. 즉 인식원리들은 결코 신성불가침한 것들이 아니다. 따라서 회의론자들은 인식원리들의 정당성에 대해 의문을 제기할 권리가 있다. 6절에서 언급했듯이 우리가 어떤 명제 p를 어떤 근거 G를 토대로 정당화하기 위해서는 G가 성립할 때 p가 참일 개연성이 높음을 보일 수 있어야 한다. 일반적으로 회의론자들은 연역논증의 정당성에 대해서는 크게 문제시하지 않는다. 그 이유는 'G ∴ p'가 연역적으로 타당한 경우 G가 참일 때 p는 반드시 참이기 때문이다. 그러나 귀납논증의 경우에는 전제와 결론 사이에 참을 유지하는 특성이 성립하지 않는다. 귀납에 대한 흄의 회의론이 제기된 이유는 바로 이 때문이다. 따라서 'G ∴ p'가 귀납논증인 경우에 회의론자는 G가 성립할 때 왜 p가 참일 개연성이 높은지에 대해 정당하게 물을 수 있다. IBE의 경우도 마찬가지이다. 그러므로 귀납과 IBE와 같은 인식원리를 받아들이는 것이 왜 인식적으로 합리적인지에 대해 대답해야 한다는 이른바 '과격한' 회의론자의 요구는 정당화에 관한 우리의 일상적 이해를 은밀하게 왜곡하거나 또는 이러한 이해에서 벗어난 요구가 아니다.

이제 귀납과 IBE 사이에 보겔이 주장하는 것과 같은 유비관계가 성립하는지에 대해 고려해보자. 만약 우리가 IBE의 정당성을 받아들이지 않으면 과연 모든 종류의 귀납에 대해 회의론자가 돼야 하는가? 퍼머턴이 적절히 지적하는 것처럼 "한 철학자의 온건한 회의론은 다른 철학자의 과격한 회의론일 수 있다."[239] 왜냐하면 철학자들이 정당한 것으로 인정하는 인식원리들이 서로 다를 수 있기 때문이다. 따라서 정당한 것으로 승인될 수 있는 인식원리들과 그렇지 않은 인식원리들을 구분할 필요가 있다. 또한 이러한 구분 하에서 귀납추론과 IBE가 같은 진영에 속하는지 여부를 결정할 필요가 있다. 필자는 귀납추론과 IBE가 같은 진영에 속하지 않는다고 볼 수 있는 중요한 이유가 있다고 생각한다. 따라서 필자는 이 절의 나머지 부분에서 양자 사이에 중요한 역유비(逆類比, disanalogy)가 성립함을 주장할 것이다.

제10장에서 논의한 바대로 IBE는 다음과 같은 비판에 직면한다. 밴 프라센(van Fraassen)의 나쁜 패거리 논증(the bad lot argument)에 따르면 H가 우리가 고려한 가설들 중에서 가장 좋은 설명을 제시한다는 전제로부터 H가 참일 개연성이 높음을 추론할 수 없다. 왜냐하면 참인 가설이 우리가 고려한 가설들 중에 포함되어 있으리라는 보장이 없기 때문이다. 이 비특권 가정(the no-privilege assumption)에 따르면 H는 별 볼일 없는 가설들 중에서 가장 좋은 것일 수 있다.

그러나 귀납추론은 위와 같은 문제에 직면하지 않는다. 제10장에서 논의한 바대로 우리는 귀납추론을 다음과 같이 옹호할 수 있다. 자연의 제일성 원리는 정당화의 사회실천 속에서 추정적 정당화의 위상을 지닌다.

---

239) Fumerton 2005, p. 94.

따라서 이 원리가 옳지 않음을 보여주는 적극적인 이유가 제시되지 않는 한 우리가 이 원리를 받아들이는 것이 합리적이다. 또한 귀납적 결론 p를 받아들이는 것이 합리적인 경우는 정당화의 사회실천 속에서 p에 대해 제기될 수 있는 모든 비판들에 답할 수 있는 경우이다.

덧붙여 셀라시언 정합성 이론은 IBE를 정당한 추론 형식으로 받아들임이 없이 IBE와 관련된 중요한 직관을 수용할 수 있다. 셀라시언 사회실천 이론은 동적인 정당화 모델을 받아들인다. 정당화에 관한 우리의 평가는 우리에게 접근 가능한 증거에 상대적이다. 그리고 어떤 반대증거가 오직 미래에서야 알려질 수 있다. 따라서 현재 정당화되는 것으로 여겨지는 가설이 미래에 접근 가능한 증거에 의해 긍정적 정당화의 위상을 잃게 될 수 있다. 또한 모든 이성적 존재가 정당화에 관한 우리의 사회실천에서 배제되지 않는다는 것은 우리의 인식론적 추구의 규제적 이상이다. 따라서 한 특정한 시점에서 이용 가능한 가장 좋은 가설이 우리의 사회실천 속에서 제기되는 모든 비판들을 물리치기에 충분히 좋지 않은 경우에 우리는 그 가설을 받아들임에 있어 정당화되지 않는다. 그러나 한 특정 가설을 받아들이기에 충분히 좋은 이유가 있는 경우들도 있다. 이제 H가 정당화의 사회실천 속에서 제기되는 모든 비판들을 물리칠 수 있고 그 결과 최고의 설명적 정합성을 가진 세계상을 획득하려는 우리의 인식목적을 증진시켜주는 가설이라고 가정해 보자. 그런 경우 우리가 H를 받아들이는 것은 정당화된다. 요컨대 IBE를 받아들이지 않는다고 해서 귀납에 대한 회의론자가 될 이유가 없다.

보겔의 반회의론 논증과 관련하여 한 가지 더 언급할 점이 있다. 보겔은 정상세계 가설이 동형 회의론 가설보다 더 단순한 설명을 제시하기 때문에 더 나은 설명이라고 주장한다. 그렇지만 어떤 가설이 정당화의 사회실천 속에서 정당화되는지 여부를 평가함에 있어서 단순성은 중요한 요소가 아닐 수 있다. 우선 단순성과 객관적 정당화는 서로 독립적이다. 예컨대 앞서 6절에서 언급했던 것처럼 우리가 여러 감각들을 예측할 수 있는 방식으로 갖게끔 하는 원인이 신(神)이라는 버클리 가설은 외부 물체들이 그러한 인과적 역할을 한다는 정상세계 가설보다 더 단순하지만 그렇다고 버클리 가설이 정상세계 가설보다 더 참일 개연성이 높다고 말하기 어렵다. 다시 말해 우리는 세계가 단순하지 않을 가능성을 배제할 수 없다. 따라서 동형 회의론 가설이 정상세계 가설보다 더 복잡하다는 것을 인정한다 하더라도 단지 이 사실로부터 정상세계 가설이 정당화되지는 않는다.

요컨대 IBE를 포함한 여러 인식원리들에 대해 정당화를 요구하는 '과격한' 회의론자의 요구는 정당하다. 그리고 귀납과 IBE 사이에 보겔이 주장하는 바와 같은 유비관계가 성립하지 않는다. 또한 단순한 설명이 왜 진리개연적인지에 대해 정당화하라는 회의론자의 요구는 결코 부당하지 않다. 결론적으로 정상세계 가설은 동형 회의론 가설보다 단순하기 때문에 IBE에 호소하여 동형 회의론 가설을 임의적이지 않은 방식으로 배제할 수 있다는 보겔의 주장은 설득력이 부족하다. [240]

---

239) 보겔의 반회의론 논증과 관련된 대부분의 논의는 필자의 2010년 논문 "최선의 설명에로의 추론과 보겔의 반회의론 논증"에 기반을 둔 것이다.

9.

셀라시언 정합성 이론의 반회의론 논증

그렇다면 회의주의는 피할 수 없는 것인가? 그렇지 않다. 회의주의를 피할 수 있는 효과적인 방책이 있다. 다음과 같은 일상적 주장을 살펴보자.

(1) 나는 두 손을 갖고 있다.

회의론자는 (1)을 정당화할 것을 요구하고 이에 대해 무어는 다음과 같이 답한다.

(2) 나는 내가 두 손을 갖고 있다는 것을 볼 수 있다.

그러나 회의론자는 '당신의 지각 메커니즘이 신빙성 있는 인지과정이라는 것을 어떻게 아는가?'라고 물을 수 있고 무어는 이 물음에 답하지 못한다. 이것이 무어의 논증이 선결문제 가정의 오류를 범한다고 비판받는 이유이다.

그러나 다음 인식원리를 다시 살펴보자.

EP₁: 우리의 지각판단은 (이를 의심할 만한 아무런 이유가 없는 한) 참일 개연성이 높다.

제7장 "인식원리와 인식적 순환성"에서 주장했던 바대로 우리는 EP₁을 다음과 같이 정당화할 수 있다.

(i) 우리가 아는 한 정당화의 사회실천 속에서 EP₁은 정당한 인식원리로서 지금 껏 큰 문제없이 사용되어 왔다.

(ii) EP₁이 결함이 있는 인식원리라고 생각할 만한 적극적인 이유가 없다.

(iii) 인식목적을 추구함에 있어서 EP₁을 받아들이는 것 외에 대안이 없다.

위와 같은 조건들 하에서 EP₁은 셀라시언 정합성 이론에 의해 추정적 정당화의 위상을 가지는 것으로 정당화된다. 따라서 회의론자가 이와 같은 추정이 왜 옳지 않은지에 대한 적극적인 근거를 제시하지 못하는 한 우리는 EP₁에 의거하여 (1)과 같은 지각판단을 정당화할 수 있다. 다시 말해 이 문제에 대한 입증의 책임을 회의론자에게 넘길 수 있다.

물론 회의론자의 주장대로 통 속의 뇌 시나리오가 참일 수 있고, 따라서 '나는 두 손을 갖고 있다'는 믿음은 오류일 수 있다. 그렇지만 통 속의 뇌 시나리오가 참일지도 모른다는 생각은 퍼스의 표현을 빌리면 진정한 의심이 아니라 인공적 의심이다. [241] 진정한 의심은 근거를 필요로 한다.

---

241) "일부의 철학자들은 탐구를 시작하기 위해 구두로 또는 종이에 글로써 단지 질문을 제기하는 것으로 충분하다고 생각해 왔다. 또한 심지어는 모든 것을 의심하면서 탐구를 시작할 것을 추천해 왔다. 그러나 어떤 명제를 단지 의문문 형태로 표현한다고 해서 믿음을 형성하고자 발버둥 치도록 마음을 자극하지 않는다. 진정한 살아 있는 의심이 일어나야 하며 이것 없이 모든 논의는 공허할 뿐이다." (Peirce 1955, p. 11)

어떤 명제가 참이 아닐 수 있는 경우를 단지 상상할 수 있다는 것은 그 명제를 의심할 만한 진정한 근거가 아니다. 또한 단지 어떤 명제를 의문 문의 형태로 표현한다고 해서 그 명제의 진위를 결정하기 위한 탐구를 시작하도록 우리의 마음을 자극하는 것도 아니다. 따라서 회의론자가 앞 서 언급한 인식론적 추정을 거부하기 위해서는 이를 진정으로 의심할 만 한 적극적인 근거를 제시해야 한다. 다시 말해 우리의 인식적 노력이 부 질없는 것임을 보여주는 적극적 근거를 제시해야 한다. 이러한 적극적 근거를 제시함이 없이 위에서 언급한 인식론적 추정을 거부하는 것은 인 식적 논의 자체를 불가능하게 만드는 것이다.

결론적으로 우리는 셀라시언 정합성 이론에 따라 우리의 인식적 노력 이 부질없음을 보여주는 적극적인 근거가 제시되기 전까지 이성적 존재 로서 우리의 인식목적을 추구해야 한다.

인용문헌

이병덕 (2009),「레러의 주관적 정합론과 진리개연성 문제」,『철학연구』제86집, 철학연구회, pp. 275-293.

----. (2010),「인식적 정당화와 의무론적 규범성」,『철학』제102집, 한국철학회, pp. 31-54.

----. (2010),「인식적 분석성에 의한 선험적 정당화」,『철학적 분석』제21호, 한국분석철학회, pp. 27-56.

----. (2010),「최선의 설명에로의 추론과 보겔의 반회의론 논증」,『철학적 분석』제22호, 한국분석철학회, pp. 1-17.

----. (2017),『표상의 언어에서 추론의 언어로』. 성균관대학교출판부.

----. (2019),「자연주의적 인식론과 항구적 오류가능성」,『철학』제140집, 한국철학회, pp. 99-122.

----. (2020),「의무·능력원리와 인식적 규범성」,『철학』제145집, 한국철학회, pp. 161-184.

Alston, William (1976), "Two Types of Foundationalism", *Journal of Philosophy* 73, pp. 165-185.

----. (1986), "Epistemic circularity", *Philosophy and Phenomenological Research* 47, pp. 1-30. Reprinted in Alston 1989.

----. (1988), "An Internalist Externalism", *Synthese* 74, pp. 265-283.

----. (1989), *Epistemic Justification: Essays in the Theory of Knowledge*. Ithaca: Cornell University Press.

----. (1993), *The Reliability of Sense Perception*. Ithaca: Cornell University Press.

----. (1996), "A 'Doxastic Practice' Approach to Epistemology", in P. K. Moser (ed.), *Empirical Knowledge*, Second Edition, pp. 1-29. Landham: Rowman and Littlefield.

----. (2005), *Beyond "justification": Dimensions of Epistemic Evaluation*. Ithaca: Cornell University Press.

Bergmann, Michael (2006), "A Dilemma for Internalism", in T. M. Crisp, M. Davidson, D. V. Laan (eds.), *Knowledge and Reality: Essays in Honor of Alvin Plantinga*. Dordrecht: Springer, pp. 137-177.

Bermúdez, José Luis (2007), "What is at Stake in the Debate on Nonconceptual Content?", *Philosophical Perspectives* 21, pp. 55-72.

Blanshard, Brand (1939), *The Nature of Thought*. London: Allen & Unwin.

Boghossian, Paul (1996), "Analyticity Reconsidered", *Noûs* 30(3), pp. 360-391.

BonJour, Laurence (1985), *The Structure of Empirical Knowledge*. Cambridge: Harvard University Press.

----. (2001a), "Toward a Defense of Empirical Foundationalism", in DePaul 2001, pp. 21-38.

----. (2001b), "Replies to Pollock and Plantinga", in DePaul 2001, pp. 79-89.

----. (2003), "A Version of Internalist Foundationalism", in BonJour & Sosa 2003, pp. 3-96.

----. (2005a), "In Defense of the a Priori", in Steup and Sosa 2005, pp. 98-105.

----. (2005b), "Reply to Devitt", in Steup and Sosa 2005, pp. 115-118.

BonJour, Laurence, and Ernest Sosa (2003), *Epistemic Justification: Internalism vs. Externalism, Foundationalism vs. Virtues*. Oxford: Blackwell Publishing.

Bosanquet, Bernard (1920), *Implication and Linear Inference*. London: Macmillan.

Bradley, F. H. (1914), *Essays on Truth and Reality*. Oxford: Oxford University Press.

Braithwaite, R. B. (1953), *Scientific Explanation*. Cambridge: Cambridge University Press.

Brandom, Robert (1994), *Making It Explicit*. Cambridge: Harvard University Press.

----. (2000), *Articulating Reasons*. Cambridge: Harvard University Press.

----. (2005), "Expressive versus Explanatory Deflationism about Truth", in Bradley P. Armour-Garb and JC Beall (eds.), *Deflationary Truth*. Chicago and La Salle: Open Court, pp. 237-257.

----. (2011), *Perspectives on Pragmatism*. Cambridge: Harvard University Press.

Broad, C. D. (1952), "The Philosophy of Francis Bacon", in his *Ethics and the History of Philosophy*. London: Routledge & Kegan Paul.

Burge, Tyler (1979), "Individualism and the Mental", *Midwest Studies in Philosophy* 4, pp. 73-121.

Carnap, Rudolf (1956), *Meaning and Necessity*. Chicago and London: University of Chicago Press.

Cartwright, Nancy (1983), *How the Laws of Physics Lie*. Oxford: Clarendon Press.

Chisholm, Roderick (1966), *Theory of Knowledge*. Englewood Cliffs: Prentice-Hall.

----. (1977), *Theory of Knowledge,* Second Edition. Englewood Cliffs: Prentice-Hall.

----. (1989), *Theory of Knowledge,* Third Edition. Englewood Cliffs: Prentice-Hall.

----. (1990), "The Status of Epistemic Principles", *Noûs* 209, pp. 209-215.

Chuard, Philippe (2006), "Demonstrative Concepts without Re-Identification", *Philosophical Studies* 130, pp. 153-201.

Coates, Paul (2007), *The Metaphysics of Perception: Wilfrid Sellars, Perceptual Consciousness and Critical Realism*. New York and London: Routledge.

Cohen, Stewart (1984), "Justification and Truth", *Philosophical Studies* 46, pp. 279-295.

----. (2002), "Basic Knowledge and the Problem of Easy Knowledge", *Philosophy and Phenomenological Research* 65, pp. 309-329.

----. (2005), "Why Basic Knowledge is Easy Knowledge", *Philosophy and Phenomenological Research* 70, pp. 417-430.

Crane, Tim (1998), "Non-Conceptual Content", in E. J. Craig (ed.), *Encyclopedia of Philosophy*, Vol. 2. pp. 640-643.

----. (2003), "The Intentional Structure of Consciousness", in Quentin Smith and Aleksandar Jokic (eds.), *Consciousness*. Oxford: Oxford University Press, pp. 33-56.

Davidson, Donald (1984), "On the Very Idea of a Conceptual Scheme", in his *Inquiries into Truth and Interpretation*. Oxford: Clarendon Press.

DePaul, Michael (2001), *Resurrecting Old-Fashioned Foundationalism*. Landham: Rowman & Littlefield.

Descartes, René (1641), "Meditations on First Philosophy", in *The Philosophical Works of Descartes*, translated by E. S. Haldane and G. R. T. Ross, Vol 1. Cambridge: Cambridge University Press, 1911, pp. 131-199.

Devitt, Michael (2005), "There Is No A Priori", in Steup and Sosa 2005, pp. 105-115.

DeVries, Willem A. (2005), *Wilfrid Sellars*. Montreal & Kingston: McGill-Queen's University Press.

Dretske, Fred (1995), *Naturalizing the Mind*. Cambridge: The MIT Press.

Elgin, Catherine Z. (2005), "Non-Foundationalist Epistemology: Holism, Coherence, and Tenability", in Matthias Steup and Ernest Sosa (eds.), *Contemporary Debates in Epistemology*. Oxford: Blackwell Publishing, pp. 156-167.

Evans, Gareth (1982), *The Varieties of Reference*. Oxford: Clarendon Press.

Fales, Evan (1996), *A Defense of the Given*. Lanham: Rowman & Littlefield.

Feldman, Richard (1974), "An Alleged Defect in Gettier Counterexamples", *Australasian Journal of Philosophy* 52(1), pp. 68-69.

----. (1988), "Epistemic Obligations", in J. Tomberlin (ed.), *Philosophical Perspectives*. Vol. 2. Atascadero, California: Ridgeview, pp. 235-256.

----. (2002), "Epistemological Duties", in Paul K. Moser (ed.), *The Oxford Handbook of Epistemology*. New York: Oxford University Press, pp. 362-384.

----. (2003), *Epistemology*. Upper Saddle River: Prence-Hall.

Feldman, Richard and Conee, Earl (1985), "Evidentialism", *Philosophical Studies* 48, pp. 15-34.

Firth, Roderick (1964), "Coherence, Certainty and Epistemic Priority", *Journal of Philosophy* 64, pp. 545-557.

Foley, Richard (1987), *The Theory of Epistemic Rationality*. Cambridge: Harvard University Press.

----. (1992), "Roderick Chisholm", in Jonathan Dancy and Ernest Sosa (eds.), *A Companion to Epistemology*. Oxford: Blackwell, pp. 64-66.

Foster, John (1983), "Induction, Explanation, and Natural Necessity", *Proceedings of the Aristotelian Society* 83(1), pp. 87-101.

Fumerton, Richard (1980), "Induction and Reasoning to the Best Explanation", *Philosophy of Science* 47, pp. 589-600.

----. (1992), "Skepticism and Reasoning to the Best Explanation", *Philosophical Issues* 2, pp. 149-169.

----. (1995), *Metaepistemology and Skepticism. Landham:* Rowman & Littlefield.

----. (2005), "The Challenge of Refuting Skepticism", in Steup and Sosa 2005, pp. 85-97.

Gertler, Brie (2011), *Self-Knowledge.* London: Routledge.

Gettier, Edmund (1963), "Is Justified True Belief Knowledge?", *Analysis* 23, pp. 121-123.

Goldman, Alvin (1976), "Discrimination and Perceptual Knowledge", *Journal of Philosophy* 73, pp. 771-91.

----. (1979), "What is Justified Belief?", in George S. Pappas (ed.), *Justification and Knowledge.* Dordrecht: Reidel, pp. 1-23.

----. (1986), *Epistemology and Cognition.* Cambridge: Harvard University Press.

----. (1988), "Strong and Weak Justification", *Philosophical Perspectives* 2, pp. 51-69. Reprinted in Goldman 1992a, pp. 127-141.

----. (1992a), Liaisons: *Philosophy Meets the Cognitive and Social Sciences.* Cambridge: The MIT Press.

----. (1992b), "Epistemic Folkways and Scientific Epistemology", in Goldman 1992a, pp. 155-175.

----. (2002), "The Sciences and Epistemology", in Paul Moser (ed.), *The Oxford Handbook of Epistemology.* Oxford: Oxford University Press, pp. 144-176.

----. (2008), "Reliabilism", *Stanford Encyclopedia of Philosophy.*

Greco, John (1992), "Virtue Epistemology", in Jonathan Dancy and Ernest Sosa (eds.), *A Companion to Epistemology.* Oxford: Blackwell, pp. 520-522.

Gupta, Anil (2019), *Conscious Experience: A Logical Inquiry.* Cambridge: Harvard University Press.

Haack, Susan (1993), *Evidence and Inquiry: Towards Reconstruction in Epistemology.* Oxford: Blackwell.

Harman, Gibert (1965). "The Inference to the Best Explanation", *Philosophical Review* 74(1), pp. 88–95.

----. (1968), "Enumerative Induction as Inference to the Best Explanation", *Journal of Philosophy* 65(18), 529–533.

----. (1973), *Thought.* Princeton University Press.

----. (1986), *Change in View: Principles of Reasoning.* Cambridge: The MIT Press.

----. (1990), "The Intrinsic Quality of Experience", *Philosophical Perspectives* 4, pp. 31-52.

Heil, John (1983), "Doxastic Agency", *Philosophical Studies* 43, pp. 355-364.

Hempel, Carl (1934), "On the Logical Positivist's Theory of Truth", *Analysis* 2, pp. 49-59. Reprinted in Paul Horwich (ed.), *Theories of Truth.* Brookfield: Dartmouth Publishing Company, 1994, pp. 79-89.

Howson, Colin (2000), *Hume's Problem: Induction and the Justification of Belief.* Oxford: Clarendon Press.

Hume, David (1748), *An Enquiry concerning Human Understanding,* edited by Tom L. Beauchamp, 1999, Oxford: Oxford University Press.

James, William (1911), T*he Will to Believe and Other Essays in Popular Philosophy.* New York: David McKay.

Kant, Immanuel (1963), *Critique of Pure Reason,* translated by Norman Kemp Smith. London: Macmillan & Co.

----. (1996), "Critique of Practical Reason", in Mary J. Gregor (trans. and ed.), *Practical Philosophy*, pp. 135-271. Cambridge: Cambridge University Press.

Khalifa, Kareem (2010), "Default Privilege and Bad Lots: Underconsideration and Explanatory Inference", *International Studies in the Philosophy of Science* 24(1), pp. 91-105.

Kim, Jaegwon (1988), "What is 'Naturalized Epistemology'?", in *Philosophical Perspectives* 2, pp. 381-405.

Klein, Peter, and Ted Warfield (1994), "What Price Coherence?", *Analysis* 54, pp. 129-132.

----. (1996), "No Help for the Coherentist", *Analysis* 56, pp. 118-121.

Kornblith, Hilary, (1985), "Introduction: What is Naturalistic Epistemology?", in Hilary Kornblith (ed.), *Naturalizing Epistemology*. Cambridge: MIT Press, pp. 1-13.

Körner, Stephan (1979), *Fundamental Questions of Philosophy*. Brighton: Humanties Press.

Kvanvig, Jonathan (2007), "Coherentist Theories of Epistemic Justification", *Standford Encyclopedia of Philosophy*.

Kyburg, Henry (1961), *Probability and the Logic of Rational Belief*. Middletown: Wesleyan University Press.

Langford, C. H. (1942), "The Notion of Analysis in Moore's Philosophy", in P. A. Schilpp (ed.) *The Philosophy of G. E. Moore*. La Salle: Open Court, pp. 321-342.

Lee, Byeong D. (2004), "Finkelstein on the Distinction between Conscious and Unconscious Belief", *Dialogue* 43(4), pp. 707-716.

----. (2008), "A Pragmatic Phenomenalist Account of Knowledge", *Dialogue* 47(3-4), pp. 565-582.

----. (2011), "A Constructivist Solution to the Problem of Induction", *Dialogue* 50(1), pp. 95-115.

----. (2013a), "BonJour's Way Out of the Sellarsian Dilemma and his Explanatory Account", *Dialogue* 52(2), pp. 287-304.

----. (2013b), "Fales's Defense of the Given and Requirements for Being a Reason", *Philosophia* 41(4), pp. 1217-1235

----. (2014), "Epistemic Principles and Epistemic Circularity", *Philosophia* 42(2), pp. 413-432.

----. (2017), "The Truth-Conduciveness Problem of Coherentism and a Sellarsian Explanatory Coherence Theory", *International Journal of Philosophical Studies* 25(1), pp. 63-79.

----. (2019), "A Kantian-Brandomian View of Concepts and the Problem of a Regress of Norms", *International Journal of Philosophical Studies* 27(4), pp. 528-543

----. (2020), "Gupta on Sellars's Theory of Perception", *Dialogue* 59(4), pp. 701-724.

----. (2021a), "A Coherentist Justification of Epistemic Principles and Its Merits", *Acta Analytica* 36(4), pp. 533-551.

----. (2021b), "Knowledge as Objectively Justified Belief", *Acta Analytica*, https://doi.org/10.1007/s12136-021-00495-9

----. (2022a), "A Coherentist Justification of Induction", *Erkenntnis*, 87(1), pp. 35-52.

----. (2022b), "Gertler's Acquaintance Approach to Introspective Knowledge and Internalist Requirements for Reasons", Unpublished Manuscript.

Lehrer, Keith (1990), *Theory of Knowledge*. Boulder: Westview Press.

----. (1997), *Self-Trust: A Study of Reason, Knowledge, and Autonomy*. Oxford: Clarendon Press.

----. (1999), "Justification, Coherence and Knowledge", *Erkenntnis* 50, pp. 243-258.

----. (1999), "Reply to Van Cleve", *Philosophy and Phenomenological Research* 59, pp. 1068-1071.

----. (2000), *Theory of Knowledge,* Second Edition. Boulder: Westview Press.

----. (2003), "Coherence, Circularity and Consistency", in Erik J. Olsson (ed.), *The Epistemology of Keith Lehrer*. Dordrecht: Kluwer, pp. 309-356.

----. (2003), "Reply to Sosa", in Erik J. Olsson (ed.), *The Epistemology of Keith Lehrer*. Dordrecht: Kluwer, pp. 317-320.

Lehrer, Keith, and Thomas D. Paxson, Jr. (1969), "Knowledge: Undefeated Justified True Belief", *Journal of Philosophy* 66, pp. 225-237.

Lemos, Noah (2007), *An Introduction to the Theory of Knowledge*. Cambridge: Cambridge University Press.

Leplin, Jarrett (2009), *A Theory of Epistemic Justification*. Springer. Lewis, C. I. (1946), *An Analysis of Knowledge and Valuation*. LaSalle: Open Court.

----. (1952), "The Given Element in Empirical Knowledge", *Philosophical Review* 61, pp. 168-175. Reprinted in Chisholm and Swartz (eds.), *Empirical Knowledge*. Englewood Cliffs: Prentice Hall, 1973.

Mackie, Peter J. (1986), *Descartes's Gambit*. Ithaca: Cornell University Press.

Maffie, James (1990), "Recent Work in Naturalized Epistemology", *American Philosophical Quarterly* 27, pp. 281-293.

Manning, Richard N. (2003), "The Dialectical Illusion of a Vicious Bootstrap", in Erik J. Olsson (ed.), *The Epistemology of Keith Lehrer*. Dordrecht: Kluwer, pp. 195-216.

McDowell, John (1994), *Mind and World*. Cambridge: Harvard University Press.

Moore, G. E. (1959), "A Defense of Common Sense", in his *Philosophical Papers*. New York: Collier Books, pp. 32-59.

Moser, Paul (1985), *Empirical Justification*. Dordrecht: D. Reidel.

Neurath, Otto (1959), "Protocol Sentences", in A. J. Ayer (ed.), *Logical Positivism*. New York: The Free Press. This article first appeared in Vol. III of *Erkenntnis* (1932/33).

Olsson, Erik J. (ed.) (2003), *The Epistemology of Keith Lehrer*. Dordrecht: Kluwer.

----. (2005), *Against Coherence: Truth, Probability, and Justification*. Oxford: Clarendon Press.

O'Shea, James R. (2007), *Wilfrid Sellars: Naturalism with a Normative Turn*. Cambridge: Polity Press.

Panineau, David (1992), "Reliabilism, Induction and Scepticism", *Philosophical Quarterly* 42, pp. 1-20.

Peirce, Charles Sanders (1955), "The Fixation of Belief", reprinted in *Philosophical Writings of Peirce,* selected and edited with an introduction by Justus Buchler. New York: Dover Publications.

Pollock, John (1983), "Epistemology and Probability", *Synthese* 55, pp. 231-252.

----. (1986), *Contemporary Theories of Knowledge.* Rowman & Littlefield.

Putnam, Hilary (1973), "Meaning and Reference", *Journal of Philosophy* 70, pp. 699-711.

----. (1975), "The Meaning of 'Meaning'", in his *Philosophical Papers,* Vol. 2. London: Routledge & Kegan Paul.

----. (1990), *Realism with a Human Face.* Cambridge: Harvard University Press.

Quine, W. V. O. (1961), "Two Dogmas of Empiricism", in his *From a Logical Point of View,* Second Edition. Cambridge: Harvard University Press.

----. (1969), "Epistemology Naturalized", in his *Ontological Relativity and Other Essays.* New York: Columbia University Press.

----. (1974), *The Roots of Reference.* La Salle: Open Court Publishing Co.

Reichenbach, Hans (1938), "The Pragmatic Justification of Induction", in his *Experience and Prediction.* Chicago: University of Chicago Press. Reprinted in Louis P. Pojman (ed.), *The Theory of Knowledge: Classic & Contemporary Readings.* Belmont: Wadsworth. 1993, pp. 450-454.

Rescher, Nicholas (1988), *Rationality: A Philosophical Inquiry into the Nature and the Rationale of Reason.* Oxford: Clarendon Press.

Sellars, Wilfrid (1959), "Science and Ethics", in his *Philosophical Perspectives: Metaphysics and Epistemology.* Atascadero, California: Ridgeview, pp. 209-232.

----. (1963a), "Philosophy and the Scientific Image of Man", in his *Science, Perception and Reality.* London: Routledge & Kegan Paul, pp. 1-40.

----. (1963b), "The Language of Theories", in his *Science, Perception and Reality.* London: Routledge & Kegan Paul, pp. 106-126.

----. (1963c), "Empiricism and the Philosophy of Mind", in his *Science, Perception and Reality.* Routledge & Kegan Paul, pp. 127-196.

----. (1963d), "Is There a Synthetic A Priori?", in his *Science, Perception and Reality.* London: Routledge & Kegan Paul, pp. 298-320.

----. (1963e), "Some Reflections on Language Games", in his *Science, Perception and Reality.* London: Routledge & Kegan Paul, pp. 321-358.

----. (1967), *Science and Metaphysics: Variations on Kantian Themes.* Atascadero, California: Ridgeview.

----. (1967), "Objectivity, Intersubjectivity and The Moral Point of View", in his *Science and Metaphysics: Variations on Kantian Themes.* Atascadero, California: Ridgeview, pp. 175-229.

----. (1974a), "Induction as Vindication", in his *Essays in Philosophy and its History.* Dordrecht: D. Reidel Publishing Company, pp. 367-416.

----. (1974b), "Are there Non-Deductive Logics?" in his *Essays in Philosophy and its History.* Dordrecht: D. Reidel, pp. 417-438.

----. (1974c), "Meaning as Functional Classification", *Synthese* 27, pp. 417-437.

----. (1975), "The Structure of Knowledge", in Hector-Neri Castañeda (ed.), *Action, Knowledge and Reality: Critical Studies in Honor of Wilfrid Sellars.* Indianapolis: The Bobbs-Merrill Company, pp. 295-347.

----. (1979), "More on Givenness and Explanatory Coherence", in George S. Pappas (ed.), *Justification and Knowledge: New Studies in Epistemology.* Dordrecht: D. Reidel.

----. (1980), "Inference and Meaning", in *Pure Pragmatics and Possible Worlds: The Early Essays of Wilfrid Sellars,* edited and introduced by Jeffrey F. Sicha, pp. 257-286.

----. (1997), *Empiricism and the Philosophy of Mind, with an Introduction by Richard Rorty and a Study Guide by Robert Brandom.* Cambridge: Harvard University Press.

----. (2002), "Some Remarks on Kant's Theory of Experience", in *Kant's Transcendental Metaphysics: Sellars' Cassirer Lectures Notes and Other Essays,* edited and introduced by Jeffrey F. Sicha, Atascadero, California: Ridgeview, pp. 269-282.

Shogenji, Tomoji (1999), "Is Coherence Truth Conducive?", *Analysis* 59(4), pp. 338-345.

Sosa, Ernest (1980), "The Raft and the Pyramid: Coherence versus Foundations in the Theory of Knowledge", *Midwest Studies in Philosophy* 6, pp. 3-26.

----. (1991), *Knowledge in Perspectives: Selected Essays in Epistemology.* Cambridge: Cambridge University Press.

----. (2003), "Privileged Access", in Quentin Smith and Aleksandar Jokic (eds.), *Consciousness.* Oxford: Oxford University Press, pp. 273-292.

----. (2003), "Epistemology: Does It Depend on Independence?", in Erik J. Olsson (ed.), *The Epistemology of Keith Lehrer.* Dordrecht: Kluwer, pp. 23-30.

Stern, Robert (ed.) (1999), *Transcendental Arguments.* Oxford: Oxford University Press.

----. (2000), *Transcendental Arguments and Skepticism.* Oxford: Clarendon Press.

Steup, Matthias (1988), "The Deontic Conception of Epistemic Justification", *Philosophical Studies* 53(1), pp. 65-84.

----. (1996), *An Introduction to Contemporary Epistemology.* Upper Saddle River: Prentice Hall.

Steup, Matthias, and Ernest Sosa (2005), *Contemporary Debates in Epistemology.* Malden: Blackwell Publishing.

Stroud, Barry (1968), "Transcendental Arguments", *Journal of Philosophy* 65, pp. 241-256.

Turri, John (2010), "Epistemic Supervenience", in Jonathan Dancy, Ernest Sosa, and Matthias Steup (eds.), *Blackwell Companion to Epistemology,* Second Edition. Oxford: Blackwell, pp. 340-343.

Tye, Michael (2006), "Nonconceptual Content, Richness, and Fineness of Grain", in Tamar Szabó Gendler and John Hawthorne (eds.), *Perceptual Experience.* Oxford: Oxford University Press.

Van Cleve, James (1984), "Reliability, Justification, and the Problem of Induction", *Midwest Studies in Philosophy* 9, pp. 555-567.

----. (1985), "Epistemic Supervenience and the Circle of Belief ", *The Monist* 68: 90-104.

----. (1999), "Epistemic Supervenience Revisited", *Philosophy and Phenomenological Research* 59, pp.

1049-1055.

----. (2003), "Is Knowledge Easy - or Impossible? Externalism as the Only Alternative to Skepticism", in Steven Luper (ed.), *The Skeptics: Contemporary Essays*. Aldershot: Ashgate.

Van Fraassen, Bas C. (1989), *Laws and Symmetry*. Oxford: Clarendon Press.

Vogel, Jonathan (1990), "Cartesian Skepticism and Inference to the Best Explanation", *Journal of Philosophy* 87, pp. 658-666.

----. (2000), "Reliabilism Leveled", *Journal of Philosophy* 97, pp. 602-623.

----. (2005), "The Refutation of Skepticism", in Steup and Sosa 2005, pp. 72-84.

Weintraub, Ruth (2013), "Induction and Inference to the Best Explanation", *Philosophical Studies* 166(1), pp. 203-216.

Williams, Michael (2009), "The Tortoise and the Serpent: Sellars on the Structure of Empirical Knowledge", in Willem A. deVries (ed.), *Empiricism, Perceptual Knowledge, Normativity, and Realism*. Oxford: Oxford University Press, pp. 147-185.

Wolterstorff, Nicholas (2005), "Obligation, Entitlement, and Rationality", in Steup and Sosa 2005, pp. 326-338.

Wray, K. B. (2008), "The Argument from Underconsideration as Grounds for Anti-Realism: A Defense", *International Studies in the Philosophy of Science* 22(3), pp. 317-326.

찾아보기

현대 인식론:
정당화의 사회실천에 의한 접근

초　판 1쇄 발행 2013년　4월 19일
개정판 1쇄 발행 2022년　2월 18일
개정판 3쇄 발행 2024년 12월 31일

지은이 이병덕
펴낸이 유지범
책임편집 신철호
편집 현상철·구남희
마케팅 박정수·김지현

펴낸곳 성균관대학교 출판부
등록 1975년 5월 21일 제1975-9호
주소 03063 서울특별시 종로구 성균관로 25-2
대표전화 (02)760-1253~4
팩시밀리 (02)762-7452
홈페이지 press.skku.edu

ISBN 979-11-5550-521-2 93110